Inhalt

Briefwechsel	7
In dubio contra	10
Eine glaubliche Geschichte	14
Eßt Sardinen!	18
»Hilex '75«	21
Das Ding heißt Klassenkampf	25
Made in Germany oder The berufsverbot	30
Meister Buback	34
War sie denn unser?	37
Bundeswehrmacht	41
Trauer um Buback?	46
Prima, richtig, sehr gut. Jawohl, Herr Schleyer!	49
Grüß Gott, Herr Hitler, da sind Sie ja wieder!	52
Der Preis von Mogadischu	59
Gehört der »Spiegel« dem BND?	63
Ach Bahro	67
Siegt Stoltenberg in Kampuchea?	73
Apocalypse Now	77
Zweifacher Mordversuch	82
Die Führer-Bande	86
Macht »Emma« zur Minna?	92
Drehn die Amis durch?	96
Ja, die Linke	106
Helmut, der Bolschewik	110
Der Kretin	114
Stamokapstadt Brokdorf	118
Ein schwuler Kommunist mit Tbc und ohne Paß	123
Frackzwang zum Fallout	127

… aber La Paloma pfeifen	133
Schmidt, ein deutsches Unglück	136
Wir Agenten	144
Die Immobilien-Bombe	149
Betrug dankend erhalten	153
Ein deutsches Dokument	157
Der Jenseits-Joint	162
Vorwärts in die Fünfziger?	166
Alles aussteigen	172
Bis der Traum uns Sühne lacht	177
Gemeine Wirtschaft	187
Kreuze zu Pflugscharen?	191
Malwine, ach Malwine	195
Unsere Jahre ohne Hans-Dietrich	199
Der sekundäre Kanzler	203
Dialektik in Grün	207
Wenn sich der Weltgeist ins Knie schießt	211
Heute in einem Jahr	215
Freiers Wirtschaft	219
FDGOGMW	223
Locker wie in Vietnam	226
Macht das Tor zu	230
Keine Steine auf die Schweine	234

Briefwechsel

22. Juni 1983

Lieber Genosse Gremliza!

Wir haben nach der denkwürdigen Wahl im März etwas Zeit verstreichen lassen, um ein Problem mit Dir zu erörtern, das uns als Vorstand der SPD in Lokstedt betroffen gemacht hat. Die Zeitspanne diente uns dazu, in Ruhe zu prüfen, ob wir unbewußt Schuldige für die Wahlniederlage suchen oder ob unsere Kritik an Deinem Verhalten berechtigt ist.

In Deinem Wahlaufruf im »Galier«* hast Du in geschliffener Sprache nachzuweisen versucht, warum man/frau nicht SPD wählen sollte. Kritische Aussagen zur SPD können und wollen wir nicht unterdrücken, müssen uns aber wundern, daß Du manche Argumente in die Öffentlichkeit bringst, die Du besser vorher mit uns, das heißt mit Deinem Distrikt, durchgesprochen hättest.

Du bist nach wie vor Mitglied der SPD, und allein die Aufforderung, eine andere Partei zu wählen, können wir nur als parteischädigend ansehen.

Die SPD ist sicher eine Partei, die schwierige innerparteiliche Konflikte auf Grund von widersprüchlichen Meinungen permanent durchstehen muß, hat aber historisch die erste Aufgabe, die konservativen und reaktionären Kräfte zurückzudrängen. Das steht auch im Godesberger Programm.

Wir brauchen zur Bewältigung der anstehenden Probleme und zur Durchsetzung einer Politik, die Du und wir vertreten können, die kritische und konstruktive Mitarbeit eines jeden Mitgliedes, auch Deine. Leider haben wir Dich in den letzten

---

* Nachdruck aus KONKRET, Februar 1983

Jahren aber wenig in unseren Versammlungen gesehen oder sonst einen Beitrag von Dir erhalten. Hättest Du an den Lokstedter Distriktveranstaltungen teilgenommen, wüßtest Du, daß es auch in Lokstedt Veränderungen gegeben hat, die bewirken, daß alle Probleme innerhalb und außerhalb der SPD differenziert diskutiert werden.

Wir stehen Dir jederzeit zu einem Gespräch zur Verfügung und würden uns freuen, wenn Du Deine politische Erfahrung bei uns in Lokstedt einbringen würdest.

Mit sozialistischen Grüßen
für den Vorstand

Karen Jalass

30. Juni 1983

Liebe Genossin Jalass,

Du und der Distriktvorstand Lokstedt müßt Euch schon entscheiden: Wollt Ihr Kaderpartei spielen (mit mir gerne und mit allen Konsequenzen: Parteiausschluß aller, die gegen Beschlüsse von Parteitagen verstoßen) oder bleibts bei der »Volkspartei«, in der jeder Mandatsträger (Bürgermeister, Kanzler) und um wieviel mehr dann jedes einfache Mitglied »nur seinem Gewissen« verpflichtet ist?

Da ich zu wissen glaube, wofür die SPD sich entschieden hat, verstehe ich nicht, welcher Vorwurf mir gemacht wird. Daß der Aufruf, eine andere Partei zu wählen, *per se* »parteischädigend« sein soll, ist absurd. Es kann nach wahlarithmetischen Gesichtspunkten der Stimmengewinn einer anderen Partei die einzige Möglichkeit sein, eine SPD-geführte Regierungskoalition zu erhalten oder herzustellen. Mit Recht hat sich bei früheren Wahlen kein Distriktvorstand über Parteimitglieder mokiert, die indirekt oder ganz offen für die Wahl der F.D.P. auftraten (Zweitstimmen-Kampagne). Hätten Leute wie ich den Grünen nicht über die Fünf-Prozent-Hürde geholfen, regierte in Bonn jetzt die CDU/CSU mit absoluter Mehrheit. Wäre das besser für die SPD? Wer hat also der Partei geschadet?

Absurder, wenn es diesen Komparativ gäbe, ist Euer Ansinnen, daß ich den Inhalt meiner Kolumnen vor deren Veröffentlichung mit dem Distrikt »durchzusprechen« habe. So was dürfte sich nicht mal der Chefredakteur des »Vorwärts« gefallen lassen. Im Herbst erscheint eine Sammlung meiner politischen Kolumnen aus acht Jahren KONKRET. Vielleicht lehrt Euch die Lektüre, wer in den jeweiligen Zeitabschnitten mehr Kompetenz, Perspektive und prognostische Kraft besessen hat und wer darum gut beraten wäre, sich dem Autor weniger belehrend als lernend zu nähern.

Bleibt der Vorwurf, ich nähme am Parteileben des Distrikts Lokstedt nicht teil. Die Tatsache ist unbestreitbar. Ich kann das auch nicht ändern. Die Arbeit, die ich beim Aufbau der einzig parteiunabhängigen linken Monatszeitschrift von Bedeutung zu leisten hatte und habe, eine Arbeit, bei der ich nie die geringste Unterstützung der SPD erfuhr, geht an die Grenzen meiner Kraft. Für Lokstedt bleibt keine Zeit.

Ob Ihr ein so beschriebenes Mitglied in der Partei ertragen wollt, habt Ihr zu entscheiden. Daß Ihr mit ihm Probleme habt, kann Euch keiner verdenken. Daß Ihr dieses Problem zu Papier gebracht habt, setzt Euch in Zugzwang: Nun müßt Ihr die Frage, die Euch niemand aufgenötigt hat, auch beantworten. Da ich von Parteipfründen unabhängig bin, werde ich Euch nicht durch verbale Zugeständnisse oder Bekundung von Reue die Chance einräumen, den Delinquenten mit einer milden Warnung davonkommen zu lassen.

Entweder kann ich schwieriges (bis auf die Erfüllung der Beitragspflicht), passives Mitglied bleiben, oder Ihr müßt ein Parteiordnungsverfahren mit dem Ziel des Ausschlusses gegen mich anstrengen.

Herman L. Gremliza

In dubio contra

Widerruf: Die im folgenden aufgestellten Tatsachenbehauptungen sind nicht erweislich wahr. Das gilt insbesondere, soweit sie in bezug auf natürliche oder juristische Personen gemacht werden, die im Zuständigkeitsbereich des Amts-, Land- oder Oberlandesgerichts München ansässig sind.

Fast wäre Alfred Dregger Ende letzten Jahres Ministerpräsident von Hessen geworden, vielleicht wird er nächstes Jahr Innenminister einer Bonner CDU/CSU-Regierung. Dieser Alfred Dregger hat für 1975 zum Kampf gegen »Verbrecher und Radikale« aufgerufen.

Seit jenem Führer, den Alfreds Fernsehvetter Tetzlaff noch heute verehrt, hat das keiner mehr gewagt: Mein Kampf gegen Radikale und (andere) Verbrecher. Dregger sagt ja nicht »Terroristen«. Er sagt »Radikale« und meint damit Leute, die im Grundgesetz etwas anderes sehen als die Hausordnung der CSU-Landesleitung. Radikale – das sind die roten Ratten, Sozialdemokraten, Sozialisten, Gewerkschafter. Und die sollen bekämpft werden wie Verbrecher.

Das gab's schon einmal, das kommt (vielleicht) wieder. Aber bevor's soweit ist und wir Radikalen und anderen Verbrecher uns durch Stacheldrähte zublinzeln, sollten wir uns doch überlegen, ob unsere Pingeligkeit in Sachen Rechtsstaat, dieser uns eigene Charme, den Revolverhelden auf der anderen Seite die entblößte Brust zu bieten wie die Schillschen Offiziere den napoleonischen Füsilieren, ob wir uns das noch leisten können.

Ob wir es uns leisten können, rechtsstaatliche Prinzipien wie die Unschuldsvermutung gegen Leute in Ehren zu halten, die so was – wie Dreggers Parteifreund Carstens – als störendes »juristisches Beiwerk« längst abgelegt haben. Ob wir nicht gezwungen sind, Waffengleichheit herzustellen mit den Rechtsradikalen und anderen Verbrechern: Ihnen nichts zu glauben und alles zuzutrauen, den Verdacht als Beweis zu nehmen und die Beschuldigung als Urteil (wie Strauß und Dregger und Carstens es tun).

Und das mit mehr Recht: Die Sicherheit, daß strafrechtliche oder »moralische« Vergehen Linker gesühnt werden, ist so groß wie die Gefahr klein, daß die Klassenjustiz, die rückfällige Ladendiebe härter bestraft als Milliardenschieber oder gar tausendfache KZ-Mörder, einen der ihren richtet. Da bedarf es schon einer Verkettung unglücklichster Umstände – da ein mutiger Polizist, dort ein an seiner dienstanweisenden Behörde vorbeiarbeitender Staatsanwalt plus ein auf Karriere pfeifender Richter und ein halbes Dutzend hartgesottener Zeugen, und das durch drei Instanzen ... Also es kommt kaum vor.

Und darauf bauen die – hier bei uns und überall, wo es um ihre Leute geht. Denn natürlich war aller Welt, auch der Springerschen, vom ersten Verdacht an klar, daß der Chef der Watergate-Bande Richard Nixon hieß. Natürlich wußte jedermann schon vor dem Allende-Mord, daß die CIA in Chile mitputschen würde, wie einst in Athen. Natürlich hat die CIA für ihre Herren stets Gesetze gebrochen, Vietnamkriegs-Gegner im eigenen Land bespitzelt, Einbrüche, Überfälle und Attentate arrangiert. Fraglich war immer nur, wie lange der eine Gesetzesbruch durch andere (Erpressung, Morddrohung, Mord) vertuscht werden konnte.

Zwischen den Zeilen der »Welt« kann man lesen, daß auch sie es weiß: »Nach Vietnam und Watergate haben die selbsternannten Inquisitoren von Amerikas veröffentlichter Meinung jetzt im Geheimdienst CIA ein neues Objekt ihrer gegen die Vereinigten Staaten gerichteten Arbeit gefunden.« Kriminell (oder radikal) ist, wer Verbrechen aufdeckt. Dabei hätte man das Schlimmste verhindern können, wenn die Reporter der »Washington Post« und Richter Sirica rechtzeitig dem Schicksal der Luther King und anderer zugeführt worden wären. Eine Panne.

Im Maßstab etwas verkleinert – von Washington auf Bonn –, sieht das so aus: Natürlich hat der BND immer im Inland herumgespitzelt, natürlich hat er illegal Waffen verschoben und tut das heute noch. Natürlich war der Mord an dem BND-Partner und Waffenhändler Praun keine Eifersuchtstat der Vera Brühne. Natürlich hat der mit Kugeln im Rücken aufgefundene Admiral Hermann Lüdke nicht Selbstmord begangen.

Natürlich sitzen im Bundestag, knapp gerechnet, hundert Abgeordnete der Rüstungsindustrie. Natürlich hat noch niemand in München bei Prozessen gegen Franz Strauß und andere CSU-Größen Glück gehabt. (Und auch ich tu gut daran, mein Glück nicht zu versuchen.) Natürlich sind zehn Prozent unserer Journalisten nebenberuflich als Schnüffler für Nachrichtendienst und Verfassungsschutz tätig.

Natürlich hatte Willy Brandt recht mit seiner Behauptung, bei den Überläufern von 1972 sei Korruption im Spiel gewesen. (Seit die klare Regierungsmehrheit den Preis gedrückt hat, ist in über zwei Jahren kein Gewissens-Fall mehr vorgekommen.)

Natürlich beschäftigt sich das Rechtskartell immer mit Plänen, wie einer Bonner Allende-Lage begegnet werden kann. Und natürlich würden uns die Freunde von Pinochet, Papadopoulos und Vorster in solchem Fall nicht anders behandeln als Pinochet, Papadopoulos und Vorster unsere Freunde behandelt haben und behandeln.

Natürlich können wir nicht behaupten, daß Strauß und Friedrich Zimmermann und all die anderen all das getan haben, was getan zu haben sie verdächtigt wurden. Aber niemand kann uns zwingen (und Urteile Münchner Gerichte schon gar nicht), an ihre Unschuld zu glauben.

Natürlich gibt es in diesem Land nicht nur eine Bande. Und wenn die eine, die noch nicht abgeurteilt ist und deren Mitglieder deshalb vorerst als unschuldig zu gelten hätten, schon so genannt wird – wie nennt man dann eine Vereinigung mit tausenden krimineller Mitglieder, die sich am Paragraphen 218 ihren Swimmingpool oder ihre Privatklinik zusammengeschabt haben?

Kriminell ist, wenn's rauskommt. Und das tut's unten (links) fast immer, oben (rechts) fast nie.

Da wir aber nicht erst seit Dachau, My Lai, Jaros und Santiago wissen, wie die Wirklichkeit aussieht, ein guter Rat: Wenn TV-Köpke mal wieder eine Meldung über einen Verdacht gegen Strauß, Kissinger, Fanfani, Giscard, Karamanlis, Isabel Peron, Thieu, Pinochet, CIA, BND, Konrad-Adenauer-Stiftung oder Verfassungsschutz verliest:

Glauben!

Es stimmt in neun von zehn Fällen. Und in dem einen schadet's nicht.

Juni 1975

Eine glaubliche Geschichte

Ende Januar 1975 fährt ein Freund von mir, der Jurist M., mit einem Bekannten auf der Autobahn Kiel–Hamburg in Richtung Süden. Hinter ihm ein weißer BMW, der zweimal überholt und sich dann wieder zurückfallen läßt. Das Typenschild – vermutlich 2002 – ist entfernt, im Wagen sitzen zwei Zivilisten, auf dem Kofferraum-Deckel ist eine merkwürdig geformte Antenne installiert.

Kurz vor einem Parkplatz überholt der BMW, der Beifahrer winkt mit einer Polizeikelle »Halt«.

Auf dem Parkplatz kurbelt mein Freund das Fenster runter: »Ja, bitte?« Die BMW-Besatzung: »Ihre Papiere!« Werden gezeigt: »Sind wir zu schnell gefahren? Oder was?« Antwort: »Sie sind vorläufig festgenommen.«

»Warum?«

»Das brauchen wir Ihnen jetzt nicht zu sagen.«

»Das sollten Sie aber. Ich bin Jurist.«

»Sie können sich ja später beschweren.«

»Können Sie sich als Polizei ausweisen?« Die beiden zeigen kurz ihre Marke und stecken sie wieder weg. »Folgen Sie uns!«

Die BMW-Mannschaft steigt ein, mein Freund darf in seinem Auto hinterherfahren – runter von der Autobahn, in die nächste Kleinstadt, vor eine Polizeistation. Drinnen werden die beiden Zivil-Beamten begrüßt, nicht mit Namen, aber mit Hallo. Sie wurden offenbar erwartet. Mein Freund und sein Begleiter werden getrennt, mit beiden geht je ein Zivilbeamter in einen anderen Raum. Die Personalien werden aufgenommen, der Personalausweis wird vorgelegt.

»Was haben Sie in Kiel gemacht?«

»Ich war beruflich dort.«

»Noch mal: Was haben Sie in Kiel gemacht?«

»Sie können mich fragen, was Sie wollen, Sie erfahren nichts. Sie müssen mich in 24 Stunden einem Haftrichter vorführen, bis dahin sage ich nichts. Was soll das ganze eigentlich?«

»Darüber darf ich nichts sagen.«

»Wie heißen Sie? Was ist Ihre Dienstnummer?«

»Sag ich Ihnen nicht. Sie können sich ja beschweren. Gehn wir doch mal rüber.«

Zurück ins Wachlokal, dort sitzen drei uniformierte Beamte. Der Zivile: »Da kommen wir nicht weiter, aus dem krieg ich nichts raus.«

Mein Freund: »Erstens möchte ich wissen, wo mein Begleiter ist, und zweitens möchte ich jetzt gerne nach Hause. Ich halte diese Festnahme für widerrechtlich und ein weiteres Festhalten für Freiheitsberaubung im Amt.«

Da baut sich ein Uniformierter vor ihm auf: »Du hältst uns wohl für Bullen?«

»Sie sagen das Wort Bullen, nicht ich.«

»Auch Scheißbullen, nicht?«

»Wenn Sie mir's so in den Mund legen: Ihr seid Scheißbullen.«

»So, dann paß mal auf, jetzt zeigen wir dir mal, daß wir Bullen sind.« Der Uniformierte nimmt seine Mütze ab, legt sie auf die Barriere: »Ich schlage jetzt so zu, daß nachher kein Arzt was feststellen kann.« Zwei Beamte packen meinen Freund von hinten, drücken seine Arme auf den Rücken. Der Redner schlägt zu, vier oder fünf mal, immer oberhalb des Magens, auf den Solar plexus.

Mein Freund sackt nach vorne, die Polizisten lassen ihn los. »Das hast du nun davon.«

Nach fünfzehn Minuten kommt sein Begleiter aus dem anderen Raum. Als er meinen Freund so sieht, fragt er: »Was ist denn hier passiert?«

»Erzähl ich Dir später.«

»Was haben Sie jetzt mit uns vor?«

»Sie können nach Hause fahren. Der Wagen bleibt aber hier.«

»Warum?«

»Vorläufig beschlagnahmt.«

Hier endet die Geschichte. Ich erzähle sie nicht, weil sie wahr ist. (Das ist sie.) Ich erzähle sie nicht, weil sie beweisbar ist. (Das ist sie nicht.) Ich erzähle sie, weil ich weiß, daß sie wahr und nicht beweisbar ist.

Seit ich Journalist bin, und das sind nun neun Jahre, quält mich das: Immer wieder kommen Menschen zur mir, die davon berichten, daß sie in Haftanstalten oder auf Polizeiwachen mißhandelt wurden. Nie hatten sie einen Zeugen, immer waren nur Beamte dabei. Meist waren es Leute, die man uns als »Asoziale« zu sehen angewöhnt hat. Sie artikulierten sich schlecht, widersprachen sich auch, waren nervös, oft psychisch gestört. Soziologen sprechen von »Randgruppen«.

Oder es waren Leute, die dem B & M-Verein nahestanden. Da wußte man nie, ob man nicht angelogen wurde. Wie oft, vor allem in der Anfangszeit der gewalttätigen Apo-Fraktion, wurden die Fairness und Gutwilligkeit linker oder linksliberaler Journalisten, die in bürgerlichen Redaktionen saßen, mit Vorsatz mißbraucht. Wer auf drei oder vier Schauermärchen hereingefallen war, glaubte schließlich nichts mehr. Was die RAF-Leute da zerstört haben – an Sensibilität für Unrechtshandlungen des Staatsapparats –, ist in vielen Jahren nicht wieder herzustellen.

Mein Freund M. ist weder Mitglied noch Sympathisant einer gewalttätigen Gruppe. Im Gegenteil: Er ist ein kämpferischer und erbitterter Gegner dieses Revoluzzertums. Er ist auch kein Randgruppen-Vertreter, sondern Mitglied eines Berufsstandes, der einiges gesellschaftliche Ansehen genießt. Solange ich ihn kenne, bewundere ich seine Art, durch allzu detaillierte Ehrlichkeit die Pointen seiner Erzählungen zu vermasseln. Ich weiß, daß ich ihm jedes Wort glauben kann.

Hätte ich genug Geld, hätte ich diese Geschichte mit dem vollen Namen meines Freundes und der Adresse der Polizeistation versehen. Die Folgen wären vorhersehbar gewesen: Anzeige wegen Verleumdung, Prozeß, vierfacher Beamten-Meineid, hohe Geldstrafe, Eintragung ins Strafregister, Gerichts- und Anwaltskosten. Und natürlich eine – damit's nicht so komisch aussieht: rückdatierte – Anzeige gegen meinen Freund wegen Widerstands gegen die Staatsgewalt, Beamtenbeleidigung, Körperverletzung, Prozeß, vierfacher Beamten-Meineid und so weiter.

Ich bitte dennoch, mir die Geschichte von meinem Freund M. zu glauben.

April 1975

Eßt Sardinen!

Wenn man einige unserer demokratischen Sozialisten über Portugal reden hört, hat man den Verdacht, sie sehnten sich nach Solidaritätsmärschen für eingesperrte und gefolterte portugiesische Genossen.

Vorher scheint ihnen die Sache keinen Spaß zu machen. Da werden Theorie-Murmeln gerollt, da wird über Stalinisten und Kaderpolitik geschwafelt, Musterschüler spielen Oberlehrer und alles schwätzt, wie ihm der jeweilige Ortsvereinsvorstand das Maul wachsen läßt. Dann geht's erschöpft ab in den Urlaub – nach Spanien, Italien, Griechenland, Tunesien oder Schweden. Und es wird gewartet und gewettet, wer denn nun recht bekommt. Portugal den Portugiesen.

Unterdessen geht der Kampf um ein demokratisches Portugal weiter. Für Demokratie sind alle. Weil Demokratie ja zuerst mal heißt: Nato-treu, marktwirtschaftlich, nett zu ausländischen Investoren und ihren politischen Handlungsreisenden (wie Kai Uwe von Hassel). Demokratisch wäre es auch, die Nutznießer und Helfer der gestürzten Faschisten gleichberechtigt am Wettkampf um die politische Macht teilhaben zu lassen. Weil doch Freiheit immer die Freiheit des Andersdenkenden ist (Strauß für Rosa Luxemburg).

Wer diese Demokratie nicht will, schafft ein ungünstiges Klima – für die militärische Sicherheit des Landes und fürs ökonomische Überleben. Wer diese Demokratie aber will, der kommt in Portugal nicht mal so weit wie der demokratische Sozialismus vom Typ Brandt/Schmidt bei uns, der kommt bloß bis ... (ich weiß nicht, wie das portugiesische Sonthofen heißt).

Schon jetzt, da in Portugal nicht mal die Möglichkeiten ausgeschöpft sind, die das Bonner Grundgesetz und das Godesberger Programm einer sozialistischen Veränderung bieten, wird das Land boykottiert: Ausländische Firmen schließen ihre Werke, ziehen ihr Kapital ab, stornieren geplante Investitionen. Der portugiesische Mini-Export stagniert, und die Hotelzimmer an den Sonnenstränden stehen leer. Wozu halten sich die Multis auch ihre freie Presse ...

Demokratischer Sozialismus? Das ist schon schwirig (wenn überhaupt möglich), wo eine kräftige Wirtschaft dem Kapital auch dann noch eine gute Rendite verspricht, wenn ein bemerkenswerter Teil des gesellschaftlichen Reichtums für die Bedürfnisse der Gesellschaft requiriert wird. Dort hat man vielleicht eine Chance, daß der Preis – mal zähneknirschend, mal säbelrasselnd – bezahlt wird.

In Portugal aber kostet schon die Beseitigung des Analphabetismus mehr Geld, als die ausländischen Investoren aus dem armen Land herauswirtschaften konnten. Da bleibt, wenn die eben begonnene Revolution wirklich etwas verändern soll, keine Mark abzusahnen.

Im Gegenteil: In dieses Land muß viel Geld hineingesteckt werden. Unsere demokratischen Sozialisten rufen deshalb nach der Europäischen Gemeinschaft, offenbar verdrängend, daß sie diese sonst gern (und zutreffend) das Europa der Konzerne nennen. Gut, die Bundesrepublik und die Niederlande haben inzwischen Geld geschickt – nicht wenig, aber doch etwas weniger als bundesdeutsche und niederländische Firmen abgezogen haben. Warum aber auch noch das Frankreich Giscards, das Großbritannien Wilsons und das Italien Moros beim Aufbau des demokratischen Sozialismus helfen sollen, möchte man gern erklärt kriegen.

Was man nicht wissen will (weil man es zu gut weiß): Was tun bundesdeutsche Sozialisten eigentlich, wenn ein sogenanntes »Chaos« in Portugal das Eingreifen von Ledernakken »erzwingt«? Ob das Problem »Republica«, das sie derzeit so beschäftigt – weil die Freiheit, schreiben zu lassen, was man will, wichtiger scheint als die Freiheit, lesen und schreiben zu lernen –, ob das dann immer noch der Probefall für oder gegen Demokratie ist?

Wer so wenig, wer so gut wie nichts tun kann, wenn wieder mal ein sozialistisches Experiment in CIA-KZs liquidiert wird, sollte den portugiesischen Revolutionären jetzt nicht mit klugen Ratschlägen vor der Nase rumfuchteln. Es sei denn, Caetano ist ihm lieber als Cunhal.

Und was die Warnung vor den »Stalinisten-Leninisten« betrifft, auf die sich Günter Grass versteift: Muß man eigentlich Kommunist sein, um darauf zu hoffen, daß die Präsenz der sowjetischen Flotte im Mittelmeer vielleicht den Interventionsdrang der USA dämpfen könnte? Muß man Kommunist sein, um darauf zu hoffen, daß die Sowjetunion den Portugiesen wirtschaftlich hilft? Muß man Kommunist sein, um zu erkennen, daß ohne militärische und wirtschaftliche Hilfe der Sowjetunion der Süden Vietnams noch immer US-Kolonie und Havanna der Weekend-Puff der United Fruit wäre?

Muß man sicher nicht.

Vielleicht wollen die portugiesischen Kommunisten den Sozialismus nicht so demokratisch gestalten, wie man sich das wünscht. Vielleicht wollen die portugiesischen Sozialisten die Demokratie nicht so sozialistisch, wie sie werden sollte. Sozialisten sollten dennoch beiden helfen, ihren portugiesischen Weg zum Sozialismus zu gehen:

Jeder verbringt seinen Urlaub in Portugal. Jeder ißt Sardinen, bis sie ihm aus den Ohren wachsen. Im Preis für jede Büchse steckt mehr sozialistische Politik als in Hunderten von Anträgen auf einem Bezirksparteitag.

Juli 1975

»Hilex '75«

Wie fängt der dritte Weltkrieg an? Es stand – am 14. Juli 1975 – im »Spiegel«:

In Chile halten juntafeindliche Arbeiter seit Monaten die Kupferminen besetzt. Afrikanische und asiatische Rohstoffländer haben gegen die westlichen Industriestaaten einen Lieferstopp verhängt. Die Erdölländer wollen ihr schwarzes Gold lieber weiter unter der Wüste lagern lassen, als es für täglich schlechter werdende Währungen abzugeben.

Europas Wirtschaft, seit jeher von den Rohstoffen anderer Kontinente abhängig, steht vor dem Kollaps. Inflation und Stagnation in nicht gekanntem Ausmaß zerstören in wenigen Monaten die komplizierten Wirtschaftsabläufe.

Schon bald können die europäischen Staaten die in Zeiten des Wohlstands eingegangenen sozialen Verpflichtungen nicht mehr einhalten. Die Kassen sind leer. Die Regierungen können das wachsende Heer der Arbeitslosen nicht mehr versorgen. In Italien, in Frankreich und sogar in der Bundesrepublik brechen Unruhen aus. Hungrige Arbeitlose liefern sich blutige Straßenschlachten mit der Polizei. Die demokratischen Staaten des alten Kontinents sind nach außen hin nur noch bedingt abwehrbereit.

Diesen Augenblick nutzt Moskau. Bewegungen der Sowjet-Flotte vor Nordnorwegen und im Mittelmeer sowie Erklärungen der Sowjet-Regierung lassen keinen Zweifel zu, daß Westeuropa sich einem Zangenangriff des Ostens gegenübersieht, daß der Ernstfall also – entgegen allen Wunschbildern der Abschreckungs-Protagonisten – gekommen ist.

Auf solchen Voraussetzungen baut eine NATO-Übung auf, die die Stäbe der Allianz im Dezember vier Wochen lang in den eingebildeten Krieg versetzt. Kodename: »Hilex '75«.

In dieser Sprache haben deutschnationale Geschichtsprofessoren die »Ausbrüche« der Weltkriege I und II beschrieben. Übersetzen wir das NATO-Deutsch in die Sprache der freiheitlich-demokratischen Grundordnung:

In Chile machen Arbeiter von ihren Menschenrechten Gebrauch und leisten Widerstand gegen die faschistische Junta. Afrikanische und asiatische Länder bekennen sich zur freien Marktwirtschaft und zum Recht auf Eigentum: Sie wollen ihre Rohstoffe nicht mehr unter dem Preis, den sie für angemessen halten, verkaufen – die Amerikaner und Europäer machen ihnen ja auch keine Schleuderpreise für Maschinen und Nahrungsmittel.

Europas Wirtschaft erleidet das, was logisch unvermeidlich mit der Möglichkeit einer Hochkonjunktur verbunden ist: eine Depression. In Italien, in Frankreich und sogar in der Bundesrepublik wehren sich die Arbeiter dagegen, daß sie für die Kosten, die andere verursacht haben, aufkommen sollen. Das Recht auf Leben, das durch Unterernährung bedroht ist, gibt ihnen das Recht auf Widerstand. Die Staatsgewalt versucht die Durchsetzung dieses Menschenrechts mit Polizeieinsatz zu verhindern.

Hier endet die Übersetzung. Bis hierhin ist nichts – vom Einsatz der Polizei gegen Hungernde abgesehen – passiert, was unserer Schulweisheit von westlicher Demokratie widerspräche.

Das Gefühl müssen auch die NATO-Strategen gehabt haben: Es fehlt noch was, noch gibt es keinen Grund, militärisch vorzugehen. Nun hätten sie – für Manöver-Zwecke kann man ja alles annehmen – sagen können: In diesem Augenblick überschreiten Truppen des Warschauer Pakts die Grenze zwischen der Sowjetunion und Finnland, zum Beispiel.

Das sagen sie aber nicht. Sie reden von sowjetischen Flottenbewegungen vor Nordnorwegen und im Mittelmeer und von »Erklärungen« der Sowjetregierung – also von einem Zustand, der, etwa für Leser der »Welt«, drei- bis viermal jährlich, sowieso eintritt. Gleichsam wie die »Bedrohung aus dem Osten«, die immer rechtzeitig zum jeweiligen Parteitag der CSU ihren Höhepunkt erreicht.

Noch mal: Was sich – nach der Manöverlage – in den Ländern Westeuropas und der Dritten Welt tut, ist systemkonform. Die Beschäftigung des Militärs zur Lösung der dort auftretenden Probleme wäre verfassungs-, völkerrechts- und menschenrechtswidrig. Rechtfertigen aber soll den Einsatz des Militärs eine Situation, die seit dreißig Jahren im Prinzip unverändert besteht, deren Bestehen auch bei Abschluß der Verfassungs-, Völkerrechts- und Menschenrechts-Vereinbarungen bekannt war.

Was wird hier gespielt?

Hier wird – während im All die Satelliten sich treffen – der Bürgerkrieg von oben im Weltmaßstab geübt.

Nicht ohne Grund: Denn die Legitimität der westlichen Herrschaft wankt. Ihr Wahlspruch – schneller, höher, besser – ist zum bitteren Witz auf steigende Arbeitslosenzahlen, auf stagnierende Produktion und Währungsverfall geworden. Das Regiment des Kapitals ist in Gefahr. In Frankreich und in Italien hat der Widerstand politische Ausdrucksformen gewonnen. Andernorts werden die Reformer an der Reformierbarkeit des Systems irre.

Es ist nicht die sowjetische Flotte vor Nordnorwegen, es sind die französischen und italienischen Gewerkschafter vor den Werken von Peugeot und Fiat, die sich so bewegen, daß die NATO üben muß. Und es ist nicht der Zangenangriff aus dem Osten, es sind der Verfall des Dollars und die Verstaatlichungen in Portugal, die US-Verteidigungsminister Schlesinger zu der Drohung mit Atomschlägen getrieben haben.

Zur NATO gehören auch die sechs sozialdemokratisch regierten Staaten Norwegen, Dänemark, Niederlande, Luxemburg, Großbritannien und die Bundesrepublik. Da gibt es nun zwei Möglichkeiten: Entweder wollen die dort regierenden Sozialdemokraten endgültig vor den Interessen des Kapitals kapitulieren. Oder sie ziehen die militärischen Stäbe ihrer Länder aus der NATO-Übung »Hilex '75« zurück.

Übungen haben es nämlich an sich, Meister zu machen.

August 1975

Das Ding heißt Klassenkampf

> »Wir sind gegen Verbalinjurien wie
> Offenbarungseid und Sozialismus«
> Hans Apel

Schade. Denn beides tut not.

Oder ist kein Offenbarungseid fällig, wenn ein sozialdemokratischer Bundeskanzler am 17. Januar sagt, »die Bundesregierung geht mit Gewißheit davon aus, daß es ab Sommer dieses Jahres mit der wirtschaftlichen Entwicklung wieder bergauf gehen wird«, wenn sein sozialdemokratischer Finanzminister am 14. April erklärt, »wir kommen aus der Talsohle raus, wir werden die Konjunktur anführen, die Gesundung der Konjunktur«, wenn der sozialdemokratische Bundesbankpräsident noch am 6. Juni warnt, »es muß jetzt sehr sorgfältig darauf geachtet werden, daß nicht zu viele Belebungsmaßnahmen eingeleitet werden, damit der zu erwartende Aufschwung nicht mit zu großer Wucht kommt« – und wenn von all diesen Prophezeihungen das Gegenteil eintrifft?

Nobody is perfect. Aber so unvollkommen, so vollkommen falsch wie die Prognosen der Bonner Wirtschaftslenker sind nicht einmal die Horoskope in den Illustrierten. Es ist offenbar, und müßte jetzt auch von den reingefallenen Prognostikern offenbart werden, daß es gar nicht anders sein kann: Daß die wirtschaftlichen Globalsteurer auf einem Schiff ohne Ruder sitzen, daß Krisen zum Kapitalismus gehören wie Wellen zum Meer, daß die anarchischen Bewegungen des Kapitals so kontrollierbar sind wie die Drehungen des Windes.

Es müßte – ob mit Eid oder ohne – offenbart werden, daß Arbeitslosigkeit und Inflation Ausdrucksformen des Klassenkampfs sind: Am Ende des Wachstums, wenn es kein »Mehr« mehr zu verteilen gibt, können die Unternehmer ihren Anteil am Sozialprodukt nur dadurch steigern, daß sie andern etwas wegnehmen, zum Beispiel soziale Leistungen oder Arbeitsplätze. Und es müßte offenbart werden, daß Entlassungen und Kurzarbeit keineswegs identisch sind mit einer Minderung des Unternehmer-Profits – die Maxi-Gewinne des Krisenjahres 1974 beweisen es. (Die Pleiten der Kleinunternehmer buchte das große Kapital unter »Strukturverbesserung« ebenfalls auf der Habenseite ab.)

Niemand erwartet, daß infolge solcher Offenbarungen die Gesetze der kaptalistischen Produktion sogleich novelliert oder gar aufgehoben werden könnten. Dazu bedürfte es einer sozialistischen Massenorganisation mit hohem Bewußtseinsstand und entsprechender Strategie. Als Parteien oder Gewerkschaften firmierende Arbeiterwohlfahrtsvereine können das nicht. Eine Sozialdemokratie, deren führender Finanzpolitiker Sozialismus für eine Verbalinjurie hält, kann es schon gar nicht.

Ich heiße nicht Mommsen und bin auch nicht Vorstandsvorsitzender von Krupp, darum zu Ratschlägen an einen SPD-Kanzler kaum befähigt – aber: Glaubt Helmut Schmidt, glauben Apel und die anderen eigentlich selbst, daß die heutigen und künftigen Opfer der kapitalistischen Krisenwirtschaft (und das sind vorwiegend SPD-Wähler) um so hartnäckiger für die Sozialdemokraten votieren, je mehr man ihren Glauben an die Verantwortung der Regierung für Inflation und Arbeitslosigkeit schürt? Je mehr Genossen man aus der Partei ausschließt, weil sie die Legende vom krisenlosen Kapitalismus zerstören wollen? Je mehr Genossen, die – weil nicht an der Regierung beteiligt – nicht einmal dem Schein nach an Arbeitslosigkeit und Inflation schuld sind, man mit ihren Plänen zur Investitionslenkung »ins Studierzimmer« verweist (wie Helmut Schmidt das auf dem bayerischen SPD-Parteitag getan hat).

(Nebenbei: Wie ist das eigentlich mit der internationalen Solidarität, auf die sich die SPD im Fall Portugal soviel zugute hält, wenn man sich, seinen Genossen und seinen Wählern immer schluchzend die »Exportabhängigkeit unserer Wirtschaft« vorhält, ohne auch nur einmal zu erklären, daß »unsere« (wessen eigentlich? Schmidts? Apels?) Überschüsse im Handel mit anderen so zustande kommen, daß die anderen Defizite machen, daß es »uns« also auf Kosten anderer gutgeht – und die anderen sind nicht die Unternehmer der anderen Länder. Auch da wäre es Zeit für eine Offenbarung, weil Klamottensammlung für Biafra auf Dauer kein politisches Programm ist.)

Und wollte Helmut Schmidt auch gar nichts anderes als bloß Kanzler bleiben und nächstes Jahr wiedergewählt werden – wäre es da nicht besser, öffentlich die Anarchie des Kapitals zu denunzieren, als sich mit Prognosen über dessen nächste Aktionen auch noch zum Gespött der Anarchisten zu machen? Wäre es nicht besser, den Arbeitslosen zu sagen, was sie arbeitslos macht und wer an ihrer Lage verdient, als sich mit Sprüchen wie »eine Million Arbeitslose wären für eine sozialdemokratische Regierung unstragbar« in eine untragbare Verantwortlichkeit hineinzuschwätzen? Wäre es nicht das beste, die Genossen in der Partei geradezu aufzufordern, über Alternativen zu dieser Chaoten-Wirtschaft nachzudenken?

Tut man nämlich nichts von alledem, hält lieber den Glauben an das Segensreiche der freien Marktwirtschaft und die Kurierbarkeit ihrer Krisen hoch, bietet man sich der Reaktion selbst als Opfer an: Können Krisen gesteuert werden, haben die Steuermänner versagt. Ist die freie Marktwirtschaft an sich o. k., sind ihre derzeitigen Leiden durch Überanspruchung verursacht. »Welt«-Chefredakteur Herbert Kremp hat den etwas artikulationsschwachen CDU-Führern das Vokabular schon zurechtgemacht: Man muß »der Amtsführung des sozialdemokratischen Kanzlers den verdienten Pleitegeier anheften«, »die Sozialexzesse seit 1969 haben das Staatsschiff in die Höllenklamm getrieben«, »es ist die überhöhte Lohnquote, die unsere internationale Stellung als Groß-Exporteur bedroht«.

Klammert man mal den menschenverachtenden Zynismus eines Großverdieners aus, der im Suff 30000-Mark-Autos kaputtfahren kann, aber die Lohnfortzahlung im Krankheitsfall und die Rentenanpassung für »Sozialexzesse« hält – was will ein sozialdemokratischer Kanzler, der seinen Genossen erklärt, die Unternehmer müßten wieder mehr verdienen, was will der denn auf den Vorwurf antworten, das Netz sozialer Sicherungen (das wie alle Netze größtenteils aus Löchern besteht) habe die Unternehmergewinne gedrückt, dadurch Investitionen verhindert und schließlich Arbeitslose produziert?

Das Antworten werden wohl jene übernehmen müssen, die nach dem Willen des Kanzlers in ihre Studierzimmer verschwinden sollten. Sie werden sagen müssen, daß die genannten Sozialleistungen von der SPD für die Lohnabhängigen erkämpft wurden und daß die CDU/CSU diesen Anteil am Volksvermögen für ihre Unternehmer zurückgewinnen will. Sie werden die hinter dem Wortgeklingel vom Gasgeben und von der Talsohle, vom Investitionsklima und vom Phasengleichklang, vom aufgeblähten Haushalt und von der sozialdemokratischen Mißwirtschaft steckenden Interessen bloßlegen und bei jedem reaktionären Phrasengleichklang fragen müssen: Wem nützt's?

Der KPI-Führer Sergio Segre hat gesagt, Gesprächspartner für seine Partei sei die SPD. Warum? »Es ist der Wille der westdeutschen Arbeiterklasse.« Andersrum: Ob Helmut Schmidt und andere es wollen oder nicht – die SPD ist die Partei der westdeutschen Arbeitnehmer und wird nur so lange genügend Wähler finden, als sie deren Interessen besser wahrt als die CDU/CSU. Und ob die SPD das weiß oder nicht, ob sie es »politischen Wettbewerb zwischen zwei großen demokratischen Parteien« oder »Ringen um den besseren Weg« oder sonstwie nennt, die Auseinandersetzung hat auch einen richtigen Namen:

Das Ding heißt Klassenkampf.

Oktober 1975

Made in Germany oder The berufsverbot

Henri Nannen, Chefredakteur des »Stern«, schreibt an seine »lieben Sternleser«: »Der Fall des hochdekorierten Jagdfliegers Günther Rall zeigt, daß Tapferkeit vor dem Feind einen Mangel an ziviler Intelligenz nicht ausgleichen kann. Rall, im Kriege für 275 Luftsiege mit Ritterkreuz, Eichenlaub und Schwertern ausgezeichnet, stieg in der Bundeswehr bis zum Drei-Sterne-General und Inspekteur der Luftwaffe auf.« Titel des Nannen-Briefes: »Noch was unklar?«

Doch: Vor welchem Feind hat Rall wann Tapferkeit bewiesen? Wessen Feinde waren die 275 englischen, amerikanischen, französischen und sowjetischen Piloten? Waren sie nicht auf dem Weg zur Befreiung Hunderttausender KZ-Häftlinge, als der Luftsieger Rall sie abschoß? Waren Ritterkreuz, Eichenlaub und Schwerter nicht der Dank dafür, die Qualen der vor dem Feind Tapferen in Buchenwald und Dachau verlängert zu haben? Ein Dank, ausgesprochen von dem, in dessen Auftrag Millionen ermordet, friedliche (demokratische) Staaten überfallen, ihre Häuser und Fabriken verwüstet wurden?

Fragen, die 1945, als der 8. Mai noch Tag der Befreiung vom Faschismus genannt werden durfte, endlich beantwortet schienen, die aber doch nur verdrängt wurden. Bis heute, da der Chefredakteur einer eher links vom Zentrum der öffentlichen Meinungsbildung dieser Republik angesiedelten Zeitschrift von Hitler für treue Dienste verliehene Orden auf der Haben-Seite eines Lebenslaufs notiert.

Und Nannen ist nicht mal Ausnahme, sondern Regel. Daß Springers »Bild«-Zeitung Rall als den »erfolgreichsten deutschen Jagdflieger des 2. Weltkriegs« feiert, also offenbar das Ausbleiben des vollen Erfolgs, »Endsieg« genannt, noch heute bedauert, paßt in die profaschistische Linie des Verlags. Aber selbst der generell anti-nazistische »Spiegel« fand – fünf Tage nach Nannens Brief – nichts dabei, die Auszeichnung eines Paul Conrad durch Hitlers General Rommel lobend zu erwähnen.

Auch hier wieder: Vor welchem Feind hat Conrad Tapferkeit bewiesen? Hat er politische Gefangene befreit oder mit Montgomery konspiriert? Wohl kaum. Er wird schon, mit Rommel, für die NS-Aggressoren und gegen die Demokratie Großbritannien gekämpft haben. Wie Rall zum Drei-Sterne-General stieg Conrad nach dem Krieg zum Präsidenten des Wirtschaftspolitischen Clubs in Bonn auf. Seine Vergangenheit war, wie die Ralls, weniger Hindernis als Hilfe, fast Voraussetzung.

Was lehrt das? Lehrt es nicht, daß es in der öffentlichen Meinung der Bundesrepublik als ehrenvoll gilt, einen faschistischen Angriffskrieg gegen westliche Demokratien unterstützt und dabei möglichst viele Bürger dieser Staaten getötet zu haben? Wer darauf mit »Nein« antwortet, hat dann aber namentlich zumindest einen Bürger der Bundesrepublik zu benennen, der öffentlich gegen das Tragen von Ritterkreuzen oder die militärische Wiederverwendung von Ritterkreuzträgern aufgetreten und dessen Name dennoch nicht in den Karteien der Verfassungsschutzämter festgehalten ist.

Nun ist die Bundesrepublik, ausweislich ihrer Verfassung, der zweite deutsche Versuch, eine westliche Demokratie zu schaffen, eine staatliche Ordnung zu etablieren, die zwar nicht die soziale, wohl aber die politische Freiheit ihrer Bürger schützt und sich in ihren Hoheitsakten dem Mehrheitswillen unterwirft. Meinung, Presse, Kunst und politische Organisation sollen in diesem System frei von staatlicher Zensur sein.

Wird dieser Versuch überhaupt noch gemacht? Ist die Bundesrepublik nicht längst dabei, das Modell der westlichen Demokratie in ein autoritäres System eigener Art zu verwandeln? Sind wir nicht Zeugen, wie sich hier, zwischen westlichen Demokratien und östlichem Sozialismus eine Herrschaftsform etabliert, die deutsche Grundordnung heißt? Zu der es eben gehört, Leute für Taten zu ehren, derentwegen sie in den angrenzenden Demokratien geschoren oder geköpft worden wären?

Was ist das denn für ein Staat, dessen regierende Linkspartei von einem konservativen französischen Professor wie Alfred Grosser zu mehr Demokratie aufgefordert werden muß? Dessen meinungsbildende Presse die Orden lobend vermerkt, die bei der Legion Condor erworben wurden, während der Ministerpräsident eines verbündeten Nachbarlandes (der Niederlande) eine Massenkundgebung gegen Francos Terror-Regime veranstaltet und der Premier eines anderen (Schwedens) mit der Sammelbüchse für spanische Demokraten auf die Straße geht? Was ist das für eine besondere, echte, deutsche Demokratie, die immer allen voran marschieren muß: beim Formulieren politischer Bedingungen für eine europäische Portugal-Hilfe wie beim Investieren in Francos Reich?

Weiter: Welche westliche Demokratie verlangt von den Bewerbern für den öffentlichen Dienst ein Gelöbnis, sich allzeit – nicht für die Verfassung, sondern: – für eine von der jeweiligen Regierung auszulegenden Grundordnung einzusetzen, und beschäftigt gleichzeitig ein Beamtenkorps, das sich überwiegend (und zwar erweislich) mit der terroristischen Verfolgung von Demokraten beschäftigt hat? Wo dürfen ausgediente Hilfsbremser des Faschismus (wie Filbinger und Hahn) Demokratie-Prüfungen veranstalten? In welchem Staat kann nur der Zufall verhindern, daß ein zum Krüppel gequältes KZ-Opfer seinem Richter von einst erneut vorgeführt wird? Was ist das für ein Staat, der eine Verordnung erläßt, die nur noch in Spanien, nicht aber in irgendeiner westlichen Demokratie möglich wäre? Nicht einmal ein Wort hat man in diesen Demokratien dafür, man nennt es »Le berufsverbot«, »The berufsverbot«, »Het berufsverbot«.

Ja wir, wir mit unserer vom Landwehrkanal bis Bergen-Belsen reichenden demokratischen Tradition, wir zeigen den zurückgebliebenen Demokratien des Westens mal wieder, wie man am deutschen Wesen genest. Die »Welt«: »Auch der Blick auf die vielen kommunistischen Lehrer in Frankreich und Italien kann die Deutschen nicht von ihrem Vorhaben abbringen, im Gegenteil. Zur kämpferischen Demokratie gehört nun einmal ...« – daß sie nicht einfach Demokratie sein will, sondern Demokratie made in Germany.

Diese Demokratie läßt nicht zu, daß Andersdenkende Mehrheiten suchen oder im öffentlichen Dienst arbeiten. Sie ehrt die Künstler nicht nach ihrem Werk, sie zensiert sie nach ihrem politischen Bekenntnis. Sie macht, deutsch und deftig, aus der grundgesetzlichen Freiheit der Kunst eine freiheitlich-demokratische Kunstordnung, und wenn dem kommunistischen Hamburger Schriftsteller Gerd Fuchs von einer unabhängigen Jury peinlicherweise der Lessing-Förderpreis zugesprochen wird, steckt sie ihm verstohlen den Scheck zu (Hier, ham Se ihre 5000 Em, aber kein Aufsehen, wenn ich bitten darf) und denunziert ihn anschließend als Propagandisten der Tyrannei. Daß Stücke von Bert Brecht auf den Bühnen dieses Staates zu sehen sind, hat nur *einen* Grund: Brecht ist tot.

Wirtschaftlich ein Riese, politisch ein Zwerg? Ein Rumpelstilzchen! Und es kommt darauf an, es beim Namen zu nennen.

November 1975

Meister Buback

Sehr geehrter Herr Rechtsanwalt!
Im Einvernehmen mit dem Vorstand der Rechtsanwaltskammer in Frankfurt/M. habe ich gegen Sie ein ehrengerichtliches Ermittlungsverfahren wegen Ihres Verhaltens als Verteidiger in der Strafsache gegen Baader und drei andere vor dem 2. Strafsenat des Oberlandesgerichts Stuttgart eingeleitet ... Sie haben Ihrer Aufgabe, an der ordnungsgemäßen Durchführung eines Strafverfahrens durch sachgerechte Verteidigung des Angeklagten mitzuwirken, gröblich zuwidergehandelt, insbesondere haben Sie immer wieder Verfahrensbeteiligte und Repräsentanten staatlicher Institutionen beleidigt und verunglimpft ...

Folgen 16 Punkte, größtenteils von dieser Qualität:

1) Sie haben am 20. 6. 1975 gegen das Gericht den Vorwurf der Parteilichkeit erhoben.

2) Ferner haben Sie am 20. 6. 1975 gegen die Bundesanwaltschaft den Vorwurf erhoben, sie pfeiffe (die zwei f sind vom Staatsanwalt – H. L. G) auf ein rechtsstaatliches Verfahren, sie verhöhne die Unschuldsvermutung ...

3) Am 20. 6. 1975 haben Sie außerdem den Generalbundesanwalt als ›Meister Buback‹ bezeichnet.

5) Ferner haben Sie am 24. 6. 1975 den früheren Generalbundesanwalt abschätzig als den ›früheren Meister Martin‹ bezeichnet.

6) Außerdem haben Sie am 24. 6. 1975 auf die Bitte des Vorsitzenden Richters Dr. Prinzing, auf den Angeklagten Baader mäßigend einzuwirken, wörtlich geantwortet: ›Ich bin keine Zensurbehörde‹.

9) Weiter haben Sie am 19. 8. 1975 einen Antrag auf Einstellung des Strafverfahrens damit begründet, das Strafver-

fahren entbehre der Minimalanforderungen für ein justizielles und rechtsstaatliches Verfahren, da die Angeklagten von Mitgliedern der gesetzgebenden Körperschaften, der Justiz und der Presse bereits vorverurteilt seien ...

Wir erleben mit, wie zeitgeschichtliche Dokumente am Fließband hergestellt werden. In Düsseldorf läuft derzeit ein Prozeß gegen 15 Aufseher des KZ Majdanek wegen Mordes in mindestens 250 000 Fällen. Einer ihrer Strafverteidiger, der entkommene Opfer ausfragen darf, war Staatsanwalt am NS-Sondergericht in Bromberg, wo er gegen die 14jährige Halina Schrajda fünf Monate Straflager forderte, weil sie einem englischen Kriegsgefangenen 62,5 Gramm Bonbons zugesteckt hatte. Der Vorsitzende im Düsseldorfer Verfahren achtet jedoch peinlich auf die Würde der Justiz: Einen studentischen Zuhörer, der über eine Bemerkung des Verteidigers gegrinst hatte, verurteilte er zu der Ordnungsstrafe von drei Tagen Haft, Antritt sofort.

Auch in Stuttgart geht es ja längst nicht mehr um ordentliches Recht, sondern um rechte Ordnung. Wer nicht pariert, wandert in den Knast – der Weg dorthin wird behördlich gewiesen. Denn Kriminalität erzeugt man am besten dadurch, daß man den Glauben an Rechtlichkeit und Gerechtigkeit kaputtschlägt. *So ist die Mehrheit dieser Terroristen hergestellt worden*: durch polizeiliche Gewaltakte, grundlose Prügel, das Leberwurst-Prinzip des fast vergessenen Westberliner Polizeipräsidenten Duensing, durch die Freisprechung aller Polizeitäter bis hin zum Ohnesorg-Totschießer Kurras, durch die Schikanierung von Anwälten mit Hausdurchsuchungen und Leibesvisitationen, Entzug des Post- und Telefongeheimnisses auf unüberprüfbarem Verwaltungsweg, durch öffentliche Diffamierung als »Terror-Anwälte« und Zerstörung der bürgerlichen Existenz. Wie viele der Anwälte, die heute »im Untergrund« sind, wurden von den Behörden und ihren Handlangern in den (nicht nur: Springer-)Redaktionen dahin getrieben?

Den Baader-Anwalt Haag haben sie soweit gebracht, jetzt versuchen sie's mit Heldmann, der neben Schily bisher die beste Kondition gezeigt hat. Der Brief des Frankfurter Staatsanwalts ist eine einzige Provokation zum Marsch in die Illegalität. »Meister Buback« – da lacht man? Nein, man macht daraus einen Angriff auf die berufliche Existenz.

Aber das ist noch gar nichts gegen diesen Punkt 9 des Briefes, der Heldmann beschuldigt, er habe behauptet, die Angeklagten seien »von Mitgliedern der gesetzgebenden Körperschaften, der Justiz und der Presse bereits vorverurteilt«. Von der Presse und der Justiz, nämlich von Meister Springer, Meister Martin und Meister Buback, brauchen wir gar nicht zu reden – bleiben die Mitglieder der gesetzgebenden Körperschaften: »... die Gewaltverbrecher Baader, Meinhof und andere ... anarchistische Banditen ...« Das wurde am 25. April 1975 von einem Mitglied der gesetzgebenden Körperschaft Bundestag unter dem Beifall aller Fraktionen gesagt, vom politisch bedeutendsten Mitglied: Bundeskanzler Helmut Schmidt. Der schlimmste Fall von Vorverurteilung in der bundesdeutschen Rechtsgeschichte.

Hoffen wir, daß Heldmann das aushält. Denn wenn die Mächtigen durchdrehen, geraten sie in Gefahr. Wenn aber die Ohnmächtigen durchdrehen, bringen sie sich um.

März 1976

War sie denn unser?

Die Nachricht vom Tod Ulrike Meinhofs hat gerade die wütend und traurig gemacht, die vom Leben Ulrike Meinhofs seit vielen Jahren nichts mehr hatten. Warum eigentlich?

Warum trauern Leute, die doch für wahrscheinlich halten müssen, daß Ulrike Meinhof für bewaffnete Banküberfälle und tödliche Schießereien mitverantwortlich war? Die doch wissen, daß die mit Ulrike Meinhofs Namen verknüpfte Politik anderen geholfen und ihnen selbst nur geschadet hat?

Liegt es nur daran, daß sie auch wissen, wie viele Soldaten der US-Army aus mieseren Gründen getötet wurden (und getötet haben) als die beim Heidelberger Bombenanschlag Umgekommenen? Nur daran, daß sie in den Verfolgern der Ulrike Meinhof viele Geheimdienstleute, Staatsanwälte, Polizeioffiziere und Leitartikler erkannten, die sich eine halbe Generation zuvor schon an Verfolgungen beteiligt hatten? Nur daran, daß sie Parteiredner wider den Terrorismus dabei erlebten, Folterknechten wie dem chilenischen Herrn Kraushaar die Vervollkommnung seiner Fähigkeiten bei der Bundeswehr zu gestatten?

Gründe zu Trauer und Wut gibt es viele: Daß in den Gefängnissen dieses Staates die Meinhofs und Meins zu Tode gebracht werden, und die Aufseher des KZ Majdanek mit der Straßenbahn zur Verhandlung ins Düsseldorfer Gericht fahren; daß die Moral dieser Gesellschaft im Hungerstreik, dem letzten hilflosen Protest eines Machtlosen, nichts mehr sieht als die Vorbereitung des Selbstmords; daß Leute, die Napalm produzieren, leben, und wie, und Ulrike Meinhof sterben mußte.

Da gibt es aber noch einen Grund: Viele trauern und sind wütend, weil sie sich einst gefreut hatten, wenn Ulrike Meinhof die Gesetze dieses Staates »verbrechenschützend« nannte, wenn sie – mit Fritz Teufel – das Anzünden eines Warenhauses für fortschrittlicher hielt als dessen Besitz, wenn sie – mit Bert Brecht – fragte, was ein Bankraub sei, verglichen mit dem Eigentum an einer Bank.

Diese Trauer und diese Wut sind fast so reaktionär wie die Politik der Bankbesitzer. Mit dem Lob der Cholera war der Pest noch nie beizukommen. Zwischen Bankraub und Bankbesitz gibt es nur eine Wahl: die Enteignung einer Bank.

Auch Ulrike Meinhof hat das gewußt, ziemlich genau zehn politische Jahre lang. Sie hat sich die Hacken auf Ostermärschen wundgelaufen und die Finger für eine neue Ostpolitik, für Abrüstung, soziale Gerechtigkeit und Bildungsreform wundgeschrieben. Sie kämpfte in der verbotenen KPD, in der DFU und in ihren Kolumnen für mehr Frieden und mehr Solidarität, für den Sozialismus.

Über dieses Ziel, über die Grundlagen einer besseren Gesellschaft, wären wir mit Ulrike Meinhof bis zum Schluß einig gewesen: Kein Privatbesitz an Produktionsmitteln, keine Herrschaft der Wenigen über die Vielen, kein Hunger, kein Krieg, keine Bestrafung der Opfer, kein Glück auf Kosten Unglücklicher. Eine solidarische Gemeinschaft, ungleich weder durch Besitz noch Herkunft noch Rasse noch Stärke. Sozialismus – das Einfache, das so schwer zu machen ist.

Wie schwer, das steht in einer von Ulrike Meinhofs Kolumnen gegen die Notstandspläne, 1964: »Gewerkschaftsbeschlüsse wurden gefaßt, bei der IG Metall, bei der ÖTV, beim DGB; Jugendorganisationen haben Resolutionen verabschiedet, Pfarrer haben gepredigt, Bücher sind geschrieben worden, Gutachten, Analysen, Aufrufe. Nun sind wir abgekämpft ... Es muß aber klar sein, daß wir, die wir wissen, was gespielt wird, die Verantwortung haben ...«

Da wußte sie noch, daß sie in einem Land und zu einer Zeit lebte, die keinem Revolutionär die Chance bot, das Schwere, wie Che Guevara oder Ho Chi Minh, mit Bomben und Gewehren wegzuräumen. Daß zu einem Attentat auf eine Zarenkutsche zumindest ein Zar und eine Kutsche gehören. Noch in der »Warenhausbrandstiftung« ist ihr klar, daß der Anschlag auf einen Heidelberger Army-Computer selbst dann, wenn über ihn die Enthebungslisten für den nächsten Vietnam-Einsatz laufen, nur den Ruf des Standortkommandeurs bewirkt: Versicherung, zahlen!

»Warenhausbrandstiftung« – in dieser Kolumne kämpft Ulrike Meinhof noch einmal ihren besseren Kampf, mit den Waffen, die sie der geistigen Tradition der sozialistischen Bewegung entnimmt: Zerstörung von Waren hebt die kapitalistische Konsum-Produktion nicht aus den Angeln, sie kann sogar höhere Profite ermöglichen: »Die Vernichtung gesellschaftlich produzierten Reichtums durch Warenhausbrand unterscheidet sich qualitativ nicht von der systematischen Vernichtung gesellschaftlichen Reichtums durch Mode, Verpackung, Werbung, eingebauten Verschleiß.«

Die halbe Kolumne lang hält sie das durch, dann knickt sie um: »Das progressive Moment einer Warenhausbrandstiftung liegt ... in der Kriminalität der Tat, im Gesetzesbruch ... muß als solches erkannt werden, wird dadurch nicht ausgelöscht, daß die damit zusammenhängende Güterzerstörung eher systemerhaltend ist, materiell also der antikapitalistischen Intention widerspricht ...«

»Wir, die wir die Verantwortung haben«, treiben eine waffenlose Minderheit in die Auseinandersetzung mit einem waffenklirrenden Staatsapparat. Ulrike Meinhof war abgekämpft. Sie hatte nicht mehr soviel Kraft, wie ein kinderreicher Gewerkschafter braucht, wenn er eine Unterschriftenliste gegen die Entlassung eines Kollegen herumreichen will und dabei seine kleine Existenz riskiert, damit die Kollegen das Vertrauen in ihn, mit dem für sie die Sache steht und fällt, nicht verlieren. Es ist wahr, auch zur Befreiung von Andreas Baader brauchte man Kraft. Aber weniger.

Ulrike Meinhofs Weg in den Untergrund begann, als Sozialdemokraten einen Goebbels-Referenten zum Bundeskanzler wählten. »Ist also Hopfen und Malz verloren«, fragte sie damals, »ist die zweite deutsche Republik perdu? Es sieht so aus, es sei denn...«

Sie hat an diesen Konjunktiv dann doch nicht mehr glauben können. Es ist auch, immer wieder, verdammt schwer. Doch das Opfer Ulrike Meinhof darf nicht dadurch ganz sinnlos werden, daß niemand daraus lernt.

Juni 1976

Bundeswehrmacht

Kurz und schlüssig sagte Helmut Schmidt: »Wir haben viele, viele Jahre dafür gearbeitet, daß ein sozialdemokratischer Verteidigungsminister eine Selbstverständlichkeit geworden ist.«

Ein Kurzschluß. Denn erstens haben Sozialdemokraten wie Schmidt dafür nicht, wie sie glauben machen wollen, viele Jahre an der Bundeswehr gearbeitet, sondern an der SPD. Und zweitens hat auch das nicht ausgereicht, einen sozialdemokratischen Verteidigungsminister bei der Bundeswehr selbstverständlich zu machen.

Dabei hatten die sozialdemokratischen Verteidigungsminister alles gemieden, was über den Vollzug der herrschenden Kasinostimmung hinausgegangen wäre. Sie sahen zu, als Offiziere in Uniform dem Hitler-Nachfolger Dönitz gratulierten oder als ein Bundeswehr-Hauptmann an einer Feierstunde ehemaliger Waffen-SS-Männer teilnahm. Das Heeresmusikkorps 5 durfte eine Schallplatte mit SS-Märschen aufnehmen, Bundeswehroffiziere konnten für die NPD kandidieren, Inspekteur Hildebrandt wurde für seinen Salut vor Franco noch weniger gestraft als General Rall für seine heimliche Südafrika-Reise. Auch das Offizierskorps des Jagdgeschwaders »Richthofen«, das sich ein Bild von Hermann Göring ins Kasino hängte, wurde nicht aufgelöst.

Hilft nichts, der Sozi wird verbrannt, und zwar bei der allerersten Gelegenheit, da er, aus wessen Antrieb immer, anders will als die »Stimmung in der Truppe«. Es half auch nichts, daß Georg Leber den Hitler-Obersten Rudel einen »guten und erfolgreichen Soldaten« nannte, nicht bedenkend, daß Rudels Erfolge darin bestanden, 519 Panzer vernichtet und einige Schiffe versenkt zu haben, deren Besatzung auf dem Weg war,

Deutschland vom Faschismus und Sozialdemokraten aus Konzentrationslagern zu befreien.

Nein, die vielen, vielen Jahre Arbeit an der Anpassung haben selbstverständlich nicht mehr gebracht als die Zustimmung zu den Kriegskrediten 1914 und die »Anerkennung der wohlerworbenen Rechte« des Kaiser-Personals 1919. Nämlich nichts. Oder noch weniger: Wilhelms Beamte und Adolfs Offiziere nahmen es als Zeichen der Schwäche, daß ihre vormaligen Gegner und Opfer, die nun regierenden Sozialdemokraten, sich bei ihnen anbiederten, und wurden noch frecher. Die Weimarer Justiz klagte Friedrich Ebert wegen Hochverrats – Beteiligung an der Revolution von 1918/19 – an, der Rudel-Kumpan Krupinski mobilisierte Presse und Fernsehen gegen Leber.

Mit, unter anderen, dem Erfolg, daß der Chefredakteur einer Tageszeitung, der auch führende Sozialdemokraten Interviews zu geben pflegen, die Frage stellte: »Haben wir eine sozialdemokratische Parteiarmee?« Die Antwort könnte nicht einmal dann Ja heißen, wenn man sozial und Partei striche.

Eine Armee braucht bekanntlich eine Tradition. (Juristen schreiben, wenn sie an die weiche Stelle ihres Schriftsatzes kommen: zweifellos.) Also: bekanntlich. Am besten natürlich eine gute Tradition, aber wenn daran, wie in Deutschland, Mangel herrscht, muß man auch die schlechte zur Pflege freigeben. So dürfen Kasernen, Kriegsschiffe, Geschwader nach all den Helden heißen, die im ersten Weltkrieg Belgien überfallen, später die Weimarer Republik zersetzt und Hitlers KZ-Räume ausgeweitet haben. »Richthofen«, »Boelcke«, »Hindenburg«, »Rommel«, »Lütjens«. Und weil das Offiziersleben im Frieden überwiegend um die Vorbereitung von Kameradschaftsabenden kreist, müssen auch jene Übriggebliebenen eingeladen werden, ohne deren tapferes Mitwirken etwa 20 Millionen Sowjetbürger (im Kasino: »Iwans«) noch am Leben wären.

1945 wußten manche dieser »tapferen Weltkriegssoldaten«, wie der CDU-Abgeordnete Woerner den Rudel nennt, sehr genau, was sie verbrochen hatten, und setzten sich ab. Rudel, zum Beispiel, nach Argentinien. Bei einiger Ehrlichkeit konnten sie selbst nicht mehr damit rechnen, einer demokratischen Öffentlichkeit anders denn inkognito begegnen zu dürfen.

Daß dann, was eine Revolution, eine Umwertung aller Unwerte hätte sein sollen, doch wieder nur ein Zusammenbruch und ein *Wieder*aufbau wurde, konnten nur die Intelligenteren, also eine Minderheit, voraussehen. Die andern merkten es erst, als Krupp und Flick von der Nürnberger Kriegsverbrecher-Bank wieder an die Schalthebel von Industrie und Staat zurückkehrten. Denn die, nicht wahr, würden es doch kaum zulassen, daß die physische Gewalt im Staat in die Hände von Leuten geriete, die mit Flick aus den Tagen der Zwangsarbeit in irgendeinem KZ des Generalgouvernements Böhmen-Mähren noch eine Rechnung offen hatten. Zumal ja die Gründer der Bundeswehr keine Träumer waren und deshalb von Anfang an weniger an drohenden Krieg als an das dachten, wofür sie (unvergeßlich: mit Hilfe der SPD) 1968 die rechtlichen Grundlagen schafften: Für den Einsatz im »inneren Notstand«.

Antifaschisten, Widerstandskämpfer konnte diese Bundeswehr nicht brauchen. Also mußten die erfahrenen, tapferen NS-Offiziere wieder her. Soviel schlechtes Gewissen hatten die alten neuen Leute damals noch, daß sie sich, kaum murrend, auf allerlei »demokratischen« Kram einließen: Bürger in Uniform? Aber bitteschön! Primat der Politik? Klar doch! Keine NS-Orden? Zu Befehl! Außerdem saß da im Bundestag eine SPD-Opposition, die auf noch weit verbreitete Abneigung gegen Militärisches zurückgreifen konnte. Da war Maulhalten erste Obristenpflicht.

Das änderte sich so richtig erst, als Sozialdemokraten mit dem Adenauer-Staat und seinen Trabanten in Gesellschaft,

Verwaltung und Militär ihren Frieden machten. Im Gründungsjahr der Großen Koalition übte man in Offizierskursen mit Schützenpanzern gegen Demonstranten. 1971, inzwischen war Helmut Schmidt Verteidigungsminister, ging's im Manöver gegen wilde Streiks bei Rüstungsfirmen. Von da an wurde es zur Routine.

Als Georg Leber Schmidt ablöste und die Rolle des »Soldatenvaters« übernahm, brach sich die Tradition freie Bahn. Auf Bundeswehrakademien wurden faschistische Troupiers wie Pinochets Oberst Kraushaar ausgebildet. Der Bundeswehr-Geheimdienst MAD reihte die DGB-Zeitungen »Metall«, »ÖTV-Report« und »Gewerkschafter« unter die »zersetzenden« Schriften ein, weil sie »hauptsächlich eine Bewußtseinsänderung der Soldaten anstreben«. Es wurden Wintermanöver nach Lagebeschreibungen wie dieser abgehalten: »In der ganzen Zeit, die den kriegerischen Auseinandersetzungen vorausgingen, wurde in Presseberichten dargestellt, wie die Unruhe in der westdeutschen Bevölkerung zunimmt. Im Raum Mannheim/Ludwigshafen wird der Generalstreik ausgerufen. In Baden-Würtemberg entsteht eine Bewegung, die für Neutralität eintritt ...«

Gleichzeitig erfüllten Schmidt und Leber den Generälen und den mit ihnen arbeitenden Rüstungskonzernen fast jeden Waffenwunsch – bis hin zum »größten Rüstungsprojekt seit Christi Geburt«, dem MRCA. Noch vor wenigen Wochen machte Leber, dafür selbst von zivilen Christdemokraten gerügt, zum erstenmal in der BRD-Geschichte einen Uniformierten zum Staatssekretär.

Ja selbst den Rudel-Auftritt wollten Leber und/oder sein Staatssekretär Hermann Schmidt (SPD) ungerügt lassen. Mehr noch, sie waren bereit zu vergessen, daß Krupinski sie mit den Vorbereitungen zu Rudels Kasernenbesuch überrumpelt hatte. Erst als die Herren Generale auch noch die förmliche Rehabilitierung ihres Kameraden Rudel erzwingen wollten und ihn mit Wehner verglichen, konnten vierzig SPD-Abgeordnete ihren Minister zu einer Geste der Verteidigung bewegen.

Nicht ohne einen neuen, den eigentlichen und daher schlagzeilenlos gebliebenen Skandal: Der Vergleich zwischen Rudel und Herbert Wehner wurde, was die Vergangenheit anging, von Leber ausdrücklich zugunsten des Hakenkreuzlers entschieden, der damals ja ein »guter und erfolgreicher« Soldat gewesen sei, während Wehner sich erst in den letzten dreißig Jahren bessern und zum staatserhaltenden Subjekt entwickeln mußte.

Dezember 1976

Trauer um Buback?

Mord gehört zum politischen Handwerkszeug der Reaktion. Sie macht davon Gebrauch, um Revolutionäre wie Rosa Luxemburg oder Che Guevara zu beseitigen. Sie liquidiert aber mitunter auch eigene Leute, deren Ermordung sie anderen anhängt – so starben Diem und Kennedy.

Die Ermordung des Generalbundesanwaltes Siegfried Buback paßt in die politische Logik solcher Morde. Wären die Schüsse in Chicago gefallen, hätte man keinen Augenblick gezweifelt. Die hilfswilligen Mörder von Karlsruhe haben wahrscheinlich auf eigene Rechnung gehandelt. Die Bundesrepublik hinkt da den USA immer noch ein Stück hinterher.

Nicht freilich in der kaltschnäuzigen Verwertung des Mordes. Da wird kein Mitleid mehr geübt, da wird nur noch seine Äußerung erpreßt: Wer nicht Trauer zeigt, ist ein Staatsfeind. Es besteht der Verdacht, daß so einer sich auch nach hundert Werbespots noch weigert, das neue Omo zu kaufen.

Ich wünschte, Siegfried Buback wäre nicht ermordet worden. Aber ich weigere mich, ein trauerndes Mitgefühl bei Staatsschutzorganen anzuliefern, die jene Atmosphäre der Gewalt erst geschaffen haben, in der Bubacks gewaltsamer Tod möglich wurde. Der erste Tote hieß Benno Ohnesorg, und Kurras hieß der Schütze, der freigesprochen wurde.

Damals hat die Reaktion gelernt, wie man Terroristen herstellt: Man nehme ein paar empfindsame Bürgerkinder, zerstöre ihren Glauben an Recht, beleidige ihr Gefühl für Gerechtigkeit, lasse sie ein paarmal zusammenschlagen, spreche jeden angezeigten Polizisten frei, verurteile die Geprügelten wegen Widerstands gegen die Staatsgewalt, kriminalisiere das, was man »Umfeld« oder »Sympathisanten-Szene« nennt und blase ein Scharmützel am Rand der Gesellschaft zum

Bürgerkrieg auf. Sind die ersten Terroristen fertig, behandele man sie so widerrechtlich, daß »Sympathisanten« entstehen, aus denen sich, siehe oben, wieder sehr brauchbare Terroristen herstellen lassen.

Siegfried Buback war ein Repräsentant dieser Politik, die sich Stunden nach seinem Tod ganz auf ihrer Höhe zeigte: als über die Stammheimer Häftlinge verschärfte Isolation verhängt wurde. Es gab keinen Schimmer des Verdachts, von einem Beweis nicht zu reden, daß die Häftlinge irgend etwas mit der Karlsruher Tat zu tun hatten. Nicht einmal die verordnende Bundesanwaltschaft behauptete das. Die Haftverschärfung war, was es im Rechtssystem dieses Staates eigentlich gar nicht gibt: ein Racheakt. Und so sollte sie auch verstanden werden, damit sich vielleicht wieder einmal ein paar junge Leute in ihrem Rechtsgefühl treffen und in den »Sympathisantenkreis« locken lassen, den man braucht, um weiter Bürgerkrieg zu spielen und so aus den zaudernden Bonner Regierungsparteien noch ein paar schlagkräftige Gesetze herauszuzwingen.

Es zeugt von der Cleverness der Akteure, daß sie sich das Lachen verbeißen können, wenn sie die Terroristen zu »der Herausforderung für unseren Staat« befördern. Rund um den Frankfurter Hauptbahnhof werden jede Woche mehr Gewaltverbrechen begangen als von sämtlichen Terroristen der Bundesrepublik in einem Jahr. Aber mit Hilfe einer gewalttätigen rechten und einer sensationsgeilen liberalen Presse gelingt es schließlich doch, das Publikum glauben zu machen, man benötige zum Einfangen einiger Dutzend Ausgeflippter einige tausend weitere Polizisten, einige hundert Panzerfahrzeuge, Maschinengewehre und schwere Munition. Sowie einen Schwung weiterer Notstandsgesetze, die das bislang illegale und deshalb unbequeme Abhören und Anwanzen von hunderten legaler Organisationen und tausender unbescholtener Einzelpersonen erleichtern.

Diese Politik lebt davon, daß die Terroristen nicht aussterben. Anderes hat sie nicht zu fürchten. Schüsse wie die von Karlsruhe machen sie nur stärker. Wer das verhindern will, muß bereit sein, den Damen und Herren Terroristen auch dann das Handwerk zu legen, wenn er verstehen kann, warum sie es geworden sind. Dazu gehört: jeden Waffenfund anzuzeigen, jeden Paßdiebstahl zu melden, jeden Unterschlupf zu verweigern, den letzten Rest einer Solidarität, die diese Bombenleger selbst nie geübt haben, zu entziehen. Nichts trifft die Reaktion härter als das Abhandenkommen solcher »Gegner«.

In der Bundesrepublik sterben täglich viele Menschen in Ausübung ihres Berufes. Sie werden Opfer einer menschenverachtenden Ausplünderungsgesellschaft, der jedes Stück Arbeitsschutz abgekämpft werden muß. Wir sollten uns vom Kampf gegen diesen programmierten Mord nicht durch ein Staatsbegräbnis für einen toten Staatsanwalt ablenken lassen.

Mai 1977

Prima, richtig, sehr gut. Jawohl, Herr Schleyer!

Auszüge aus einer Rede, die Bundeskanzler Helmut Schmidt auf der Kundgebung des Bundesverbands der Deutschen Industrie (BDI) am 17. Mai 1977 in Hamburg gehalten hat:

Meine sehr geehrten
Damen und Herren,
lieber *Herr Schleyer*!
Ich habe zunächst zweifachen Dank abzustatten. Zum einen für die Einladung, zum anderen aber auch dafür, daß *Herr Schleyer* angesichts meiner Flachserei auf der vorjährigen Tagung beschlossen hat, vor mir zu sprechen, was mir jetzt Gelegenheit gibt, auf eine Reihe von Bemerkungen, die *Herr Schleyer* gemacht hat, unmittelbar einzugehen.

Das gemeinsame Ziel Nummer eins, ähnlich wie es *Herr Schleyer* vorhin gesagt hat, ist die Steigerung der Beschäftigung, die Schaffung neuer Arbeitsplätze, neuer Jobs, wie die Amerikaner gesagt haben, und zu diesem Zweck die Steigerung des Wachstums, ohne der Inflation neuen Auftrieb zu geben.

Herr Schleyer hat von der Notwendigkeit gesprochen, den freien Welthandel aufrechtzuerhalten. Dies ist für meine Kompatrioten hier aus Hamburg, aber auch für die Bundesregierung eine nicht nur lange gehegte, sondern auch bei jeder Gelegenheit angesprochene und ausgekämpfte gemeinsame Überzeugung.

Herr Schleyer hat von den Nord-Süd-Beziehungen gesprochen. Ich bin ganz froh, daß wir in der Lage waren, gewisse Tendenzen abzuwehren, die auf einen weltweiten Rohstoffdirigismus hinauszulaufen drohten.

Ich weiß nicht, ob ich zu den konjunkturellen Bemerkungen, die *Herr Präsident Schleyer* gemacht hat, meinerseits viel sagen soll. Sie kennen die Zahlen genausogut wie ich. Ich muß sie Ihnen nicht vortragen.

Ich stimme *Herrn Schleyer* voll bei, und ich glaube, es gibt niemanden, der nicht dieselben Worte hätte gebrauchen können wie er, wenn er die Entwicklung am Arbeitsmarkt als unbefriedigend bezeichnet hat.

Herr Schleyer hat auch recht, wenn er sagt, es ist notwendig, von der schlagwort- oder schlagzeilenartigen Betrachtung der Arbeitslosen-Globalziffer, die jeden Monat veröffentlich wird, wegzukommen.

Herr Schleyer hat in dem Zusammenhang ein paar kritische Bemerkungen gemacht. Ich will sie nicht unterstreichen, aber ich will auch nicht widersprechen.

Ich habe mit innerer Zustimmung gesehen, wie sehr sich der BDI und insbesondere sein *Präsident* dafür einsetzen, in diesem Jahr zusätzliche 100 000 Ausbildungsplätze zu schaffen.

Akademiker werden sich auch darauf umstellen müssen, daß, wenn sie schon das Glück haben, auf Kosten der Allgemeinheit und der Steuerzahler studieren zu können, dies zwar eine Chance, aber keine Gewißheit ist, wenn ich die Worte von *Herrn Schleyer* damit richtig zitiere.

Sie haben hier eine Aufgabe vor sich, die Sie in Ihrem eigenen Interesse und in dem Interesse an der Aufrechterhaltung der marktwirtschaftlichen Ordnung, von der *Herr Schleyer* mit Recht gesprochen hat, bewältigen müssen.

Herr Schleyer hat mir eben gesagt, der BDI wird seine nächste Jahresversammlung in Berlin machen. Alles prima.

Vielleicht sollte ich eine strukturpolitische Bemerkung einschieben, weil das eines der Stichworte war, denen *Herr Schleyer* sich zugewandt hatte. *Herr Schleyer* hat von Forschung und Forschungsförderung gesprochen, insbesondere, so habe ich ihn verstanden, für mittlere, kleinere Unternehmen.

Ich verstehe das Plädoyer von *Herrn Schleyer* für langfristige Klarheit in der Energiepolitik durchaus. Ich wünschte, sie würde weniger verunklart durch alle möglichen öffentlich hörbaren Äußerungen.

Ich stimme ausdrücklich dem Wort zu, das *Herr Schleyer* vorhin gebrauchte, wenn ich recht zugehört habe, daß man sich auf dem energiepolitischen Feld, auf dem Felde der Energieversorgung, alle Optionen, die nur möglich sind, offenhalten muß.

Wir haben eine ganze Menge Vorschläge entwickelt, *Herr Schleyer* wird es sicher wissen.

Herr Schleyer hat ein paar Bemerkungen gemacht zur Konsolidierung der öffentlichen Haushalte. Die ist sicherlich wünschenswert.

Nun sagt *Herr Schleyer*, die öffentlichen Haushalte müssen konsolidiert werden. Jawohl, *Herr Schleyer*, das muß geschehen.

Herr Schleyer hat angedeutet, die Kreditinanspruchnahme sei nicht sehr groß. Das ist wahr.

Ich komme auf meinen Anfangsgedanken zurück wie in einem Rondo, in dem das Anfangsthema am Schluß noch einmal zu hören ist. *Herr Schleyer* hat im Zuge seiner Ausführungen gesagt, man müsse wegkommen von dem Pauschalpessimismus. Sehr gut, richtig!

Grüß Gott, Herr Hitler, da sind Sie ja wieder!

»Hitler hat den 1. Weltkrieg verloren und den 2. Weltkrieg gewonnen, aber den Bau der Mauer nicht verhindert.« Oder: »Hitler war der Stellvertreter von Bismarck und sitzt heute in der DDR in Haft.« – Proben aus Schulaufsätzen Vierzehn- bis Siebzehnjähriger. Auf sie, ihre Eltern und Großeltern ist die Hitler-»Welle« gezielt, die in diesem Sommer über die Republik getrieben wird.

Einerseits gibt es im Strafgesetzbuch den Paragraphen 86 a: »Wer Kennzeichen (einer nationalsozialistischen Organisation) öffentlich, in einer Versammlung oder in von ihm verbreiteten Schriften verwendet oder wer solche Kennzeichen in diesem Bereich verbreitet, wird mit Freiheitsstrafe bis zu drei Jahren oder mit Geldstrafe bestraft. Kennzeichen sind namentlich Fahnen, Abzeichen, Uniformstücke, Parolen und Grußformen.«
Andererseits läuft der Hamburger Verleger John Jahr frei herum.
Und das, obwohl im Jahr-Verlag seit Jahren die Zeitschrift »Das III. Reich« erscheint, die schon im Titel-Signet ein Hakenkreuz führt; obwohl als »Sonder-Dokumentation« im Jahr-Verlag vor einigen Wochen das Heft »Adolf Hitler« veröffentlicht wurde, in dem auf schwarzem Hintergrund vierfarbig und ganzseitig die »Standarte des Führers und Reichskanzlers« abgebildet ist – unkommentiert und zum Ausschneiden animierend; obwohl historische Bilder in dieser Zeitung mit unkommentierten und nicht etwa faksimilierten, sondern neu gesetzten Bildunterschriften versehen sind wie: »Der Führer weiht die Standarten auf dem Parteitag der Freiheit.«

John Jahr ist, wie gesagt, frei, aber doch nicht Frey, kein NS-Verleger, auch wenn er in Freys »National- und Soldaten-Zeitung« mit einer Vierfarb-Beilage für einen fünfbändigen Nachdruck »der besten Propaganda-Zeitschrift aller Zeiten« werben läßt: Für »Signal« – »Überzeugen Sie sich mit eigenen Augen davon, wie brillant die NS-Propaganda arbeitete ... Zum erstenmal erscheinen jetzt die interessantesten Beiträge aus ›Signal‹ im Original-Nachdruck.«

John Jahr ist kein Nazi, kein Faschist im engeren Sinn. Er gilt als konservativer Verleger, früher gehörte ihm der halbe »Spiegel«, jetzt ist er 25-Prozent-Partner von Bertelsmann beim Pressekonzern Gruner + Jahr und regiert dort in den »Stern« hinein. Gerade ist er dabei, den Kurs dieses Blattes durch Bestellung neuer, ihm gefälliger Redakteure nach rechts zu korrigieren.

Jahr ist ein angesehener Mann, eine Stütze von Gesellschaft und Staat. Kein Staatsanwalt, kein Verfassungsschützer kümmert sich um ihn und sein Geschäft: die Verbreitung nationalsozialistischen Propaganda-Materials. Es ist ja bloß ein Geschäft. Hitler hat seinen Markt. Die Demokratie, die Geschichte der Gegner des Faschismus, hat keinen. Was kann Jahr dafür!

Ein paar Fragen: Wer hat den Markt für Hitler gemacht? Wer hat in den Köpfen von Millionen Deutschen das angerichtet, was sie nun so gierig nach Hitler-Bildern, Hitler-Platten, Hitler-Filmen macht? Und wer hat Hitler gemacht?

Blicken wir aufs Jahr 1932 zurück, nach Harzburg, da sehen wir einen: Alfred Hugenberg. Auch er kein astreiner Nazi, kein Faschist im engeren Sinn, bloß ein großbürgerlicher Verleger, dem die Herrschaftsinteressen seiner Klasse in Deutschland über alles gingen. Und der deshalb, in seinen Zeitungen und Zeitschriften, Propaganda für Hitler machte – bis es, 1933, zur ersten »Hitler-Welle« kam.

Natürlich war Hitlers Aufstieg so wenig eine »Welle« wie seine Wiederauferstehung 1977 eine »Welle« ist. Beide Male wirken nicht Natur- und Schicksalskräfte. Die »Welle« ist eine Erfindung derer, die darauf reiten. Und die zweite, jetzige »Welle« dient dazu, die erste als »Welle« zu verkaufen.

Vereinfachen wir: Damals, als das kapitalistische Wirtschaftssystem in seine erste große Krise geriet, brauchte man einen Mann und seine Partei, die sich mit ihrem volksnahen Habitus bei Fehlen jeder revolutionären Absicht als Liquidatoren einer bewußten Arbeiterklasse verwenden ließen. Man förderte, auch wenn einem die braunen Schweißhemden stanken, die Bewegung, die alle linken Politiker und Gewerkschaften zu beseitigen und neue Märkte zu erobern versprach.

Vereinfachen wir noch mal: Heute, da das kapitalistische Wirtschaftssystem seine zweite große Krise ansteuert, ist die Erkenntnis dessen, was damals geschah, ein arges Hindernis. Jede Disziplinierung, jedes Stück Abbau demokratischer Rechte, jeder neue Zensurparagraph, kurzum, jedes Instrument, das die herrschende Klasse in die Hand nimmt, weckt Erinnerungen. Das hemmt ungemein.

Kein Wort aus der Frankfurter Schule hat so verheerend gewirkt wie das Max Horkheimers, daß von Faschismus nicht reden solle, wer über den Kapitalismus nicht reden wolle. Die Studentenbewegung der späten sechziger Jahre griff es auf, verbreitete das Bewußtsein davon. Hitler, zwanzig Jahre lang als der schwarze Mann, der dämonische Verführer, der alleinverantwortliche Volksbetrüger vorgeführt, schnurrte auf seine Funktion zusammen.

Jetzt, da zwar noch nicht nach dem »starken Mann«, aber schon nach dem »starken Staat« gerufen wird – Berufsverbot haben wir schon, ein bißchen Ermächtigung da und dort auch, aber zuwenig, Militarisierung der Polizei und Ausbau der Geheimpolizei kommen nicht schnell genug voran –, wollen sie ihren alten Adolf Hitler wiederhaben. Keinen neuen, der wird noch keineswegs gebraucht, solange Filbinger und Stoltenberg und demnächst Strauß den Bundesrat regieren und schließlich auch noch Friderichs im Kabinett sitzt. Gebraucht wird der mit'm Bart, der beweisen soll, daß Faschismus ist, wenn ein Rattenfänger ein Volk besoffen redet, Israelis umbringen läßt (wie heute Arafat) und Krieg mit den Amerikanern anfängt – und alles andere Demokratie.

Zerschlagung von Antifaschismus – das ist es, worin John Jahrs Platten-Serie »Ein Volk, ein Reich, ein Führer« mit Frau Cavanis »Nachtportier«, Lommels »Adolf und Marlene«, Bauers »Quick«, auf deren Titel der Führer ein kleines Mädchen streichelt, und Fests »Hitler«-Film auf einen gemeinsamen Nenner kommen. Auf einer Pressekonferenz in Hamburg wurde Fest gefragt, warum in zweieinhalb Stunden Film nur dreimal das Wort »Faschismus« falle und dann immer nur in bezug auf Mussolini. Gereizt gab Fest zurück: »Sie scheinen ja ganz genau zu wissen, was Faschismus ist. Erklären Sie's doch mal!« Wozu er dann freilich keine Gelegenheit gab.

Welch kulturelle Repression diese »Welle« gegen den Antifaschismus gleich mitschwemmt, wird am klarsten an jener Stelle des Fest-Films, wo ein Frauenheer die Arme nach dem Führer ausstreckt, verzückt jener Inkarnation von Rassen- und Kommunistenhaß lauscht, und Fest kommentiert: »Hier werden dumpfere Gefühle sichtbar ...« Dumpfer als Rassen- und Kommunistenhaß? Er meint den Geschlechtstrieb.

Auch wer schon gar nichts mehr merken will, sollte wenigstens bemerken: daß es ein Frankfurter Allgemeiner Befürworter des Berufsverbots ist, der diesen Hitler-Film gemacht hat; daß es ein militanter Gewerkschaftsfeind ist, in dessen Hitler-Sonderheft folgende Autoren einträchtig nebeneinander zu Wort kommen: Werner Maser (»Er – Hitler – starb mit reinem Gewissen«), Walter Görlitz, Albert Speer, Joachim Fest, Hartmut Zeitke (»England, Hitlers unerwiderte Liebe«), Hans Ulrich Rudel (»Der deutschen Erde verpflichtet«), Joseph Goebbels (»Der Mann des Jahrhunderts«); daß es Heinrich Bauers »Quick« ist, die das Menschliche am »Führer« entdeckt.

Denn auch diese Arbeitsteilung gibt es: Während Fest – gezielt auf liberales Publikum – alles auf den »Führer« lädt (Originalton: »Hitler war weder käuflich noch im Bunde mit dem Großkapital«), gehen Jahr und Bauer, für ihr Publikum, zu dem Horkheimers Satz nie vorgedrungen ist, ein Stück weiter: Hitler war's zwar, aber er hatte auch was Nettes und Großes an sich (Jahr-Festschrift: »Hitler privat – Deine Blondie ist ein Kalb«. Blondie war der Schäferhund).

Das ist die Lage: Verlage, die Mini-Auflagen sozialistischer Literatur verbreiten, werden von verfassungsschützenden Hundertschaften bespitzelt, überwacht, mit Razzien überzogen. Und ins Strafgesetzbuch wird ein neuer Paragraph 88 a hineingeschrieben, dessen Umbiegung dafür die Rechtfertigung liefert. Kurz davor aber steht seit Gründung der Bundesrepublik ein allenfalls einmal gegen linke Demonstranten, die zum Zeichen antifaschistischen Protests ein Hakenkreuz mitführen, gebrauchter Paragraph 86 a herum, der präzise das beschreibt, wogegen Jahr und andere in Riesenauflagen verstoßen.

Von selbst rührt sich diese Justiz natürlich nicht. Was aber tut sie, wenn sie darauf gestoßen wird? Wir werden sehen. Ich habe Anzeige erstattet.

September 1977

Postskriptum
Herrn
John Jahr sen.
Hamburg

Lieber Herr Jahr,
mußten Sie mir das antun? Da stand ich, festgewurzelt im Vertrauen, das unsere Verleger in Ihren Staat und seine Organe haben – und Sie verließ schon der Mut, als ich gegen Sie

wegen Ihrer Zeitschrift »Das III. Reich/Sonderdokumentation Adolf Hitler« bloß eine Strafanzeige erstattete. Ja, Sie sollen schon geplant haben, künftig auf die Herausgabe von Schriften zu verzichten, die durch Verbreitung nationalsozialistischer Gedanken und Kennzeichen die Tatbestandsmerkmale der Paragraphen 86 und 86a des Strafgesetzbuchs so vorbildlich erfüllen.

Konnten Sie denn nicht gelassen warten, bis Ihre Staatsanwaltschaft bei dem Landgericht Hamburg Ihre Absicht, mit den Bedürfnissen alter Nazis ein Geschäft zu machen, als Vorsatz zu »staatsbürgerlicher Aufklärung« wertete? Konnten Sie sich nicht denken, daß Ihr vierfarbiges Hochglanz-Poster »Die Standarte des Führers und Reichskanzlers« nur gut war, »Wissen zur Anregung der politischen Willensbildung und Verantwortungsbereitschaft des Staatsbürgers zu vermitteln und damit der Förderung seiner politischen Mündigkeit zu dienen«? Hat es denn Ihnen nicht dazu gedient – schon vor Jahrzehnten? Und nun plötzlich, in diesen schweren Zeiten, sollte es nicht mehr?

Ich war ganz sicher, daß durch kommentarlose Bildunterschriften wie »Der Führer beim Parteitag der Freiheit« nur »die Person Hitlers kritisch beleuchtet bzw. in den historischen Zusammenhang gestellt und dadurch einer Beurteilung unterworfen wird«, und was für einer. Ich habe keinen Augenblick daran gezweifelt, daß die Staatsanwaltschaft bei dem Landgericht Hamburg bloß wegen des Verdachts auf staatsbürgerliche Aufklärung ermitteln und, sollte der sich nicht erhärten lassen, das Verfahren einstellen würde.

Sie hat es getan. Ich darf Ihnen zu Ihrer Justiz gratulieren, obwohl Ihr Kleinmut das eigentlich nicht verdient hat. Zum Dank dafür sollten Sie nun, unter Hintanstellung geschäftlicher Interessen, eine »Sonderdokumentation: Goebbels' schönste Reden« (ach so, das haben Sie ja schon), also vielleicht: »Der Führer und die Kinder – Die schönsten Geburtstagsfotos mit Adolf Hitler« herausgeben. Vertrauen Sie mir und der Staatsanwaltschaft bei dem Landgericht Hamburg: »Es handelt sich bei den in der Druckschrift enthaltenen Abbildungen ... erkennbar um erlaubte zeitdokumentarische Bildwiedergaben und nicht etwa um ... unzulässige reißerische Käuferwerbung mit NS-Symbolen.«

Mit erkennbar zeitdokumentarischem
Heil Hitler
Ihr
Gremliza

Der Preis von Mogadischu

Vor wenigen Stunden ist Hanns-Martin Schleyer ermordet aufgefunden worden. Ich habe ihn flüchtig gekannt. Er verkörperte auch aus der Nähe das, was mir an dieser Gesellschaft menschenfeindlich erscheint. Ich habe ihn und was er repräsentierte bekämpft. Sein Tod ist kein Grund, die prinzipielle Ablehnung von Verhältnissen hinwegzuheucheln, die solche Karrieren und solche Gesichter schaffen.

Wer aber diese Gesellschaft zu mehr Menschlichkeit hin verändern will, muß Ekel und Abscheu vor Leuten empfinden, die einen wehrlosen Menschen wochenlang gequält und schließlich abgeschlachtet haben. Jeder Versuch einer Rechtfertigung mit Rückgriff auf die Legitimität revolutionärer Gewalt geht fehl. Der gewaltsame Aufstand einer unterdrückten Klasse gegen physische und psychische Unerträglichkeit von Herrschaft ist auch brutal. Hanns-Martin Schleyer ist nicht das Opfer von Brutalität geworden, sondern von Sadismus.

Zum Abscheu vor den Mördern tritt die Verachtung derer, die den Mord haben geschehen lassen (und es ist kein Zufall, daß Schleyer selbst bis zu seiner Verschleppung dafür plädierte, Geiseln nicht auszutauschen). Als sie gerade vollbracht hatten, was zu Schleyers Ermordung führte, veranstalteten sie eine Siegesfeier auf dem Bonner Flughafen, umarmten ihre Helden und grölten die Nationalhymne. Sie wußten genau, was sie in Kauf nahmen: Mit ihren Zitaten über die Unmenschlichkeit, Rücksichtslosigkeit und Entschlossenheit der Entführer ließen sich die Tonbänder eines ganzen Abhör-Alltags füllen.

Sie spielten starken Staat. Sie wollten Schluß machen mit dem Terrorismus – ein für allemal. Nun stehen sie vor den

Leichen von acht Menschen und vor einer absehbaren Serie neuer, schlimmer, blutigerer Taten. Denn natürlich ist dieser Terrorismus als Reaktion auf – zu Recht oder zu Unrecht – als illegitim empfundene Gewalt entstanden. Mehr Gewalt führt zu mehr Terrorismus. Man halte die Kurve der Terroranschläge und die Kurve der Bundeskriminalamts-Etats aus den letzten fünf Jahren übereinander: sie decken sich nicht, weil man mit mehr Polizei auf mehr Terror reagieren wollte.

Politiker werden nicht gemessen an dem, was sie wollen (und sei es auch mal das, was sie sagen), sondern an dem, was sie anrichten. Was haben diese Bonner Krisenstäbler mit ihrer »mutigen Entschlossenheit«, mit ihrem vielbewunderten Blitzkrieg von Mogadischu angerichtet?

Sie haben Dämme eingerissen, die ein von langer nationalistischer und faschistischer Tradition bestimmtes Gefühlsleben mühsam am Ausbruch hinderten. Sie haben die Sperren durchbrochen, die uns notdürftig vor Herrenmenschen-Allüren und -Sprache schützten. Sie haben der Vergangenheit eine Chance gegeben.

Von »Bild« (»Dank an unsere jungen Helden!«) bis sozialdemokratischer »Hamburger Morgenpost« (»Die deutsche Nation hat ein Erfolgserlebnis besonderer Art gehabt«) – die Kriegsberichterstatter schwelgten in »Spezialtruppe«, »Nahkämpfer«, »Bravour«, »Präzisionsschütze«, »Blendgranate« und »Blitzaktion«. An der Heimatfront hieß es »Sumpf austrocknen«, »Seuche ausrotten«, »Pest«.

Mogadischu war nicht nur die Befreiung von 86 Geiseln – wenn erforderlich auch durch tödliche Schüsse auf die Geiselnehmer. Mogadischu war viel mehr:

— Die nationale Glorifizierung eines auch dann widerwärtigen wenn unvermeidlichen Henkerjobs. Es wurden 86 Geiseln befreit, es starben drei Menschen. »Bild«: »Unsere Jungs vom GSG 9!«
— Die Legitimierung einer militärischen *Elite*-Einheit mit Tötungserlaubnis (gezieltem Todesschuß).

- Die erste militärische Aktion Bundesdeutschlands auf fremdem Territorium.
- Die Tabuierung des Gedenkens an Opfer, die – in ihrem Wahnwitz und in ihren Verbrechen – doch Menschen waren. Karl Mays Helden haben die Schurken noch begraben. Die Stimmung hier ruft nach dem Abdecker.

Es könnte noch ertragen werden, daß zur Rettung unschuldiger Leben deren Bedroher getötet werden. Wer dazu bereit ist, sollte auf Mitgefühl stoßen. Die Schützen von Mogadischu aber wurden gefeiert. Wie Weltmeister.

Für ganz schwierige Fälle hatte man einst »unsere Stukas«, dann war man, Gott sei Dank, auf »unseren Kaiser Franz« abgelenkt, jetzt haben wir »unsere Jungs vom GSG 9«. Sie sind erstklassig ausgebildet, präzise, effektiv, kommen sofort, Anruf genügt.

Wann werden wir sie wiedersehen? Bei der Befreiung deutscher Siedler aus den Händen namibischer »Untergrundkämpfer«? Oder schon bei der Räumung eines Atomkraftwerks-Geländes? Sage niemand, dazu reichten die Gesetze nun doch noch nicht hin. Hierzulande ändern Stimmungen Gesetze über Nacht.

Wischnewski sagt, jetzt habe sich die bundesdeutsche »Entwicklungs«-Hilfe beim Aufbau der somalischen Polizei bezahlt gemacht. Bölling sagt, die somalische Wirtschaft könne nun mit bundesdeutscher Unterstützung rechnen. Ja merken denn diese gottverlassenen »Staatsmänner« überhaupt nicht mehr, was sie uns da lehren wollen? Daß es gut sei, wenn die Bundesrepublik ihre wirtschaftliche Macht nutze, territoriale Hoheitsrechte abzukaufen? Von dem Ganges bis zum Amazonas?

Mag sein, daß eine fest im Bewußtsein ihrer Bürger gründende Demokratie Aktionen wie die von Mogadischu als tragische Notwendigkeit unbeschadet ertragen könnte. Die Gesellschaft der Bundesrepublik kann es nicht. Sie besäuft sich an der »Aktion Feuerzauber« (schon dieser Name für diese

Tat ist ein Anschlag auf die Menschlichkeit), bis sich ihre Augen verdrehen. Und dann wundert sie sich, daß Beobachter vor dieser schielenden Fratze Angst bekommen.

Das ist der Preis für die Entscheidung, Hanns-Martin Schleyer nicht freizukaufen. Bezahlen werden ihn die, denen er zu hoch gewesen wäre.

November 1977

Gehört der »Spiegel« dem BND?

»Wir haben uns dann mit den beiden Chefs des ›Spiegel‹ zusammengesetzt. Wir haben dann einen kleinen Film ablaufen lassen, und der ›Spiegel‹ hat das natürlich dankbar entgegengenommen. Es war gar nicht schwer, sie haben alles genommen und so gebracht, wie wir es gerne wollten«.
Kurt Weiß, Adlatus des früheren BND-Generals Gehlen, vor dem Guillaume-Untersuchungsausschuß über ein Treffen mit Rudolf Augstein und Hans Detlev Becker.

Nur die ganz Doofen glauben noch immer, daß mittlere und höhere SED-Funktionäre ein »Manifest der ersten organisierten Opposition in der DDR« verfaßt haben. Die Intelligenteren fragen sich, wer nun tatsächlich die Autoren gewesen sein mögen.

Es muß wohl etwa 1970 gewesen sein, da erschien im »Spiegel« eine Geschichte mit einigen völlig bestußten Passagen über führende DDR-Politiker. Ich ging damals ins Büro des verantwortlichen Ost-Redakteurs – seinen Namen sollt ihr nie erfahren, es war der Fritjof Meyer – und fragte ihn, woher er seine Weisheit habe. Über die Gegensprechanlage wählte Meyer einen Ressort-Kollegen an und fragte ihn wie folgt: »Herr Reinhardt, was sagt unser Informant aus dem ZK der SED?« Quäkend drang aus dem Gerät der Stuß, der auch im Blatt stand. »Sehn Sie!« sagte Meyer.

Darüber habe ich damals gelacht. Und wenn mir ein etwas dünnsinniger Militär-Redakteur, dessen Spesen-Abrechnung ich abzeichnen mußte, eine Quittung über Bewirtung des Informanten »NN« vorlegte und auf meine Frage antwortete: »Das ist mein Mann beim MAD« – dann dachte ich mir, daß sich der Kollege mit seiner Frau auf Kosten des »Spiegel« einen schönen Abend gemacht habe. Später, als ich von diesem Journalisten in Springer-Blättern Schauermärchen über sowjetische Truppenaufmärsche an der jugoslawischen Grenze las, merkte ich, daß ich ihn zu Unrecht des Spesenbetrugs verdächtigt hatte.

1972 kursierte in Bonn eine Liste mit den Namen von etwa sechzig politischen Journalisten, die vom BND Informanten-Honorar kassiert hatten: Keine der bürgerlichen Zeitungen wollte die Liste publizieren – so gut wie jede war mit mindestens einem Redakteur darauf vertreten. Im Dezember 1977 erzählte der ehemalige CIA-Chef Colby einem Untersuchungsausschuß des US-Kongresses, daß der amerikanische Geheimdienst seit den fünfziger Jahren eine große Zahl ausländischer Journalisten beschäftige und bezahle. Im Kampf gegen die kommunistische Ideologie habe man damit viel Erfolg gehabt, er bitte deshalb den Kongreß, diese Arbeit nicht gesetzlich zu verbieten. Die Zahl der bundesdeutschen Journalisten, die in CIA-Sold standen und stehen, gab Colby nicht bekannt – sie wird der Bedeutung entsprechen, die der Bundesrepublik im Kampf gegen den Kommunismus zukommt. Rechnet man zu den journalistischen V-Männern von BND und CIA jetzt noch die des Bundesamts und der Landesämter für Verfassungsschutz, des MAD und der wichtigsten west- (und ost-)europäischen Dienste, kann man sich etwa vorstellen, wie es in den Redaktionen unserer großen Zeitungen, Zeitschriften und Magazine, unserer Funk- und Fernseh-Anstalten aussieht.

Und welche Erfolge diese Arbeit hat: Stolz berichtete der frühere Präsident des Bundesamts für Verfassungsschutz, Günter Nollau, als er im Fernsehen über das »Manifest« befragt wurde (Nollau: »So was haben wir früher auch gemacht«), wie er mit einigen Verfassungsschutz-Kollegen den Begriff »Dritter Weg« (zwischen Kapitalismus und Kommunismus) erfunden und in die linke Diskussion gebracht habe. Und anläßlich der Hearings des US-Kongresses kam heraus, daß 34 Absätze der bekannten Geheimrede Chruschtschows auf dem XX. Parteitag der KPdSU, die über ein Jahrzehnt durch unsere Medien geisterte, von der CIA gefälscht und daß die »Penkowski-Papers«, mit denen der »Spiegel« als Titel-Serie »Des Westens größter Spion« vor zehn Jahren so viel Aufsehen erregte, eine reine CIA-Arbeit waren.

Hans Detlev Becker, der Verlagsdirektor des »Spiegel«, hat sich geweigert, auf den Vorwurf der DDR-Regierung, er sei »ein BND-Agent«, überhaupt zu antworten. Diese Behauptung spreche für sich. Tut sie das? Vor Jahren war Becker der meistgenannte Kandidat für die Präsidentschaft eines der bundesdeutschen Geheimdienste. Die Sache scheiterte damals daran, daß Becker zunächst die Leitung von BND, Verfassungsschutz und MAD in einer Spitze vereinigt sehen wollte. Hatte sich Becker für die BND-Kandidatur durch die Einführung von Spesen-Formularen im »Spiegel«-Verlag qualifiziert? Zu meiner »Spiegel«-Zeit jedenfalls wurde keine den BND betreffende Geschichte ins Blatt gerückt, ohne daß der Autor – wie selbstverständlich – mit dem Verlagsdirektor Kontakt aufgenommen hätte.

Wir sind, schließlich, beim Thema. Dieser Journalismus hat sich weitgehend mit Geheimdiensten eingelassen, er nutzt sie als Informanten, und er läßt sich von ihnen benutzen. Der BND beispielsweise beschäftigt sich erstens mit der Ausspähung äußerer Feinde und zweitens mit deren Schwächung durch Desinformation, Unruhestiftung, Verwirrung. Drittens beschäftigt sich der BND aber auch traditionsgemäß mit Dingen, die ihn nichts angehen dürften: Er macht bundesdeutsche Politik, beeinflußt selbst durch gezielte Information, Desinformation und hausgemachte Aktion das Klima, das die Politiker in die gewollte Richtung drängt.

Kann man sich vorstellen, daß eine Redaktion, die so mannigfache Affinität zu Geheimdienstlichem hat, ein solches »Dokument« druckt, ohne über die vorhandenen Kanäle nachzufragen, was davon zu halten sei? Und was passiert, wenn durch jene Kanäle das Urteil »echt« zurückkommt? Was geschieht, wenn man's druckt und in Beweisnot gerät, das konnte man aus dem »Spiegel« vom 2. Januar erfahren: Man wirft sich den Dienst-Habenden an den Hals.

Den »Spiegel«-Titel zierte ein zerrissenes SED-Emblem – so als sei die DDR-Staatspartei inzwischen gespalten, ja fast so, als werde auf den Straßen von Dresden und Magdeburg bereits geschossen. Im redaktionellen Aufmacher wurde jeder Ungläubige als Komplize der SED-Führer denunziert: Der SPD-offiziöse »PPP«-Pressedienst sei »tongleich mit dem ›Neuen Deutschland‹«, »bewußt oder unbewußt stützten die Bonner Sozialdemokraten die Ost-Berliner Lesart«; es gebe einen »Gleichschritt der Regierenden in Bonn und Ost-Berlin, das augenzwinkernde Einverständnis« sei »inzwischen total«. Den ehemaligen »Spiegel«-Chefredakteur Günter Gaus, der wohl wußte, daß und warum die Echtheits-Beteuerungen seiner einstigen Redakteure, deren Arbeitsweise er kennt, nichts wert waren, führte das Blatt als »Honecker-Schutzpatron« vor. »Die Beschwichtigungsversuche« der Bonner Entspannungspolitiker lägen »vornehmlich im Interesse Ost-Berlins«, die DDR sei ein »besonderes Gebilde«, »das künstliche Gebilde DDR«.

Matthias Walden hätte es nicht besser machen können. Zwanzig Jahre »Spiegel«-Redaktionspolitik waren weggefegt, Verständigungspolitik, Anerkennung der DDR, Grundlagenvertrag, Entspannung – alles Unfug. Jetzt sei die DDR am Ende, die nationale Frage stelle sich unausweichlich, »die deutsche Einheit« sei »unvermeidlich«. So grotesk, so abrupt hat noch keine Zeitschrift mit ihren politischen Traditionen gebrochen – es sei denn, sie wäre über Nacht in andere Hände geraten.

Februar 1978

Ach Bahro

»*Erstens müssen wir uns mit denen auseinandersetzen, die ... meinen, wir würden auf die Menschenrechtskampagne hereinfallen, die doch nur ein propagandistisches Manöver des heuchlerischen, bigotten amerikanischen Erdnußfarmers und US-Präsidenten Jimmy Carter sei. Verletzungen der Menschenrechte gäbe es doch anderswo, selbst in den USA, in viel größerem Umfange und in weitaus brutalerer Form als in der DDR ... Sie vergessen dabei, daß die Menschenrechtsverletzungen in kapitalistischen, in imperialistischen Staaten nicht unsere Schande sind, nicht die Schande der Sozialisten, Marxisten und Kommunisten*«. Jakob Moneta

So hätten wir *uns* gerne, so stark, so autonom, so einig. Gibt es *uns* so, *uns* Sozialisten, Marxisten und Kommunisten? Bestimmen *wir* die Diskussionen, die wir führen, ihre Voraussetzungen, ihre Verbreitung, ihre Wirkung? Sind wir nicht, gerade wenn wir's nicht wissen oder wissen wollen, längst verplant, gehört unsere Kritik beispielsweise an Carters Kampagne nicht längst zum Arrangement dieser Kampagne, wie die Kritik der Kampagneros an unserer Kritik?

Das Solidaritätskonzert zum Bahro-Kongreß wurde – wie einer der Veranstalter sagte: »sehr fair« – vom Sender RIAS ausgestrahlt. Walter Ulbricht hätte gefragt: »Quo vadis – wem nützt's?« Was sich die US-Funker dabei gedacht haben, war auch dem zitierten Veranstalter klar: »Destabilisierung der Verhältnisse in der DDR, weil sie glauben, daß sie dann die Stärkeren sind.« Glauben? Sie sind es nicht? Haben sie nicht die Macht zu bestimmen, was getanzt wird, wenn die Verhältnisse erst mal zum Tanzen gebracht sind? Haben *wir* die Macht?

Die Fragen sind nicht schon Antworten. Doch dürfen sich 4000 Besucher eines Kongresses, der sich an den Grenzen der Systeme zu schaffen macht, einfach von solchen Fragen suspendieren? *Wir* diskutieren die Menschwerdung des Menschen, die allseitige Aneignung seiner Fähigkeiten, verlangen Revolution und schüren Rebellion – sollen Erich Honecker und Egon Bahr zusehen, wie sie mit den Nebenerscheinungen (Einmärschen, Aufmärschen) fertigwerden.

Bahro selbst hat sich die Frage immerhin gestellt, obwohl sie auch bei ihm zu kurz kommt. In seiner Aufzählung der »Wurzeln für die Unterwerfung der Sowjetgesellschaft unter eine bürokratische Staatsmaschine« schreibt er:

»*1. Der Druck der durch die militärische Interventions- und Einkreisungspolitik unterstrichenen technologischen Überlegenheit der imperialistischen Länder. Dies ist der Faktor, der tatsächlich von außen deformierend auf die Entwicklung des politischen Überbaus eingewirkt hat und die tiefste Verursachung für die Exzesse des stalinistischen Terrors darstellt. Die ständige äußere Bedrohung hat den Druck potenziert, der ohnehin auf dem Prozeß der politischen Selbstverständigung innerhalb der herrschenden Partei lastete, und die spezifische Festungsneurose erzeugt, in der man Freund und Feind nicht mehr unterscheiden konnte.*«

Schreibt Bahro. Auf dem Westberliner Kongreß vertreibt das »Komitee für die Freilassung Rudolf Bahros« diesen »Aufruf einiger sowjetischer Emigranten an die Kommunisten, Sozialisten und Gewerkschaften des Westens«:

»*Wir müssen neue Formen finden, Druck auszuüben, wie z. B. Massendemonstrationen, Boykott sowjetischer Delegationen, Arbeiterstreiks gegen die sowjetische Aufrüstung, die die militärische Übermacht des Regimes noch verstärken kann.*«

Also einen Druck verstärken, der »von außen deformierend« einwirkt und eine »spezifische Festungsneurose« erzeugt. Aber der politische Denker Bahro hatte auf »seinem«

Kongreß sowieso nicht viel Glück. Ernest Mandel warf Bahro eine »brutale Offenheit« bei der »Ablehnung des revolutionären Potentials der Arbeiterklasse« vor. Der Arbeitskreis 1 diskutierte Bahros Funktionsbestimmung der wissenschaftlich-technischen Intelligenz »kontrovers«, wie es im ersten Abschlußbericht heißt, im Arbeitskreis 2 wurde »die Stichhaltigkeit der Bahroschen These ... stark in Zweifel gezogen«, in der Arbeitsgruppe 3 wurde »das Prinzip der Rotation, das Bahro entwirft, abgelehnt«, die Arbeitsgruppe 6 kam zu einem »entgegen-Bahro«-Schluß, eine andere Gruppe kritisierte »die von Bahro entworfene Alternative ... als ökonomische Verkürzung«, denn »wo Bahro überschüssiges Bewußtsein als emanzipatorisches Potential einseitig vor allem in der Intelligenz ansiedelt, verkennt er ...« Und die Frauen-Gruppe erklärte: »Es scheint so, daß auch Bahro in seinem Bewußtsein die typischen Begrenzungen eines in einer durch eine Männergesellschaft sozialisierten Mannes nicht überwunden hat.«

Was bleibt noch von Bahro? Daß er ein Buch geschrieben hat und aus Gründen, die mit dem Schreiben und Veröffentlichen dieses Buchs zusammenhängen, zu acht Jahren Haft in der DDR verurteilt worden ist. »Lebte er bei uns«, sagt Heinz Brandt, »so hätte er Berufsverbot, dürftige Auflagen, kümmerlichen Unterhalt.« So sitzt er in der DDR, hat hohe Auflagen (und zwar *deshalb*, was kein Urteil über sein Buch ist) und sieht seinen Namen einem Kongreß verliehen, der so nur zusammenkommen konnte, weil Bahro im Knast ist.

Die Leute vom Vorbereitungskomitee hatten die Begründung eines politischen Bündnisses im Sinn: »Verschiedene Fraktionen der Linken mit Sozialdemokraten, Gewerkschaftern bis hin zu Eurokommunisten.« Aber auf welcher Basis sollten der Generalstreik-Trotzkist Mandel wohl mit dem Öko-Sozialisten Flechtheim, der Verleger Tomas Kosta, der gerade eine Lektorin aus politischen Gründen entlassen hat, mit dem Jungsozialisten Gerhard Schröder, der »Welt«-Autor Jiri Pelikan mit Wolf Biermann, Peter von Oertzen mit

Rudi Dutschke ein Bündnis schließen? Eines, das mehr zum Inhalt hat als die Freilassung Rudolf Bahros, zu der Komitees und Kongresse leider weniger beitragen können und werden, als manche ihrer Initiatoren vorgeben zu glauben?

Die kommunistischen Parteien Frankreichs, Italiens und Spaniens haben gegen die Inhaftierung Bahros protestiert, in der Bundesrepublik gibt es außerhalb der DKP-Kader kaum einen Linken, der Bahros Verurteilung nicht verurteilt. Woran lag es dann, daß weder die französische noch die spanische KP beim Kongreß offiziell vertreten sein wollte und die italienische nur den Kulturredakteur der Zeitschrift »Rinascita« schickte? Woran lag es, daß die Linke, die bei der Neuen Linken als »traditionalistisch« gilt, dem Kongreß fernblieb?

Es lag sicher nicht an den vielen Teilnehmern, die etwas für Bahro tun und über sein Buch reden wollten, es lag an vielen Referenten so wenig wie an manchen Schirmherren. Vielmehr lag es wohl daran, daß einige der Initiatoren Bahro zum Vehikel einer ganz spezifischen Strategie machen wollten, die sich auf den Nenner bringen läßt: Linke Politik ist permanentes Osteuropa-Komitee. Aufnahmeprüfung: Wie hältst du's mit dem Bahro-Kongreß?

Und nicht: Wie hältst du's mit Bahro? Denn schon im Text der Einladung (Überschrift: »Umbruch in Osteuropa«) hieß es: »Der Kongreß soll die große theoretische Bedeutung unterstreichen, die Bahros Buch für den Marxismus wie für die verschiedenen Richtungen der Arbeiterbewegung besitzt. Diese Bedeutung ergibt sich unabhängig davon, inwieweit den einzelnen Thesen und Schlußfolgerungen Bahros zugestimmt werden kann.«

Auch wenn Bahro, was offenbar für möglich gehalten, ja fast als sicher angenommen wird, überwiegend falsch läge, hätte er »große theoretische Bedeutung«! Solcher Mumpitz kann heute in der Bundesrepublik in tausendfacher Auflage verbreitet werden, ohne linkes Hohngelächter zu provozieren

– weil: Bahro ist doch im Knast, und wer sich Komitee für die Freilassung Rudolf Bahros nennt, hat damit auch den Respekt, der dem Inhaftierten gebührt, für sich gepachtet. Wer gegen die Spezialpolitik dieses Komitees ist, billigt Bahros Verurteilung. Basta.

»Jetzt sind die Eurokommunisten gezwungen, sich zu diesem Kongreß zu verhalten«, sagte einer vom Komitee. Damit über sie entschieden werde, ob sie nicht doch noch verkappte Stalinisten sind. Als ob die italienische oder die französische Arbeiterbewegung, die sich zu Bahros Behandlung längst und unaufgefordert erklärt haben, ihre Politik nach den Bedürfnissen einer heterogenen Ansammlung westdeutscher Linker bestimmen wollten. Beide sind zu groß und zu mächtig, als daß sie sich den Verzicht auf eine Verantwortung für ihre Eingriffe in internationale Verhältnisse leisten könnten. Für sie, die der Machtfrage in ihren Ländern etwas näher stehen, sind der US-Imperialismus und sein europäischer Ordnungsfaktor BRD politische Gegner, deren Aggressivität fast ausschließlich durch die Existenz und Stärke der – mit Bahro zu sprechen – »real existierenden sozialistischen Staaten« gebändigt werden kann. Oder soll die KPI sich an einer Politik beteiligen, die sie im Falle ihres Regierungseintritts bei Aufkreuzen der 6. US-Flotte vor Ostia auf die Westberliner Kongreß-Linke angewiesen sein ließe?

Mit Emphase zitiert Rudi Dutschke Sätze aus Bahros Manuskript (die im Buch fehlen), darunter diese: »Das vietnamesische Volk brachte dem US-Imperialismus mit seiner glänzenden Tet-Offensive eine strategische Niederlage bei. In diesen Ereignissen kamen so grundlegende Widersprüche der Gegenwart zum Ausdruck, daß wir uns auf ihre künftige Dynamik verlassen können.«

Vergessen oder verdrängt wird, womit die Vietnamesen so glänzend kämpften und wer die USA hinderte, ihren Oberkommandierenden Westmoreland diese »Untermenschen« in die Steinzeit zurück bombardieren zu lassen. Havanna wäre, auch das muß wiederholt sein, ohne die politische und militärische Stärke des Warschauer Pakts heute wieder der Weekend-Puff der USA, mit Hunger, Syphilis, Analphabetismus und einem fetten kleinen faschistischen Diktator.

Das wäre nicht *unsere* Schande, weil die USA sich nicht sozialistisch nennen? Wir leben aber im Nato-Bereich und haben, wenn wir uns als Sozialisten ernst nehmen, Politik zu machen, wo wir leben. Es ist *auch* unsere Schande, wenn wir zu schwach bleiben, weil wir schlechte Politik machen. Wenn wir, beispielsweise, die paar aufrechten Abgeordneten der SPD im Bundestag hängenlassen, weil wir gerade einen wichtigen Linienstreit austragen oder Bedingungen für die Aufnahme ins Osteuropa-Komitee formulieren müssen.

Januar 1979

Siegt Stoltenberg in Kampuchea?

Das »Sozialistische Büro« (Offenbach) hat eine Stellungnahme zum Überfall Chinas auf Vietnam verbreitet, in der die Kriegshandlungen zwischen zwei sich sozialistisch nennenden Staaten »erschreckend und beschämend« genannt werden. Leute, die vor Jahren unter Bildern von Ho Tchi Minh demonstrierten, sind sich einig mit Helmut Schmidt und Jimmy Carter, die die Kriegsschuld zumaßen wie der »Spiegel« oder die »Welt«. War es vielleicht doch ganz gut, daß aus Springers Enteignung damals nichts geworden ist?

Es ist erschreckend und beschämend. Linke, die sich zuhause die Bündnispartner mit der Lupe ansehen, geraten in der auswärtigen Politik im Nu an die Seite der Gegner. Überraschend ist es längst nicht mehr. Wer die notwendige marxistische Kritik am real existierenden Sozialismus zu einem Ritual opportunistischer Distanzierung verkommen läßt, muß irgendwann den Karl Marx (Trier) und den Werner Marx (Kaiserslautern) durcheinanderbringen. Dann ist schuldig, wer sich mit der Sowjetunion verbündet, also Vietnam, und da vietnamesische Soldaten in Kampuchea waren, bevor die Chinesen Vietnam überfielen, ist Chinas Aggression entschuldbar. Und die Konstruktion, da tobe ein Krieg zweier kommunistischer Staaten, der einfach »erschreckend und beschämend« sei, bewahrt bestenfalls davor, gleich auf den ersten Blick Schulter an Schulter mit der »Bild«-Zeitung gesehen zu werden.

Wäre es tatsächlich so gewesen, daß da in Südostasien zwei sozialistische Staaten Krieg gegeneinander führten, dann war wohl mehr fällig als ein Blatt »Stellungnahme«. Dann wäre eine Hoffnung, die viele, auch bürgerliche Pazifisten mit dem Sozialismus sympathisieren ließ: daß Sozialismus Freiheit von Krieg bedeute, als Illusion entlarvt, und die Klassiker, von denen auch das »Sozialistische Büro« lebt, wären zum Wegschmeißen.

Ist es so? Gewiß, wenn alles sozialistisch wäre, was sich so nennt: Jede nationale Befreiungsbewegung etwa, die Fremdherrschaft abgeschüttelt und Großgrundbesitz enteignet hat. Doch das sind erst Voraussetzungen für Sozialismus, und nicht nur für Sozialismus. Man kann darauf zum Beispiel auch »islamische Republiken« bauen. Man kann aber auch mit jener unabsehbar langen Arbeit der Menschwerdung des Menschen beginnen, mit der Befreiung seines Bewußtseins und seiner Psyche von ihren in Generationen erlittenen und noch viele Generationen fortwirkenden Entstellungen. Wenn das »Sozialistische Büro« heute an der Spitze einer siegreichen Revolution in der Bundesrepublik stünde, hätte es trotzdem in hundert Jahren noch mit Haltungen zu kämpfen, die auf Schulen Wilhelms II. produziert wurden. Wer das nicht begreift, ist zu sozialistischer Politik unfähig.

Mit der Revolution, dem großen Knall, der nationalen Befreiung entsteht noch kein neuer Mensch. Sozialismus heißt, revolutionäre Geduld: langfristig und planvoll das Bewußtsein der Massen zu bilden, politische und gesellschaftliche Strukturen zu entwickeln, die Entfremdung abbauen und Solidarität fördern. Wer's schneller haben will, muß Hippie werden. Oder Sponti.

Was passiert, wenn man den langen Weg im Handgalopp angeht, zeigt das Schicksal der Chinesen. Da wurden sechshundert Millionen gerade aus jahrhundertlanger Fremd- und Mandarinen-Herrschaft befreite Bauern zum Anbau von Hochöfen im Vorgarten gezwungen, auf daß sie proletarische Massen würden. Dann wurde die technische Intelligenz auf die Reisfelder gejagt. Ein andermal durften »hundert Blumen blühen« und alles war erlaubt, bis wieder das Spielen einer Beethoven-Sonate als reaktionär galt. Die fanatisierte Parteijugend durfte monatelang Bürger, die nicht die verlangte Anpassungsgeschwindigkeit draufhatten, durch die Straßen prügeln. Zuletzt schlugen die Technokraten zurück, verfolgten Maos junge Helden wie Hexen. Die Massen, die den Roten Garden nachgelaufen waren, trugen – von einem Tag auf den andern – ihre Idole (als Puppen) an Galgen durch die Städte, und an den Wänden, wo zuvor das Tragen von West-Socken als konterrevolutionäre Untat gegeißelt worden war, prangten bald Coca Cola-Plakate. Derweil die Parteiführung mit Carter, Pinochet und Strauß anstößt, die Nato lobt, bei ihr Waffen einkauft und das US-Kaptial zu Investitionen einlädt, demonstrieren in Shanghai Tausende jugendlicher Arbeitsloser.

Wenn dieses Wechselbad von Anarchie und Diktatur, die Konditionierung der Massen zur Hysterie, wenn das Sozialismus ist, dann ist die VR China ein sozialistischer Staat, einer der beiden, die da ein »erschreckendes und beschämendes« Schauspiel bieten.

Aber Maos langer Marsch? Und die beispielhafte Befreiung des größten Volkes vom Hungertod? Die zählen mit Recht zu den größten Taten der Geschichte. Tragisch, daß, wer das fertiggebracht hat, der Illusion verfiel, die Veränderung der Menschen brauche nicht Geduld, sondern Radikalität. Lenins Bild, der Linksradikalismus sei die Kinderkrankheit des Kommunismus, hat Maos Scheitern vorweggenommen: Wer Röteln mit zwanzig kriegt, wird unfruchtbar.

Und die, die er ansteckt, auch. Pol Pots rote Khmer haben Kampuchea vom US-amerikanischen Neokolonialismus befreit. Stantepede sollte der neue Mensch entstehen. Wer nicht wollte oder konnte, wurde zurechtgeschnitzt, durch den Bauch, von unten nach oben, samt Frau und Kindern. Auch die vietnamesischen »Revisionisten« in ihren Dörfern nahe der Grenze. Bis Vietnam eingriff, den Gegnern Pol Pots zu Hilfe kam, die linksradikalen Bauchaufschlitzer in die Büsche trieb, wo sie jetzt, unterstützt von ihren Deng Xiaopings, weitermorden.

Die Rückkehr Pol Pots an die Macht zu erzwingen, das war die Absicht der chinesischen Aggression gegen Vietnam. Und alle, die mit Jimmy Carter, Helmut Schmidt, Deng Xiaoping oder Werner Marx forderten, die Vietnamesen müßten ihre Truppen aus Kampuchea zurückziehen, stellten sich auf Pol Pots Seite. Auch das »Sozialistische Büro«, das sehr wohl weiß, warum demnächst in Schleswig-Holstein nicht Stoltenberg gewählt werden sollte, dessen »Stellungnahme« zu Chinas Überfall jedoch ganz auf der Linie jener Interessen liegt, für die Stoltenberg Politik betreibt.

Aber seit Che Guevara tot ist, macht einigen Linken die Weltpolitik sowieso keinen Spaß mehr. »Ho ho ho Tchi Minh«, das war noch was: ein kleines Volk gegen einen übermächtigen Gegner, da war ein heldenhafter Kampf, an dem man die kalten Füße, die man von der eigenen politischen Praxis bekommen hatte, wärmen konnte. Daß die Waffen aus der Sowjetunion kamen, wurde mit Fleiß übersehen. Vietnams Sieg war für viele der 68er-Demonstranten schlimmer als eine Niederlage. Besser, mit der gerechten Sache untergehen, als die Tristesse eines Bündnisses mit Leuten, die den Sacharow sekkieren.

Die auswärtige Politik dieser Linken hat schon Präferenzen. Auf die jeweils aktuelle Frage: Steckrüben oder Verhungern? antwortet sie stets: Himbeereis.

April 1979

Apocalypse now

Papst und Carter beten um Frieden.
PSI ist die Lehre des Unglaublichen. Und doch glauben immer mehr Menschen an PSI. Zum erstenmal in Deutschland lehrt jetzt eine Volkshochschule, wie man mit Toten Kontakt aufnehmen kann. Der Kursus dauert 12 Stunden und kostet 13 Mark.
Zwei Meldungen aus der »Welt am Sonntag« vom 7. Oktober 1979

Es darf geglaubt werden. Es muß wieder geglaubt werden. Denn schließlich soll dran geglaubt werden. Der Karel Wojtyla reist im knöchellangen Rock per Jet und Hubschrauber durch die Welt, und noch dem abgewichstesten Lohnschreiber quillt es »aus der Feder«, die er nie in der Hand gehabt hat: »Der heilige Vater«. Als wäre das gar nichts.

Da bauen sie nun Computer der dritten Generation, Mondraketen, transportable und stationäre Atombomben, letztere »Kernkraftwerke« genannt, manipulieren die Erbmasse, unterwerfen sich das letzte Stück Natur – und immer mehr Menschen glauben ans Tischrücken, zwei Millionen Chicagoer Bürger knien auf ein Glockenzeichen nieder, wenn Herr Wojtyla Partygebäck zum Leib Jesu erklärt. »Das ist der Widerspruch unserer Zeit«, schrieben die Sozialdemokraten in ihr Godesberger Programm, um daraus den strategischen Schluß zu ziehen, daß man da halt nix machen kann.

Das heißt: etwas doch, nämlich Reformen. Wer, sagte Willy Brandt, nicht an die Reformfähigkeit des demokratischen Systems glaube, sei in der SPD fehl am Platz. Seit 1969 reformieren sie nun, mit dem Ergebnis, daß sie bald doppelt so viel Polizei brauchen wie zuvor, um ihre Bürger und Anlagen zu schützen. Noch die besten ihrer Reformen reichen kaum aus, die Selbstzerstörungswut des demokratischen Systems zu bremsen. Wird dem Willy Brandt nicht schwindelig, wenn er bedenkt, daß nach zehn Jahren sozialliberaler Regentschaft in Bonn und nach bis zu dreißig Jahren sozialdemokratischer Schul- und Bildungspolitik in vielen Bundesländern die Hälfte der so »reformierten« Wahlbürger bereit scheint, einen Mann zum Bundeskanzler zu wählen, der öffentlich seine Sympathie mit fast jedem regierenden Faschisten dieser Welt bekannt hat?

Natürlich haben die sozialdemokratischen Reformer *auch* versagt. Hätte nicht Kurt Schumacher den Denunziantenspruch von den Kommunisten als den »rotlackierten Faschisten« getan, hätten nicht sozialdemokratische Volksbildner jahrzehntelang die Nato-Parole »rot gleich braun« popularisiert, könnte jetzt Franz Josefs Gang mit der Behauptung, Nationalsozialisten seien in erster Linie Sozialisten gewesen, nur Lachen oder Abscheu ernten. Wer kampflos einen Goebbels-Mitarbeiter als Bundeskanzler, einen SS-Mann als wirtschaftspolitischen Gesprächspartner und einen Alt-Nazi als Bundespräsidenten hinnimmt, wer jeden Versuch einer Aufklärung, daß Faschismus die Fortführung des Kapitalismus mit anderen, terroristischen Mitteln ist, seit Jahrzehnten unterbindet, darf sich über Stoiber nicht wundern.

Aber der Vorwurf des Versagens ist *auch* ungerecht. Die Sozialdemokraten, wie alle, die an die Reformfähigkeit des Systems glauben, ordnen sich, auch wenn sie regieren, den Gesetzen des Kapitals unter. Sie regieren, während die andern herrschen: Über die Produktion, das gesellschaftliche Sein, wie über die Ideolgie, das Bewußtsein. Und diese Herrschaft hat geradezu terroristische Qualität angenommen, seit das Kapital über seine Medien Bewußtsein industriell herzustellen, zu verformen und zu liquidieren in der Lage ist. In Schweden regierten relativ linke Sozialdemokraten vierzig Jahre lang. Was sie in dieser Zeit über das Bewußtsein der Bürger vermochten, haben wir erlebt: Die Schweden wählten sich einen von liberal bis rechtsradikal reichenden Bürgerblock an die Regierung.

Vor ein paar Jahren fragte ein damals in Bonn noch mitregierender Sozialdemokrat beim Bier sich und mich, ob man denn eine »Spielregel« für »demokratisch« halten könne, die es ermögliche, daß fortschrittliche Politik durch eine Wahl kaputtgemacht werde. Er fragt es sich wohl noch – ohne darunter seine Bereitschaft leiden zu lassen, jeden, der dies öffentlich fragt, mit einem Parteiordnungsverfahren zu überziehen. Mit Recht, übrigens, denn sonst wäre er ja erledigt. Ein Fall aus der Psychopathologie des täglichen Lebens.

Dann und wann fordert er die Vereinigten Staaten von Amerika auf, sich endlich ihrer Verantwortung als Führungsmacht des Westens zu stellen. Er meint es vielleicht nicht so, aber die USA sind tatsächlich die Macht, in der die Entwicklung der bürgerlichen Demokratie am weitesten fortgeschritten, also führend ist. Sie haben ein paar Jahrhunderte nach Beginn der Aufklärung ihre Proleten so weit, daß sie jeden Veitstanz mitmachen – vor Disco-Travolta wie vor Papa Wojtyla. Eine entmündigte Nation sieht vor der Glotze zu, wie der Papst und Carter um Frieden beten – der Präsident eines Staates, von dem seit dreißig Jahren alle Kriegsgefahr dieser Welt ausgeht, der das vietnamesische Volk fast ausrotten und faschistische Diktaturen installieren ließ, wo immer sich ein Volk von Ausbeutung zu befreien versuchte. Nun beten sie wieder – und keiner schlägt vor Entsetzen ein Kreuz.

Man nennt das den amerikanischen Traum. Wer überleben will, nimmt die von der Bewußtseinsindustrie angebotenen Drogen, läßt sich einreden und glaubt es schließlich fest, daß es die glückselige Bestimmung der Menschen ist, in Blechkisten über Asphaltbahnen zu kriechen, im Disco-Fieber zu zucken und beim Massakrieren von indianischen Untermenschen vor der Glotze sich mit Americas premium quality beer vollaufen zu lassen.

Wenn man wüßte, daß dies alles davon bezahlt wird, daß man ganze Kontinente bis zum Verhungern ausbeutet, wäre es nur der halbe Spaß. Deshalb lügt sich ja auch der Kamerad Wojtyla drum herum und beschränkt sich auf ein karitatives Geschwätz, von dem der Vizepräsident Mondale vom Neokolonialismus-Zentrum, genannt Trilaterale Kommission, sagen kann: »Sie haben wahrhaft die Seele unserer Nation angerührt. Sie haben in uns die besten, großherzigsten Gefühle freigesetzt.«

Der Herr möge uns davor beschützen.

Und wer in dieser Demokratie gewählt werden will, hat dieser Seele hinterherzulaufen. Nach oben kommt nur, wer sich an die Spitze des Wegs nach unten stellt. Wer an die Reformfähigkeit des demokratischen Systems glaubt, hat sicher seinen Platz in dieser oder jener Reformpartei, manchmal aber auch einen Dachschaden. Nicht umsonst wächst in all diesen demokratischen Systemen die Zahl der psychisch Kranken sprunghaft.

Was den zwei Millionen armen Irren von Chicago ihr Wojtyla, ist uns der Glaube an die Reformfähigkeit des demokratischen Systems. Wir wollen nicht undankbar sein und das unterschätzen: Dieser Glaube versetzt zwar keine Berge, ja nicht mal einen Sauhaufen, aber er hält doch viele in einer ausgeglichenen Gemütslage, die sonst vor die Hunde gehen müßten. Wenn wir mal von denen, die sich zu Tode fixen oder langsam die Gurgel absaufen, absehen, ist das Leben für die meisten Bewohner des »demokratischen Systems« ganz gut auszuhalten. Und bis die, auf deren Kosten sich dieses Leben genießen läßt, über uns herfallen, haben wir ja noch etwas Zeit. Notfalls können wir ja immer noch den ganzen Globus in die Luft jagen. Vorbereitet sind wir.

Man könnte natürlich auch dem Kapitalismus den Kampf ansagen und die Verblödungsmacht der Bewußtseinsindustrie brechen. Aber das hieße hier und heute ja, die »Bild«-Zeitung zu verbieten und Springer zu enteignen. Helmut

Schmidt, gläubige Reformisten e. V., aber sagt, wer sich mit Springer anlege, sei politisch tot. Denn von den Bewußtseinsindustriellen und ihren anzeigenvergebenden Finanziers geht alle Macht im Staate aus, das steht so ähnlich schon im Grundgesetz.

Gemeinsam gegen Strauß? Na immer. Wir wollen wenigstens noch ein Weilchen so leben können wie heute. Aber wir wollen über Strauß und die Krimi-Gesichter, die ihm über die Schulter gucken, nicht vergessen, daß auch der bessere Weg abschüssig ist.

November 1979

Zweifacher Mordversuch

*Der Mond ist eine
beleuchtete Scheibe.*
Mein Physiklehrer Borbe

Die Bundesrepublik ist ein freiheitlich-demokratischer Rechtsstaat. Auch ein schöner Satz.

Am 10. Februar 1971 wird im Frankfurter Westend das mutmaßliche Mitglied der Roten Armee Fraktion, Astrid Proll, verhaftet. Sie kommt in Untersuchungshaft, für zweieinhalb Jahre, davon für vier Monate in den toten Trakt der Justizvollzugsanstalt Köln-Ossendorf. Astrid Proll erinnert sich:

»Meine Zelle hatte nur künstliches Licht, sie war weiß gestrichen und fast völlig schallisoliert. Weiß gestrichene Räume kann ich noch heute nicht ertragen, Stille in einem Wald kann mir schreckliche Angst machen, Dunkelheit macht mich so depressiv, als würde mir das Leben weggenommen, Einsamkeit ängstigt mich genauso wie große Menschenansammlungen. Oft glaube ich, daß die Menschen um mich herum einfach umfallen. Immer noch habe ich gelegentlich das Gefühl, ich kann mich nicht bewegen. Meine Freunde müssen mich regelrecht daran erinnern, daß ich laufen kann.«

1973 wird Astrid Proll des zweifachen Mordversuchs angeklagt. Vor Gericht sagt der Hauptbelastungszeuge Simons aus, Astrid Proll habe bei einer Personenkontrolle ihre Waffe auf ihn gerichtet und einen gezielten Schuß abgegeben. Simons' Kollege Grünhagen behauptet, Astrid Proll habe bei der anschließenden Verfolgung mehrfach auf ihn geschossen. Einem der beiden Beamten soll sie zugerufen haben: »Bleib' stehen oder ich lege dich um!«

Im Januar 1974 muß der Prozeß abgebrochen werden. Die Haftbedingungen haben Astrid Proll in Lebensgefahr gebracht. War das ein Grund? Man ließ doch gerade auch den kranken Holger Meins langsam in der Haft sterben. Oder gabs da jemanden, der mehr wußte, einen Wink?

Astrid Proll jedenfalls taucht unter, geht nach England. Sie lebt dort ein neues Leben. Oder versucht es doch. Bis der lange Arm des bundesdeutschen Gesetzes sie auch dort erreicht. Wieder kommt sie in Haft. Die Bundesrepublik verlangt ihre Auslieferung. Bekannte Bundesbürger bitten den Justizminister, auf die Auslieferung zu verzichten. Hans Jochen Vogel, ganz freiheitlich-demokratischer Rechtsstaatsanwalt, lehnt ab: »Wie Ihnen sicher noch im einzelnen in Erinnerung ist, werden Frau Proll eine Anzahl schwerer Straftaten, darunter zwei Mordversuche, zur Last gelegt.« Astrid Proll wird in die Bundesrepublik ausgeliefert und wieder vor Gericht gestellt.

Zwei Mordversuche: sie begründeten die lebensgefährdende Haft, die steckbriefliche Verfolgung, die jederzeit mit der Erschießung bei Festnahme hätte enden können, die Zerstörung eines zweiten Versuchs, zu leben. Zwei Mordversuche, von denen die beamteten Terrorismus-Verfolger der Bundesrepublik schon seit dem 12. Februar 1971, also zwei Tage nach der Verhaftung, wußten, daß sie von Astrid Proll nicht begangen worden waren. Zwei Mordversuche, die sie dennoch nicht aufklärten, damit aus dem Scharmützeln am Rande der Gesellschaft jener totale Krieg werden konnte, der die innere Aufrüstung rechtfertigen sollte. Zwei Mordversuche, die der Untergetauchten jeden Weg zurück verstellen mußten und wohl auch sollten.

Denn zwei Beamte des Bundesamtes für Verfassungsschutz waren dabei, als Astrid Proll verhaftet wurde. In schriftlichen Berichten an ihr Amt wiesen sie schon am 12. Februar 1971 darauf hin, daß bei der Personenkontrolle der Astrid Proll nicht *ein* Schuß gefallen war. Der eine Beamte schrieb: »Von

Schüssen der Frau habe ich nichts gesehen und gehört.« Der andere berichtete, daß er »insbesondere nicht wahrgenommen habe, daß sie verfolgt worden ist und dabei auf ihren Verfolger geschossen hat«.

Beide Aussagen wurden nicht etwa verschlampt, sie wurden mit Absicht zurückgehalten – auch als im November 1973 der Vorsitzende des Schwurgerichts das Bundesamt für Verfassungsschutz bat, weitere Tatzeugen zu benennen. Schließlich durfte man Springer und alle anderen, die so tüchtig das Klima für die Jagd auf Volksfeinde, auf rücksichtslos schießende Terroristen anheizten, nicht verunsichern. Dementis zu der »BZ«-Schlagzeile »APO-Mädchen schoß sich den Weg frei« waren unerwünscht. Womöglich hätte es, wäre den Gejagten ein Rest von Hoffnung auf rechtliche Behandlung nach ihrer Festnahme geblieben, weniger Schießereien gegeben, und womit hätte man dann die Aufrüstung von Polizei und Grenzschutz zur Bürgerkriegsarmee rechtfertigen sollen? Wir wären ja für jede andere Erklärung dankbar, aber kann der Fall Astrid Proll etwas anderes beweisen als den Vorsatz der Schützer des freiheitlich-demokratischen Rechtsstaats, schießwütige Terroristen systematisch herzustellen? Und dabei, zum Wohle des großen Ganzen, über Leichen zu gehen?

Und wenn das so ist, warum waren diese kaltblütigen Verfassungsschützer nun, im November 1979, plötzlich bereit, die Astrid Proll entlastenden und die zumindest eine Bundesbehörde so schwer belastenden Aussagen der beiden Zeugen dem Gericht zuzustellen? Zu einem Zeitpunkt, als Astrid Proll schon freigelassen war und der Prozeß gegen sie nur eine vergleichsweise milde Strafe erwarten ließ?

Es ist nicht anzunehmen, daß die Leute, die eine unschuldige Astrid Proll im Gefängnis fast hätten verrecken lassen, plötzlich von einem rechtsstaatlichen oder gar menschlichen Rühren gepackt worden wären. Es ist so ruhig geworden im Land. Ihnen zu ruhig. Auch innere Aufrüstung bedarf der ständigen Glaubhaftmachung von Bedrohung. Gehen ihnen die Terroristen aus, müssen sie sich neue machen – zum Beispiel so, daß man das ramponierte Vertrauen in die Rechtlichkeit der Verfolger immer weiter zerstört. Schon fragt die »Tageszeitung« ihre Spontis »Hat die RAF doch recht?« und »Sind die Stammheimer doch ermordet worden?« Wer von den Vielen, die etwas am Rande oder schon ein bißchen außerhalb der Grundordnungs-Richtlinien leben, wird dem Schwur eines Justizministers noch vertrauen? Wer wird sich widerstandslos festnehmen lassen, auch wenn er noch nicht geschossen hat? Wer wird nicht mit jedem sympathisieren, der – gleich wie begründet – von solchen Staatsschützern verfolgt wird?

Ja, wäre nach Bekanntwerden der zurückgehaltenen Aussagen, die Astrid Proll entlasteten, allen dafür Verantwortlichen der Prozeß gemacht worden, wäre Justizminister Vogel (»Wie Ihnen sicherlich noch im einzelnen in Erinnerung ist …«) zurückgetreten, der Präsident des Bundesamts für Verfassungsschutz amtsenthoben … Aber es ist ja nichts weiter vorgefallen, sogar Frau Proll hat glücklicherweise überlebt. Der staatliche Versuch, es anders kommen zu lassen, ist nicht strafbar.

Denn die Bundesrepublik ist ein freiheitlich demokratischer Rechtsstaat. Und der Mond ist eine beleuchtete Scheibe.

Dezember 1979

Die Führer-Bande

> *Es muß ein Ende haben mit
> der kulturrevolutionären
> Umwälzung in unserem Land!*
> Franz Josef Strauß

Der Kandidat hat seinen »Kampf« noch nicht geschrieben, aber seine Partei hat in München den Kongreß »Wir meistern die Zukunft« veranstaltet. Und bevor wir die Debatte zum Thema »Ist Strauß schlimmer als Schmidt?« fortführen oder die »Freiheit statt Strauß« – und »Stoppt Strauß«-Plaketten kleben, sollten wir ein bißchen in den Protokollen dieser Tagung lesen. Das erspart Überraschungen zur unrechten Zeit.

Da läßt sich beispielsweise lernen, warum jene knappe Hälfte der Bevölkerung, die demnächst den Kandidaten Strauß wählen wird, nicht bloß aus alten Nazis und verknöcherten Reaktionären bestehen wird: Weil die CSU in manchem *auch* Recht hat, selbst Edmund Stoiber, wenn er die Bonner Politik als »politisches Management ohne menschlichen Ausblick« denunziert, oder Hans Maier, wenn er »die Suche der Jugend nach überzeugenden Werten, nach einem Sinn des Lebens« beschreibt und gegen die Maxime polemisiert, was technisch möglich sei, sei auch moralisch erlaubt. Ja, sogar Strauß sagt wider alle Gewohnheit etwas Wahres, wenn auch in falschen Worten und mit falschen Gründen. Es sind im letzten Jahrzehnt mehr Werte entwertet und Bastionen des Bürgertums geschleift worden als je zuvor. Nicht von der sozialliberalen Bonner Regierung, sondern von der Dynamik moderner Kapitalverwertung, der die Regierung Schmidt durch Veränderung von Gesetzen teilweise Rechnung getragen hat: Im Familienrecht, in der Bildungspolitik.

Nicht Revolution, auch nicht Kulturrevolution, hat die Kinder entlassen in »das grauenvolle Dahinsiechen der Drogenabhängigen«, von dem der CSU-Professor Horst Jürgen Helle erzählte. Da aber auch Helmut Schmidt und seine Bonner Mitregenten den Urheber des kulturellen Zusammenbruchs, die moderne kapitalistische Produktionsweise, in der nur der Profit zählt, nicht nennen können und wollen, haben die CSU-Propheten freie Bahn.

Für die Perspektiven, die Helmut Schmidt gibt, hat noch kein Drücker seine Spritze hingeworfen. Aber zu den Gurus ist schon mancher gegangen. Der Trend zum Transzendentalen ergreift immer mehr Leute – und da hat die Christenunion natürlich was anzubieten: »Politik fällt in die Hölle der Barbarei, wenn sie sich von der Spannung zur Transzendenz löst«, rief Rainer Barzel in München aus. Eine Staatssekretärin bot »Sinngebung« an, Professor Helle proklamierte den »Kulturstaat« als »Diener außerweltlicher Werte«, Strauß empfahl »christliche Wertvorstellungen«, auch Kurt Biedenkopf hatte es mit der »Wertbezogenheit«, Hans Maier versprach »grundsätzliche Umorientierung« zu »einer vom Menschen nicht gemachten, einer ihm vorausliegenden gottgeschaffenen Ordnung«.

Wohin? Etwa zur Bergpredigt? Das könnte die Geschäfte aber empfindlich stören. Da empfiehlt man lieber historisch Näherliegendes: »Gesunder Menschenverstand«, »Bereitschaft zu Arbeit, Dienst und Pflicht«, sagte Barzel und formulierte so nur ganz knapp an der Arbeitsdienstpflicht vorbei. Der Psychotherapeut Rudolf Affemann, der schließlich wissen muß, von wem der Mensch abstammt, riet zu »geistiger Führung« der »entwurzelten Jugend«, zu »Warten auf Wunscherfüllung und Verzicht«, zum Abschied von der »Überbewertung des Gesellschaftlichen und Rationalen«, also zur Stärkung des Privaten und Irrationalen, Strauß proklamierte die »unersetzlichen ideellen und menschlichen Grundwerte der sozialen Marktwirtschaft«, Stoiber empfahl »grundlegende Werte wie Leistungswille, Fleiß, Treue, Ordnung, Disziplin«.

Ach, sie wurden noch viel deutlicher: Hans Maier verlangte nach »erzieherischem Mut«, nach »geschichtlichem Sinn und Liebe zum Überlieferten«, nach dem »Willen, gemeinsam ein Volk, eine Nation zu sein«. Er zitierte emphatisch den Hans Sedlmayr, der 1948 in seinem Buch »Verlust der Mitte« den Kampf gegen die entartete Kunst mit anderen Mitteln fortgeführt hatte. Professor Karl Doehring berief sich auf den NS-Staatsrechtler Ernst Forsthoff (»Der totale Staat«), Professor Helle wollte die junge Generation durch die Begegnung »mit charismatischen Persönlichkeiten mobilisieren«, Affemann schlug vor, »den Riemen etwas enger schnallen« zu lassen, Manfred Woerner von der CDU tönte: »Die Zukunft ist unser, wenn wir nur wollen.« Und morgen die ganze Welt.

Wir wollen gerecht sein: Es ist nicht leicht, zu der sach- und fachgerechten politischen Verwaltung des Kapitalverwertungsprozesses, wie sie Helmut Schmidt leistet, eine nichtsozialistische Alternative zu entwerfen, ohne in faschistische Denk- und Sprachmuster hineinzurutschen wie in einen Weltkrieg. Da sitzt der Familienvater Strauß, vormals NS-Führungsoffizier und »weltanschaulicher Referent« und neben ihm beklagt Professor Helle, die jungen Leute seien »mißtrauisch gemacht worden gegenüber den Werten, die sie von ihren Eltern empfangen könnten« – heißt das nicht, daß des Vorsitzenden Söhne flink wie Wiesel, zäh wie Leder und hart wie Kruppstahl hätten werden sollen? Und was soll es wohl bedeuten, wenn Rainer Barzel »die Jüngeren« lobt, sie seien »nicht weniger tüchtig, begabt, fleißig als wir früheren Frontsoldaten es waren«?

»Setzt ihnen Ziele«, sagt Barzel, »für die es sich lohnt, die Ärmel aufzukrempeln«. Khomeini, sagt Barzel, um eins dieser Ziele zu nennen, hätte keine Chance, wenn die Nato »eine Politik wirksamer Abschreckung« betriebe, und dazu gehörten vor allem »glaubhafte, sichtbare, vorhandene und jederzeit kampfbereite eigene Kräfte«: »Ich kann hier nur raten, diesen Komplex alsbald und vertraulich im Bündnis zu beraten.« Komplex heißt: Aufstellung einer Invasionstruppe.

Daß man, um an anderer Leute Öl zu kommen, einen Krieg anfangen darf, wurde in München von Professor Walter Humbach völkerrechtlich abgesichert: Das »Recht auf Versorgung mit Energie« sei heute »international weitgehend anerkannt«. Es könne auch »kriegerische Formen annehmen«. Für die Behandlung der Gegner des Atomkraftwerkbaus, die bislang nur ein bißchen geprügelt wurden, kann ein Kanzler Strauß anhand der wissenschaftlichen Erkenntnisse seines Humbach mit ganz anderem Tätärä auffahren: »Die Vorzüge (der Kernkraft) sind so groß, daß man die gegenwärtige Kontroverse aus der Sache überhaupt nicht verstehen kann – es sei denn, man verstehe die Agitation gegen die Kernenergie auch als einen von außen gesteuerten Versuch, unsere Wirtschaft an der Wurzel zu treffen«.

Eppler ist ein Sowjetagent.

Überhaupt muß es jetzt ein Ende haben mit der »permanenten Kritik«, die »Mißmut, Ungeduld und Mißtrauen in die Institutionen« (Strauß) erzeugt habe. Dieser Mißmut werde »in der Publizistik, in der Literatur, auf der Bühne verstärkt«, und »diesen Teilen der sogenannten Gesellschaft« müsse das Handwerk gelegt werden. Oder, wie Wörner in anderem Zusammenhang so treffend sagt: »Es ist allerhöchste Zeit, daß wir damit aufräumen.«

Vorbei die Zeit der Miesmacher, Schlappschwänze und anderen Pazifisten: »Alles Militärische wird moralisch diskreditiert, ja geradezu verteufelt ... Wenn das so weitergeht, wird sich bald keiner mehr trauen, von Abschreckung, Stärke und Rüstung zu sprechen ... Es wird Zeit, daß wir dagegen Front machen, ... gegen Passivität zu Felde ziehen.« Auch das ist nicht Hindenburg 1933, sondern Wörner 1979, aber immerhin in der Stadt der Bewegung. Wir müssen, fährt Wörner fort, »an unseren Schulen und in der Bundeswehr wieder in des Wortes eigentlicher Bedeutung erziehen«.

Wozu? Zur Demokratie oder sowas? Fritz Zimmermann hat diesem Humbug längst abgeschworen: »Bei der Pflege internationaler Beziehungen müssen wir uns nach anderen Kriterien richten, beispielsweise danach, ob uns ein Staat feindlich oder aufgeschlossen gegenübersteht.« Chile, Argentinien, Südkorea und Südafrika stehen uns zweifellos aufgeschlossen gegenüber, aber kann die Bundesrepublik denn da noch mehr tun, als die Regierung Schmidt/Genscher sowieso ermöglicht hat? Sie kann, sagt Zimmermann: »Wir dürfen unseren außenpolitischen Spielraum nicht durch Doktrinen wie ›Keine Waffen in Spannungsgebiete‹ selbst einengen.« Germans to the front. Es muß halt »endlich wieder Flagge gezeigt werden« (Strauß), und wenn es die Reichskriegsflagge ist.

Flagge zeigen, Front machen, zu Felde ziehen – in jeder Metapher drängt diese Sprache zum Krieg. Geistige Führung, entwurzelte Jugend, charismatische Persönlichkeit, regelmäßige Dienste, Riemen enger schnallen, Arbeit und Pflicht, Schule der Nation – so rumpelt der Klumpfuß des Dr. Goebbels durchs Protokoll der christlichen Zukunftsmeisterer. Man muß das lernen: Wenn die »grundsätzliche Umorientierung« sagen, dann meinen sie grundsätzliche Umorientierung. Wer, was wir jetzt haben, so beschreibt: »Es ging und geht um die Veränderung unserer Gesellschaft in Richtung Sozialismus, es ging und geht um eine Strategie, bei der den Massenmedien, den Schulen und Hochschulen eine besondere Rolle zugedacht ist« – wer den gesellschaftlichen Status quo so beschreibt und dann von der Notwendigkeit einer grundsätzlichen Umorientierung spricht, der will einen anderen Staat als den im Grundgesetz verfaßten. Wer Kitsch-Bilder einer Heidi-Welt zum Programm erklärt, in der die »starke, gesunde und leistungsfähige Familie wieder im Mittelpunkt« steht neben »einer fröhlichen Schule für unsere

Kinder« (Strauß), kündigt Gewalttätigkeit an. Fröhliche Schulen, gesunde Familien – im Kapitalismus haben nur Leni Riefenstahls Filme den Anschein davon produzieren können. Denn es ist ja gerade der Zweck privater und gesellschaftlicher »Erziehung« in diesem System, Kinder in Familie und Schule so zu präparieren, daß sie ein Leben lang klag- und fraglos ihre Arbeitskraft zu Markte tragen, damit andere über sie verfügen.

»Wir meistern die Zukunft«, rufen sie, und »Alle Mann an Bord!« und »Hasenherzen: Wegtreten!« (Barzel). Für's richtige Motto zu diesem Kongreß hatten sie nicht das Copyright: »Deutschland erwache!«

Januar 1980

Macht »Emma« zur Minna?

Vor ein paar Jahren hat der Journalist Raddatz ein dickes Buch geschrieben – zum Beweis, daß Marx eigentlich gar kein Kommunist war, sondern ein bürgerlicher Haustyrann, der sein Dienstmädchen schwängerte. Vor ein paar Wochen haben 32 ehemalige Mitarbeiterinnen der Zeitschrift »Emma« in der »Frankfurter Rundschau« einen Brief publiziert – zum Beweis, daß die Verlegerin Alice Schwarzer sich »noch unterdrückerischer verhält als die Männermedien«. Das eine wäre ein guter Kommentar zum andern, müßte man nicht annehmen, daß Alice die Enthüllung des Raddatz für so wichtig halten könnte wie Raddatz die der Alice-Gegnerinnen und viele andere alle beiden.

Wir wollen – der Einfachheit halber (und obwohl manches so nicht stimmen wird) – annehmen, die ehemaligen Mitarbeiterinnen hätten mit ihren Vorwürfen recht. Demnach wurden bei »Emma« »alternative Arbeitsstrukturen nie versucht, im Gegenteil, nicht einmal die üblichen demokratischen und moralischen Regeln jeglicher Zusammenarbeit waren garantiert«, »die Arbeitsbedingungen waren unerträglicher als alles, was Frauen bisher miterlebt hatten«, Alice hat Autorinnen »total umgeschrieben« und geherrscht wie ein »Star«. Was beweist das?

Es beweist, daß wir nicht im Kommunismus leben, also auch nicht im Zeitalter der geglückten Frauenbefreiung. Aber das haben wir eigentlich schon gewußt. Sodann beweist es, daß die Verlegerin der Frauenzeitschrift »Emma« nicht immer so handelt, wie die feministische Autorin Alice Schwarzer schreibt. Aber auch das überrascht uns nicht mehr, seit wir wissen, daß Kaplane mitunter hinter Mädchen herschielen. Es beweist auch, was einem mit Geschichte Vertrauten nicht bewiesen zu werden braucht: Daß die Revolte stets von jenen angeführt wird, die sich die intellektuellen und psychischen Waffen der Gegner aneignen konnten. Die Väter der kommunistischen Bewegung waren zwei Bourgeois, die Mütter des Feminismus sind »Männer«. Es beweist schließlich, was wir auch schon wußten: Daß die Kämpfenden mehr zu leiden haben – auch unter sich selbst – als die Zuschauer.

Denn es gibt halt keine sozialistischen Inseln im Kapitalismus und keine feministischen in der Männergesellschaft. Ich könnte mich beliebter machen bei unseren feineren linken Denkern mit der Formulierung, daß Elemente des besseren Neuen schon im schlechten Alten angelegt sein müßten, und wenn ich dann noch Dialektik sagte … Pustekuchen: Es muß nicht und es kann nicht, und wo es so scheint, da scheint es nur so. Wenn man genauer hinsieht, sind es immer Geschäfte auf Pump – entweder hat's der Papa oder stellt's die Gesellschaft bereit. Wo nicht, muß ums Überleben gekämpft werden – sehr diszipliniert, schlecht bezahlt und gar nicht sehr lustvoll. Wer wollte, könnte sich die Einsichten in solche Notwendigkeit beim Studium der Arbeiterbewegung aneignen.

Aber sie habens mit der »Selbstverwirklichung«, dem »Kollektiv«, den »alternativen Arbeitsformen« – als ginge es bei den emanzipatorischen Bewegungen darum, ein paar Mittelstandskinder glücklich zu machen, gleich zu welchem Preis, anstatt, unter Verzicht auf ein paar Privilegien, für die Interessen der Millionen Männer und Frauen zu streiten, die einen gesicherten Arbeitsplatz und gleichen Lohn für gleiche Arbeit wollen. Bei »Emma« geht es »unterdrückerischer« zu als »bei den Männermedien« – diesen Satz unterschreibt ungeniert eine Frau, die beim »Stern« als »Stylistin« tätig ist. Daß hier eine Klitsche seit drei Jahren um ihre Existenz kämpft und seit bald zwei Jahren in roten Zahlen steckt, während das Männermedium siebzig Millionen Mark Jahresgewinn abwirft, wovon die Geschäftsleitung leicht ein paar Puppen tanzen lassen kann – solch ernüchternde Überlegungen kommen offenbar überhaupt nicht mehr auf.

Allerdings, Alice, sowas kommt von sowas: es sind ja nicht irgendwelche Frauen, auch wenn nur die Hälfte der 32 Unterzeichnerinnen tatsächlich für »Emma« gearbeitet hat; es sind »Emma«-Frauen, Frauen der Bewegung, die du repräsentierst, an deren politischer Bildung du mitgewirkt hast, deren Beiträge in »Emma« erschienen sind. Sie sind Ausdruck des Milieus, in dem »Emma« entstanden ist und gelesen wird, und es ist kein gutes Zeichen, daß du dich politisch erst mit ihnen auseinandersetzt, seit du selber ein Opfer ihrer Politik wurdest.

Von der nun wahrhaft kritikwürdigen politischen Linie der »Emma« ist denn auch in dem Protestschreiben der Ehemaligen mit keinem Wort die Rede. Alice habe Artikel umgeschrieben oder zusammengestrichen, heißt es. Soll das ein Vorwurf sein? Es soll, obwohl es doch nur einer sein könnte, wenn man erführe, was denn umgeschrieben oder weggestrichen wurde. Wieder geht es nur um die »Selbstverwirklichung« – die in den sog. Männermedien auch Autoreneitelkeit genannt wird –, und der Zweck, der Inhalt, die Richtung erscheinen nicht mal mehr erwähnenswert. Erst auf mündliche Nachfrage erfährt man beispielsweise, daß eine der Unterzeichnerinnen darüber klagt, Alice habe ihr aus einem Artikel eine positive Erwähnung der IG Druck und Papier herausgestrichen – mit der Begründung, dies sei doch auch so eine »Männergewerkschaft«. Wenn das wahr ist, dann wäre *darüber* zu streiten gewesen, notfalls auch öffentlich, auch in der »Frankfurter Rundschau« (obwohl ich sehr bezweifle, ob die das auch so interessant gefunden hätte wie die unpolitische Anmache, die sie so gern gedruckt hat).

In diesem Streit hätte dann auch die »Welt der Arbeit« ihren Platz gehabt, jene Wochenzeitung des DGB, die im letzten Herbst die Kampagne gegen »Emma« eröffnet und die jetzt in der »Frankfurter Rundschau« wiederholten Vorwürfe zuerst publiziert hat. Anders als die ehemaligen »Emma«-Mitarbeiterinnen hatte die »Welt der Arbeit« bei »Emma« einen Haufen Fakten und Sprüche aufgesammelt, die für einen soliden Haß auf die Arbeiterbewegung sprechen – wie Alices Brief an eine Mitarbeiterin, die sich bei ihrer Kündigung von der IG Druck und Papier hatte beraten lassen: »Du bist in diesem Kapitel mal wieder eine ganz besonders dunkle und miese Seite ... Sorry. Ich vergaß: Du bist eine Arbeitnehmerin. Eine, die sich in den Paragraphen auskennt (wenn auch nur mit entsprechender Bestärkung, nehme ich an.«

»Arbeitnehmerin« als Vorwurf – das wäre das Thema, aber ich fürchte, 31 der 32 Unterzeichnerinnen haben nichts gegen diesen feministischen Kahlschlag gehabt, solange er sie selbst nicht getroffen hat. Und zum Thema gehörte natürlich auch, daß die »Welt der Arbeit« fünf Spalten Platz für einen Generalangriff auf »Emma« hatte – nachdem der Kampf um die innere Pressefreiheit bei den Medienkonzernen wegen schlechter Witterung eingestellt wurde, muß jetzt die Mitbestimmung im Vierpersonenhaushalt von »Emma« durchgesetzt werden. Statt »Enteignet Springer!« nun »Macht Emma zur Minna!« Auch eine Aufgabe ...

Mai 1980

Drehn die Amis durch?

Unbescheidener Beitrag zur
Diskussion, ob wir die achtziger
Jahre überleben können

Gestern, kurz vor neun Uhr, die Washingtoner Bevölkerung war noch mit der Meldung vom Fehlschlag der Geiselbefreiung beschäftigt, saß eine Gruppe von Regierungsbeamten in ihrem Büro gegenüber dem Weißen Haus, trank Kaffee und mampfte Hörnchen. Plötzlich dröhnte aus dem Radio eine dringende Durchsage:

»Angriff auf die USA! Dies ist keine Testsendung. Die USA werden angegriffen!«

Die Worte des Sprechers waren begleitet von Sirenengeheul. In panischer Angst stolperten zwölf der Beamten hinunter in den Luftschutzkeller. Drei blieben im Raum, um weitere Informationen abzuwarten.

»Mein erster Gedanke war: das war's«, erzählt der Beamte Les Wexler. »Es klang außerordentlich realistisch. Jeder von uns wurde zehn Grad blasser.«

Mark Walker dachte, es sei vielleicht doch bloß ein Gag. Doch dann berichteten sie im Radio schon über »nuclear fallout in Charlottesville«. »Ich rannte rauf zum neunten Stock, um die letzten Sekunden mit ein paar engen Freunden zu verbringen. Ich sah zum Fenster hinaus, wo ich den Atompilz über Washington erwartete.«

Dies war, nach einem Bericht der »Washington Post«, die Reaktion von 15 Beamten der US-Regierung auf ein Hörspiel des UKW-Senders WPFW, das die Folgen eines Atomkrieges darstellen wollte. Zwölf hielten sofort, drei nach kurzer Zeit für wahr, was sie da hörten. Auch das sind die Vereinigten

Staaten von Amerika am Beginn der achtziger Jahre: eine Nation in Angst, zu jeder panischen Reaktion fähig; eine Nation, die fühlt, daß sie ihre Zukunft hinter sich hat.

Drei Jahrzehnte, ein Pups in der Weltgeschichte, ist es gerade her, da waren die USA die Herren der Welt. Nazi-Deutschland hat das ganze Europa kleingehauen, die Sowjetunion hatte sich an ihren 20 Millionen Kriegstoten ausgeblutet, die alten Großmächte Frankreich und England waren so geschwächt, daß sie ihre Kolonialreiche nicht mehr halten konnten. Welche Märkte boten sich da dem US-Kapital, und welche Chancen, das koloniale Erbe der Europäer anzutreten, die Rohstoffländer der Dritten Welt zum ökonomischen Hinterhof der USA zu machen. Nicht mit Gouverneuren und Vizekönigen, wie die alten Europäer, sondern modern, rationell, the american way: Ein paar veraltete Waffen und ein paar jährlich erneuerte Herrschaftsgarantien für die gerade regierenden oder die kurzfristig installierten Führungscliquen – und schon flossen die Rohstoffe fast zum Nulltarif. Wer als Konsument oder Rohstoff-Förderer nicht gebraucht wurde, durfte verhungern. Es herrschte die Pax Americana in der Welt.

Von da an ging's abwärts. Die westeuropäischen Staaten erholten sich, wuchsen allmählich zu Konkurrenten auf den Rohstoff- und Warenmärkten heran. Die Sowjetunion erstarkte zur Atommacht, die den USA in vielen Teilen der Welt, zunächst in Asien, später auch in Afrika, Paroli bot, den Arbeitsraum der Ledernacken auf Mittel- und Südamerika einschränkte und damit nationalen Befreiungsbewegungen in den Rohstoffländern Rückendeckung gab, ob sie nun kommunistisch waren oder nicht. Jüngstes Beispiel: die religiöse Befreiungsbewegung des Antikommunisten Khomeini. Ohne die Existenz und militärische Stärke der Sowjetunion hätte ein US-Kommando den Ajatollah längst unterm Wüstensand verscharrt.

Auch die Versuche, die in zwei Weltkriegen beobachtete

segensreiche Wirkung des Krieges zur Steuerung des kapitalistischen Systems wieder zu beleben, brachten nicht mehr den erhofften Erfolg: kaum in Korea, gar nicht in Vietnam. Beide Male kehrten die USA schnell in die von Marx analysierte Krisenhaftigkeit des Systems zurück. Und die Internationalisierung des Kapitals machte die Sache nur noch gefährlicher: Konnten sich Boom und Depression in den großen kapitalistischen Ländern noch in den sechziger Jahren durch Ungleichzeitigkeit gegeneinander auspendeln, verschärften sie sich in den siebziger Jahren bereits durch Gleichzeitigkeit. Die von Keynes erdachten Steuerungsinstrumente begannen zu versagen: Selbst in den kurzen Phasen von Hochkonjunktur ging die Arbeitslosigkeit nicht mehr zurück; auch das Wachstum wollte nicht mehr wachsen – in den sechziger Jahren lag es im Durchschnitt der OECD-Staaten bei jährlich 7,5 Prozent, in den Siebzigern bei 3,5 Prozent, in den Achtzigern wird es sogenanntes Nullwachstum geben. Und nicht, weil die Ökologen das fordern.

Nullwachstum aber ist, da haben Strauß wie Schmidt und Vetter sicher recht, die Katastrophe. Nur Wachstum macht es möglich, dem »kleinen Mann« was abzugeben und ihn so bei systemfreundlicher Laune zu halten. Gibt es kein Wachstum, so wird ihm durch Inflation und steigende Arbeitslosigkeit etwas genommen; das soziale Netz, auf Wachstum zugeschnitten, reißt an allen Ecken – selbst in der vergleichsweise steinreichen BRD. Gewerkschaftsführer wie Heinz Oskar Vetter wissen, was da auf sie zukommt: Wieviel schwerer sie es in Zukunft haben werden, die Arbeiterklasse in den kapitalistischen Staat zu integrieren.

Und nun gar in den USA, wo es diese Auffangbasis gar nicht gibt, die in Westeuropa die organisierte Arbeiterbewegung darstellt, weil die US-amerikanische Gesellschaft ein Jahrhundert lang reich und durchlässig genug war, das Entstehen von Klassenbewußtsein zu verhindern: Die Arbeitslosigkeit wächst über die Zehn-Prozent-Marke, bei farbigen

Jugendlichen hat sie schon fünfzig Prozent erreicht, die Inflation pendelt zwischen zehn und zwanzig Prozent, ein Drittel der Arbeitslosen kann sich keine Krankenversicherung mehr leisten, die durchschnittliche Altersrente liegt bei monatlich 400 Mark, der Automobilkonzern Ford machte im ersten Quartal 1980 einen Verlust von 63,6 Millionen Dollar, der Konkurrent Chrysler, nach 1945 der drittgrößte Autohersteller der Welt, konnte nur mit einem staatlichen Milliarden-Kredit vor der Pleite gerettet werden. Zusammen mit General Motors, dem ebenfalls angeschlagenen Branchenführer, wollen Ford und Chrysler in diesem Jahr 500 000 Arbeiter entlassen. Was soll da noch zu steuern sein?

Und von wem? Die Miserabilität der ökonomischen Verhältnisse hat sich längst in der Miserabilität des Personals niedergeschlagen, das für diese Supermacht Politik betreibt: Missile-Missionar Jimmy Carter, sein demokratischer Kontrahent, von dem Johannes Gross in der »FAZ« mit Recht schrieb, er sei der »in jeder Hinsicht letzte der Kennedys«, und die Alternative Ronald Reagan, dem die Welt als Straße vorm Saloon erscheint. High noon.

Und schließlich, als die graue Eminenz, die Karikatur eines Nachfolgers von Henry Kissinger, der die Karikatur eines Nachfolgers der Fürsten Mettermarck war: Zbigniew Brzezinski, der »Sicherheitsberater«, der zum Befreiungsschlag ausholt: Die USA müssen wieder größte Militärmacht der Welt werden, müssen allen andern »überlegen« sein, müssen eine Politik treiben, für die sie vor drei Jahrzehnten die Bezeichnung »brinkmanship« fanden: jeden Konflikt bis an den Rand des Kriegs treiben, die Sowjetunion, nach dem alten Plan des John Forster Dulles, »totrüsten«. Schon heute gibt die Nato jährlich 200 Milliarden Dollar fürs Militär aus – die Militärkosten aller Beteiligter des Weltkriegs von 1939 bis 1945 betrugen 664 Milliarden Dollar – und nun soll es mit den sog. Rüstungsanstrengungen erst richtig losgehen.

Zitat aus einem Report des US-Verteidigungsministeriums für das Jahr 1980:

»*Unsere Wirtschaft ist sehr stark abhängig von Energie- und Rohstoff-Importen. Und der Export von US-Produkten macht neun Prozent unseres Bruttosozialprodukts aus. Wir müssen uns deshalb dringend um die Erhaltung der Rohstoffquellen und Märkte kümmern, wenn wir unseren Lebensstandard erhalten und verbessern wollen. Wo immer unsere Interessen auf dem Spiel stehen – und das tun sie in vielen Teilen der Welt –, ist es für uns von Vorteil, frühzeitig und deutlich zu reagieren.*«

Schreibt das *Verteidigungsministerium*. William Hansen, Mitarbeiter der Universität von Boston, ergänzt in der britischen Zeitschrift »Issue« (von mir zusammengefaßt):

Die amerikanischen Kapitalinvestitionen in Westeuropa sind so enorm, daß die USA sich sehr direkt auch für den Zugang Westeuropas zu den Rohstoffen der Dritten Welt interessieren müssen. Außerdem haben die USA natürlich auch in Ländern der Dritten Welt unzählige Milliarden Dollar investiert. General Bernard Rogers, einst Oberkommandierender der US-Army, jetzt Organisator des neuen Eingreifkommandos RDF (Rapid Deployment Force), hat den Zweck dieser Blitzkriegstruppe klar umrissen: Die RDF soll die Interessen des US-Imperialismus »an jedem Ort der Welt« schützen, gleichgültig ob das Volk und/oder die Regierung des betroffenen Landes das begrüßen oder nicht.

Meistens wohl: oder nicht – wie folgende Zitate aus einem Report des Research Service des US-Kongresses vermuten lassen. Titel der Studie: »Ölimporte aus dem Persischen Golf; Einsatz von US-Streitkräften zur Sicherung der Lieferungen«:

»*Einige Länder in dieser Region sind sehr instabil. Zu den erheblichen Schwierigkeiten, die die Ölversorgung der USA und/oder ihrer Verbündeten treffen könnten, gehören einerseits Streiks, Unruhen, Sabotage und andererseits Staatsstrei-*

che, Aufstände und Bürgerkriege ... Wenn wir Verantwortung für die Sicherheit der Ölfelder im Falle innerer Unruhen übernehmen, könnte das den USA und unseren Verbündeten nutzen für den Fall, daß örtliche Führer die Kontrolle zu verlieren scheinen und uns nicht freundlich gesinnte Kräfte vorhaben, die Öllieferungen zu stoppen.«

Im Klartext: Wer irgendwo auf der Welt in einem Gebiet lebt, das für *uns* von wirtschaftlichem Interesse ist, und es wagt, »unfriendly« (so der englische Wortlaut) zu uns zu sein, muß mit einem Überfall US-amerikanischer Sonderkommandos rechnen. Jimmy Carter am 23. Januar 1980 über die RDF: »Diese Anstrengungen unterstreichen unsere Entschiedenheit, die vitalen Interessen unserer Nation und unserer Verbündeten zu schützen.«

»Vitale Interessen« brechen Völkerrecht. Diese Doktrin aus dem Hause Carter/Brzezinski bedeutet das Ende aller Sicherheit. Selbst Carters Außenminister Cyrus Vance, wie sein Präsident und dessen Verunsicherungsberater ein Mann aus David Rockefellers »Trilateraler Kommission«, die die Politik der imperialen Zentren USA, Westeuropa und Japan steuern soll, wollte diese zum Krieg treibende Politik nicht mehr mitmachen und trat zurück. Was unsere vor Amerika-Lob überfließende und militärische Blitzaktionen – vom Panthersprung nach Agadir über den Schliefen-Plan und Monte Cassino bis Entebbe und Mogadischu – per se liebende Bürgerpresse dazu nicht schrieb, war in der »Washington Post« zu lesen:

»*Vances Rücktritt aus Protest wird ihm bei seinen Freunden den Vorwurf eintragen, er habe die Zügel der Macht so schießwütigen Zynikern wie Zbigniew Brzezinski überlassen ... (Vances) Gründe sind: schreiende Widersprüchlichkeit und Inkompetenz der Politik des Präsidenten. Beide haben schon zu lange über dem Leben unserer Nation geschwebt ...*«

Das Urteil der »Post« ist richtig und falsch. Richtig, wo sie den Zustand der derzeitigen US-Politik beschreibt, falsch, wo sie diesen Zustand auf Charakterfehler ihrer beiden führenden Macher zurückzuführen scheint. Denn Carter und Brzezinski wollten alles mal ganz anders machen, als sie vor drei Jahren ihre Ämter übernahmen. Für die US-Weltpolitik hatte Brzezinski ein geradezu sozialdemokratisch anmutendes Konzept entworfen:

»... *eine Politik, die den weltweiten Druck zugunsten einer Reform der internationalen Vereinbarungen nicht ignoriert und auch nicht mit doktrinärer Feindseligkeit vergilt ... Die USA dürfen sich nicht als letzter Schild für die Überbleibsel weißer Vorherrschaft in Afrika präsentieren ... Sie müssen der Forderung der Völker Mittelamerikas nach größerer sozialer Gerechtigkeit und nationaler Würde entgegenkommen...*«

Doch die Völker der Dritten Welt erwiesen sich nicht als besonders spitz auf eine Pax americana II, und das amerikanische Wahlvolk wollte lieber weniger Inflation und mehr Lohn als einen Weltfriedenspräsidenten. Und wenn schon kein Brot, so doch wenigstens Spiele, Demonstrationen nationaler Größe und militärischer Überlegenheit. Was nützen große Entwürfe für eine gerechtere Welt, wenn – wie im Herbst 1979 – 51 Prozent der Wähler meinen, dieser Präsident tauge nichts.

Es war wohl Zbigniew Brzezinski, der da Rat wußte. Ihm, dem glühenden Antikommunisten, konnte es schließlich egal sein, *wie* man die Sowjetunion in die Enge trieb. Talk gently (über Menschenrechte) oder carry a zbig stick.

Der in jahrelangen Verhandlungen mit der Sowjetunion abgeschlossene Vertrag über die Begrenzung strategischer Atomwaffen wurde nicht ratifiziert, stattdessen ein atomares Aufrüstungsprogramm der Nato durchgesetzt, das die Sowjets zu neuen Rüstungsausgaben zwingen und einen Atomkrieg zwischen der Sowjetunion und Westeuropa ohne amerikanische Beteiligung ermöglichen soll. Die Abrüstungsvorschläge Leonid Breschnews wurden ebenso ignoriert wie seine Ankündigung, einseitig Truppen und Waffen aus der DDR abzuziehen, oder die Warnungen seines Außenministers Gromyko, daß der Aufrüstungsbeschluß schwerwiegende Konsequenzen für die sowjetische Politik haben werde. Denn gerade dies war es, was Brzezinski jetzt brauchte.

Wie ein Geschenk des Himmels muß es dem »Sicherheitsberater« da erschienen sein, als Aufklärungs-Satelliten im Oktober den Aufmarsch sowjetischer Truppen an der afghanischen Grenze meldeten und der US-Botschafter in Moskau, Malcolm Toon, die Möglichkeit eines sowjetischen Eingreifens in Afghanistan ans State Department kabelte. (Gerüchte, daß die Sowjetregierung Toon selbst darüber informiert und ihn darauf hingewiesen hatte, daß ihr Eingreifen sich strikt auf Afghanistan beschränken und die US-Interessen im Persischen Golf keineswegs tangieren wolle, wurden von Bonner Ostpolitikern weder bestätigt noch dementiert.) Jedenfalls blieb die für den Fall, daß Washington ein sowjetisches Eingreifen zum Wendepunkt in den gegenseitigen Beziehungen erklären würde, in Moskau erwartete diplomatische Intervention der USA aus. Brzezinski brauchte die *vollzogene* Invasion – nur sie konnte seinem von Khomeini gedemütigten, von »Nuke Iran«-Demonstranten bedrängten Präsidenten noch eine Wiederwahl-Chance bescheren.

In allem Ernst: Sind nicht, gemessen an Carter und seinem Brzezinski, die »Chaoten« von Bremen, die sich aus Verzweiflung über die Atomkriegstreiber ihre Köpfe an ein paar Bundeswehr-VWs blutig laufen, Realpolitiker par excellence?

Wut über Carters Afghanistan-Spektakel ergriff nicht nur die Schriftsteller Günter Grass, Peter Schneider, Thomas Brasch und Sarah Kirsch, die den Bundeskanzler in einem offenen Brief aufforderte, sich nicht in die Kriegstreiberei der USA hineinhetzen zu lassen. Wut machte sich auch bei einigen sozialdemokratischen Außenpolitikern, bei Willy Brandt und Egon Bahr breit. Selbst Helmut Schmidt, der – besonders gegenüber den Ländern der Dritten Welt – keineswegs als Revolutionär, sondern als moderater Vertreter imperialer Interessen auftritt (Motto: Schafft zwei, drei, viele Portugals), schien von Carters Reaktion entsetzt: Einige Wochen lang weigerte er sich, in das von Washington erwartete Kalte-Kriegs-Geschrei auszubrechen.

Dann aber lenkte Schmidt ein. Offenbar aus Furcht, daß die Kritik ihrer Bündnispartner in den USA als Dolchstoß und gemeiner Verrat gewertet würde, und daß solche Stimmung die Politik der Carter-Regierung nur noch aggressiver machen könnte, begann nun auch der Bundeskanzler, von der unverbrüchlichen »Solidarität« mit den USA zu schwätzen. (Eine Schande übrigens, daß Sozialdemokraten dieses Wort, das der Arbeiterbewegung gehört und ihr seine Bedeutung verdankt, zur Bezeichnung des Verhältnisses zwischen zwei Zentren des Imperialismus mißbrauchen.) Egon Bahr jedenfalls erklärt Schmidts Politik – wenn auch in diplomatischen Worten – dem Inhalt nach so. Und deshalb brauchen wir neue Atomraketen auf dem Boden der BRD? Deshalb müssen unsere Sportler die Olympiade boykottieren und damit – man wird schon sehen – die ganze Ost- und Friedenspolitik gefährden?

Es mag tatsächlich wichtig sein, jetzt die USA nicht sich selbst zu überlassen. Aber es macht immer noch einen Unterschied, ob man sich von ihnen an der Hand nehmen und an den Rand des Krieges zerren läßt, oder ob man versucht, sie an der Hand zu nehmen und von solcher Politik zurückzuhalten. Ob man jede Regung gegen den von Carter und Brzezinski aufgeputschten Militarismus – in Bremen wie anschließend im Bundestag – niedermacht und auf besorgte und gewiß nicht revolutionäre Schriftsteller seinen Pressekläffer Bölling losläßt, oder ob man den Widerwillen gegen die Hasardeure des Atomkrieges dazu nutzt, den USA die Grenze zu weisen, die sie nicht überschreiten dürfen, die sie aber einzuhalten auch gerade noch in der Lage sind.

Dies könnte *die* historische Stunde der Sozialdemokratie sein, deren Strukturen ja auf Abwiegelung angelegt sind. Sie hat es hundert Jahre lang verstanden, revolutionäre Bewegungen des Proletariats zu domestizieren. Jetzt steht sie vor der Aufgabe, einen in Panik um sich schlagenden ehemaligen Weltherrscher zu pazifizieren. Daß die USA auf dem Weg abwärts sind, ist im Frieden nicht mehr zu ändern. Die Quelle ihres Reichtums versiegt. Die Befreiungsbewegungen der Dritten Welt sind im Frieden nicht mehr aufzuhalten. Die Sklaven in aller Welt, die die Sklaven in Gods own country ersetzen, wollen nicht mehr. In Zukunft werden die USA für Rohstoffe Preise bezahlen müssen, die nicht sie selbst gemacht haben, oder sich auf eigene Ressourcen beschränken.

Gäbe es keine Atomwaffen, könnte uns die Frage, ob die USA ihren historischen Abstieg bewältigen oder nicht, ziemlich kalt lassen. Doch Carter und Brzezinski (oder demnächst Reagan) sitzen an dem roten Knopf, mit dem sie die ganze Welt in die Luft jagen können. Wenn sie durchdrehn, ist das nicht nur ihr Ende.

Juni 1980

Ja, die Linke

Es besuchte mich ein Fernsehredakteur des Norddeutschen Rundfunks, der fürs Abendprogramm einen Film über das Thema »Was ist heute links?« drehen wollte. Der Mann, der aus der Kinderladenbewegung stammt und in seinem Sender als ganz rot gilt, wußte die Antwort schon: Links ist heute nicht mehr internationalistisch sondern regionalistisch, nicht mehr kollektivistisch sondern individualistisch, nicht mehr auf Sozialstaat sondern auf Selbsthilfe orientiert. In einigen Wochen werden es Millionen wissen.

Und es wird vielen sehr neu vorkommen, originell, überraschend. Bürgerblätter werden es rezensieren, beachtlich finden, bedenkenswert. Podiumsdiskussionen über die Thesen des Films sind nicht auszuschließen. Linke werden sich beteiligen, damit sie wissen, was sie zu tun haben. Viel Zeit und Mühe werden aufgewandt werden, bis einer das erlösende Wort spricht: Daß er die Sau, die da durchs Dorf trabt, schon mal irgendwo gesehen habe.

Vielleicht ist es so etwas ganz Banales wie ein Sozialdemokrat, ein Kommunist, ein Gewerkschafter, der das sagt. Einer jedenfalls, der seine Erfahrungen weniger aus der zehnjährigen Geschichte der Kinderladen – als aus der hundertjährigen Geschichte der Arbeiterbewegung bezieht. So einer könnte etwa sagen:

Plustert euch bloß nicht so auf. Eure Neuigkeiten haben wir schon gekannt, als sie noch so klein waren. Vor hundert Jahren, als Bismarck uns mit seinen Sozialgesetzen die Wähler abkaufen wollte, haben unsere Theoretiker die zwiespältige Wirkung dieser Maßnahmen längst zuende analysiert: Daß es die Tagesaufgabe der Bewegung ist, die materielle Lage der Arbeiter zu bessern, durch Renten, Arbeitslosen-

und Krankenversicherung, die Organisationen der Arbeiterklasse aber dafür zu sorgen haben, daß das Bewußtsein weiterlebt: Gut, das ist der Pfennig, aber wo bleibt die Mark? Seither ist die Frage immer dann von linksbürgerlichen Intellektuellen wieder als »ganz neues Problem« aufgebracht worden, wenn dem herrschenden System die sogenannten »Soziallasten« zu teuer wurden und dem jeweiligen Finanzminister, besonders wenn er von der SPD war, die Puseratzen ausgingen. So auch jetzt. Natürlich meint es der Johano Strasser, der grade mal wieder die »Gefahren des Sozialstaats« entdeckt hat, ganz anders als die CDU und der BDI. Aber daß die beiden ihre Entdeckung gleichzeitig machen, ist halt doch mehr als ein Zufall.

Naja, könnte er weiter sagen, daß der alte Marx den Linken mit seiner Kritik an Proudhon den kleinbürgerlichen Individualismus ein für allemal ausgetrieben hat, war ja nicht zu erwarten. Daß unsere Sympathisanten, die fortschrittlichen bürgerlichen Intellektuellen, sich mit solidarischem Handeln im Kollektiv schwer tun, haben wir verstanden. Egalité ist für sie halt der schwerste Brocken in der dreifachen Forderung nach Freiheit, Gleichheit, Brüderlichkeit. Aber werden sie denn nie begreifen, daß alle unsere Erfolge, jawohl: Erfolge, ohne kollektives Handeln nicht erreicht worden wären? Daß sich ein bürgerlicher Intellektueller zur Not – oder am besten – allein durchschlagen kann, ein einzelner Arbeiter aber nicht? Und warum kommen sie uns mit ihren Thesen zum höheren Wert des Individualismus immer gerade dann, wenn die Organisationen der Arbeiterbewegung von den Rechten als »undemokratisch«, weil »bürokratisch« und »kollektivistisch« denunziert werden? Sollte das auch kein Zufall sein?

So, die Linke ist heute nicht mehr »internationalistisch«? könnte er fragen. So leicht laßt ihr euch euern Schneid abkaufen? Erst mit »Ho ho ho Tchi Minh« den Kudamm und die Zeil runter, und wenn nach dem Sieg eures Idols der Sozialismus in Vietnam nicht aussieht wie eure honigkuchensüßen Jugendträume – dann zählt nur noch die wendländische Bauernkultur im Kreis Psycho-Pannenberg? Nichts dagegen, daß ihr euch in Gorleben aufs Probebohrloch setzt – aber müßt ihr darüber den Atomrüstungsbeschluß der Nato, diesen Angriff auf das Leben der Menschheit, verschlafen? Oder ist es so, daß ihr, weil der international wichtigste Gegner dieser Atompolitik euch nicht paßt, lieber kneift und an einer Entschuldigungs-Strategie häkelt? Ist das der neue Regionalismus? Da wird Jimmy Carter aber große Angst vor den Linken in seiner westdeutschen Dependence bekommen!

So könnte er antworten, der »Traditionalist«, auf die Thesen des NDR-Filmers, und in vielem hätte er ja auch recht: Wie oft sind und waren unsere allerneuesten Einfälle wie zufällig genau das, was der herrschenden Klasse gerade noch gefehlt hat; denken wir nur an die Gewalt gegen Sachen/Personen-Diskussionen Ende der sechziger Jahre und ihre Folgen. Bei der allerneuesten Linken geht es gerade wieder los: Im Audimax der Hamburger Uni wurde ein Demonstrant, der vor Stolz glucksend erzählte, man habe kürzlich das Büro der US-amerikanischen Fluggesellschaft Pan Am »ein bißchen abflambiert«, mit Gelächter und allgemeinem Beifall gefeiert. In Stammheim sind wieder Plätze frei.

Aber, so könnte man dem »Traditionalisten« antworten, wohin seid ihr denn gekommen, mit eurem Internationalismus, euren sozialen Tagesaufgaben, euren Organisationen? Waren das alles nicht oft genug Vorwände, brauchbar zur Abwiegelung des Protests, zur Domestizierung nicht nur der fortschrittlichen bürgerlichen Sympathisanten, sondern der Arbeiterklasse selbst? Sind denn, beispielsweise, eure DGB-Gewerkschaften nicht tatsächlich auf die Ideologie zur »Sozialpartnerschaft« abgefahren? Ist von ihnen denn wirklich noch mehr zu erwarten als die Verteidigung des gesellschaftlichen Status quo? Hat sich die Mitarbeit von Linken in ihnen nicht in Jahrzehnten als wirkungslos erwiesen? Könnt ihr euch vorstellen, daß in den nächsten zwanzig Jahren ein Vorsitzender des Deutschen Gewerkschaftsbundes ausruft: »Wir haben nichts zu verlieren als unsere Ketten?«

Recht gefragt. Aber erstens haben sie etwas zu verlieren. Und zweitens, vor allem, den nächsten – atomaren – Krieg. Verständlich der Verdacht der Undogmatischen, der Frauenbewegung, der Kernkraftwerks-Gegner, der Umweltschützer: die Kriegsfurcht werde geschürt, um sie von ihren Forderungen abzulenken, ihre Emanzipationsbewegungen zu integrieren, den inneren – sozialdemokratischen – Frieden wiederherzustellen. Mag sein, daß in der Bonner Parteizentrale und in einigen anderen Gewerkschaftsvorständen *auch* so gedacht wird. Doch mit dem Atomkrieg ist es wie mit Strauß: mit ihm zu drohen, erleichtert die Arbeit der rechten Sozialdemokraten; das ändert aber nichts daran, daß es schlimm wird, wenn Strauß kommt, und wenn der Weltkrieg kommt, schlimmer.

Juli 1980

Helmut, der Bolschewik

1976 ging es um Freiheit statt Sozialismus, um die Sicherung einer freiheitlichen Gesellschaftsordnung vor sozialistischer Veränderung. Heute geht es wieder um die Freiheit: Um den Frieden in Freiheit, um die Verteidigung der Freiheit, auch gegen die, die kapitulieren wollen, denen der Wille und die Kraft fehlt, die Freiheit, für die unsere Väter gefallen sind, für unsere Kinder zu erhalten.

Diese Sätze sind zu lesen im »Westfälischen Monatsblatt« vom 7. Juli 1980. Ihr Autor ist Professor Dr. Kurt H. Biedenkopf, engster Parteigänger des Kandidaten Franz Josef Strauß. Es ist das Zitat des Jahres. Es erspart tausend Recherchen, hundert Bücher, zig Beleidigungsprozesse. Wir haben's nun authentisch: Die Freiheit, die sie meinen, ist die Freiheit, die sie von 1939 bis 1945 verteidigt haben. Wahlkampf in der Bundesrepublik 1980 ist die Fortsetzung von Stalingrad 1942. Hier wie dort ging es um »statt Sozialismus«, denn alles, was nicht Sozialismus ist, ist »Freiheit«, von Santiago de Chile bis Seoul. Einfach, nicht?

Obwohl Biedenkopf und seine Freunde nun Schwierigkeiten hätten, der Behauptung zu widersprechen, die CDU/CSU sei eine Nachfolgeorganisation der NSDAP, wollen wir es uns so einfach auch wieder nicht machen. Weder verfügt die CDU/CSU über Sturmabteilungen, noch plant sie die Errichtung von Konzentrationslagern, ja in fast keinem Bereich strebt sie zur Verteidigung der Freiheit die gleichen Wege an, auf denen ihre Väter marschiert sind. Nur manchmal blitzt was durch – wenn etwa der Ministerpräsident Ernst A. dieselbe Sympathie für die Folter zeigt wie der Reichsleiter Martin B. Doch deshalb muß, wer Ernst A. sagt, noch nicht Martin B. sagen. Albrecht ist kein Reichsleiter, sondern bloß ein Probe-Bormann.

Es bedarf ja auch gar keiner Sturmabteilungen und Konzentrationslager, keiner Folter und keines Reichsleiters, um 1980 das Ziel zu verfolgen, für das »unsere Väter gefallen sind«: Die Ausmerzung des Bolschewismus. Wobei Bolschewismus – wie bei Adolf – alles ist, was den Bestand der kapitalistischen Wirtschaftsordnung gefährdet oder ihre Ausbreitung behindert: Von den Sozialisten und Kommunisten hier bis zu den Freiheitskämpfern in Namibia. Und eine Stufe drunter, an der Basis dieser Bewegung, wie eh und je: Ausländer, Zigeuner, Schwule, politische Häftlinge, Ratten und Schmeißfliegen, Pazifisten, Alternative, Elemente jeder Art. Ausweisen, einsperren, aufhängen!

Und nun die Sozis, diese braven Verwalter der herrschenden Machtverteilung, diese Handlungsreisenden in Sachen FDGO, diese sozialen Marktwirte, deren größter innenpolitischer Kraftakt die Androhung der Verteidigung einer unter Adenauer eingeführten Mitbestimmung ist; die in der Dritten Welt Schulter an Schulter mit McNamaras Weltbank kämpfen – auch sie, sie vor allem, sollen Bolschewisten sein: »Moskau hilft Schmidt«, sagt Helmut Kohl, und die SPD-Führer (Willy Brandt, Herbert Wehner, Egon Bahr) sind »die Moskauer Fraktion«. Hiermit, sprach das Huhn zum Igel, erkläre ich dich feierlich zum Hahn.

So sah ich Schmidten nie. Wer weiß nicht, daß Helmut Schmidt die Kommunisten aller Welt lieber heute als morgen im Orkus verschwinden sähe? Das weiß sogar der Professor Dr. Kurt H. Biedenkopf. Was aber tut Schmidt? Er ist ja nicht mal so richtig für die Neutronenbombe, und sogar auf die Aufrüstung der Nato mit neuen Atomwaffen würde er verzichten wollen, wenn die Sowjetunion erst kräftig abgerüstet hat. Redet von Frieden und Verträgen gerade so, als wolle er die Existenz der sozialistischen Staaten gar nicht mehr in Frage stellen. Die Freiheit, für die unsere Väter gefallen sind, gilt diesem Herrn wohl gar nichts. Verzichtpolitiker. Kapitulant. Kein Wunder, daß Moskau ihm hilft.

»Wir können siegen, wenn wir siegen wollen«, hat der Kandidat Strauß ausgerufen. Siegen – gegen die »Moskauer Fraktion« und schließlich gegen Moskau selbst. Unsere Väter sind für die Freiheit bis nach Stalingrad marschiert, warum sollen wir, wenn wir nur wollen, nicht bis Hiroshima und Nagasaki kommen?

Die Verbitterung der Union ist verständlich: Noch vor einem Jahr, im letzten deutschen Herbst, sah es so aus, als hätte sie mit ihrem Kandidaten Strauß die Chance, die Bundestagswahlen zu gewinnen. Dann kam der Atomrüstungsbeschluß der Nato, die Intervention der Sowjetunion in Afghanistan, das Kriegsgeschrei aus Washington – die Krise. Plötzlich schien vielen der rabiaten Kleinbürger, denen es ja unter der Regierung Schmidt/Genscher so furchtbar dreckig geht, daß sie aus schierem Übermut den Strauß wählen wollten, der solide Krisenmanager Schmidt doch die bessere Lebensversicherung. Und wenn nicht im September die große Rezession, die den kapitalistischen Westen erwartet allzu deutlich in Arbeitslosen- und Inflationsraten erkennbar wird, müßte es Schmidt wohl schaffen.

Doch wichtiger als ein Wahlsieg der Sozialdemokraten, von dem allein die Linke in diesem unserem Land ja nichts zu erwarten hat, wäre eine deutliche Niederlage der CDU mit diesem Kandidaten und diesem Programm, eine Niederlage, die so deftig ausfallen müßte, daß sich auch in der Union auf Jahre hinaus mit der Parole »Freiheit statt Sozialismus« keiner mehr sehen lassen könnte.

Die Bundesrepublik kann am 5. Oktober nicht rot und nicht grün werden. Aber ein bißchen weniger schwarzbraun wie die Haselnuß.

P. S. Ich rat euch, SPD zu wählen? Ach, ich weiß doch, daß es sinnlos ist, dergleichen einem zu raten, dem schon schlecht wird, wenn der Kanzler sein Gebiß ins Wohnzimmer bleckt.

Was bleibt, ist: Jede Stimme, die gegen Strauß abgegeben wird – und sei es auch für eine Partei, die unter fünf Prozent bleiben wird –, senkt den prozentualen Wahlerfolg der CDU/CSU. Ich wähle SPD. Ich rat euch, zu wählen.

September 1980

Der Kretin

Ronald Reagan wirkt auf viele Europäer wie eine Art John-Wayne-Verschnitt, auf viele Amerikaner übrigens auch. Sie haben ihn im Verdacht, daß er in einer komplizierten Welt nur allzu einfältiger Antworten fähig ist. Gleichwohl hat er eine Mehrheit bekommen. »Die Zeit«

Gleichwohl? Deshalb, Theo, deshalb! Sie ahnen es, sie fühlen es, daß da etwas geschehen ist, was nie hätte geschehen dürfen, was nicht vorgesehen war in ihrem freiheitlich demokratischen Weltbild, und nun mogeln sie sich ein paar Entschuldigungen zurecht: Die US-Amerikaner hätten für Reagan gestimmt, weil sie vor ihm, »dem Unbekannten«, weniger Angst gehabt hätten als vor Jimmy Carter, dem Bekannten, schreibt die »Zeit«. Und aus dem bundesdeutschen Schicksalsblatt »Spiegel«, diesem allwöchentlich platzenden Wechsel auf ein Stück publizistische Aufklärung, raunt es: »Konservative Zeitenwende«.

Das nenn ich saubere Erklärungen dafür, daß die Führungsmacht der westlichen Welt, der Hort von Freiheit und Democracy, in den nächsten Jahren von einem ausgemachten Kretin regiert werden wird; daß hinfort ein drittklassiger Westernheld, eine Type, über deren intellektuelle und moralische Inferiorität unter vernünftigen Menschen keine Diskussion möglich ist, den Herrn über Weltkrieg und Frieden darstellen darf.

Viele Verteidiger der bürgerlichen Demokratie greifen seit Jahren, in immer größerem Mangel an anderen Argumenten, auf Churchills Wort zurück, wonach diese Demokratie zwar eine schlechte Staatsform sei, alle anderen aber noch schlechter. Wenn darin mal ein Keim von Wahrheit steckte: Reagans Wahl hat ihn erstickt. Hollywoods Gruselschinken als Schnittmuster für die Wirklichkeit, Bonzo am roten Telefon – das ist das Ende der Idee von der bürgerlichen Demokratie.

Sage keiner, Reagan sei ihr Unfall: Er ist, nach Eisenhower, Kennedy, Johnson, Nixon, Ford und Carter, ihre letzte Konsequenz. Die aparte Alternative von Pest und Cholera, als die Präsidentschaftswahlkämpfe der letzten Jahrzehnte zu beschreiben waren, ist auf die Gewißheit reduziert: beides.

Eine Wahl, unter der man sich die freie Entscheidung intelligenter Wesen vorgestellt hatte, die ihre eigenen Interessen erkennen und zum Maßstab nehmen würden, gibt es nicht mehr – auch nicht mehr in jenen Rudimenten, die das 19. und das beginnende 20. Jahrhundert noch kannten. Das kleine Stück Selbstbestimmung, das die bürgerliche Revolution gebracht hatte, die kleine Freiheit eigener Bewußtseinbildung, wurde dem Bürger längst enteignet. Die Bewußtseins- und Befindlichkeitsindustrie hat sein Denken und Fühlen fest im Griff.

Das hat Marx nicht geahnt, als er die bewußtseinsbildende Kraft des sozialen Seins beschrieb: wie perfide und perfekt zugleich auch noch der Arbeitslose dazu gebracht werden kann, seine Misere irgendwelchen Kommunisten (Negern, Juden, Gastarbeitern, Gewerkschaftern) anzulasten oder eigener Minderwertigkeit; sich und seinesgleichen zu hassen und die zu verehren, die ihn quälen.

Das Schlüsselwort heißt: privatwirtschaftliche Organisation der Bewußtseinsindustrie – und es bedeutet, da kein einziges nennenswertes Medium (mit Ausnahme des öffentlich-rechtlichen Rundfunks in einigen europäischen Ländern) von dem Geld existieren kann, das die Konsumenten ihm bezahlen, daß das Kapital die Produktion von Bewußtsein und Psyche annähernd so souverän beherrscht wie die von Automobilen und Konserven.

Aber die Medienvielfalt, die Konkurrenz der Meinungen, die Abstimmung am Kiosk oder am Fernsehschalter – ist das nicht Garantie für ...? Gerade das macht alles noch viel schlimmer. Der Wettbewerb um die Gunst der Konsumenten zwingt die privatwirtschaftlichen Medien, alles zu unterlassen, was die Instinkte und Vorurteile der Leser, Hörer und Seher stören könnte. Ja, um gar kein Risiko zu laufen, müssen sie immer noch ein Stück tiefer ansetzen. Axel Springer sieht das schon ganz richtig: Wer in diesem Business Erfolg haben will, darf nicht belehren, aufklären, fragen – er muß unterhalten, bestätigen, verdummen.

Dabei ist die offene politische Verblödung noch vergleichsweise harmlos. Bewußtsein kann sich, wenns gar zu arg wird, wenn die tägliche Erfahrung etwa am Arbeitsplatz dem Gesülze der Moderatoren allzu offenkundig widerspricht, vielleicht doch noch wehren. Daß sich die Hälfte der wahlberechtigten US-Bürger seit vielen Jahren weigert, sich auf die angebotene Wahl überhaupt noch einzulassen, könnte ein Indiz dafür sein. Heimtückischer ist die scheinbar ganz unpolitische »Unterhaltung«, sind die Krimis, die Western, die Musikshows, mit denen Haltungen geformt und Instinkte bewegt werden. Was für ein Medienfurz ist das plump agitierende ZDF-Magazin im Vergleich zu solch tiefenwirksam reaktionären Veranstaltungen wie Dalli-Dalli oder Straßen von San Franzisco. Aber unsere sozialdemokratischen Rundfunkräte kämpfen verbissen um so fabelhaft unwichtige Posten wie die Leitung der »Panorama«-Redaktion, die sie dann, sozusagen zur Krönung ihres fortschrittlichen Tuns, mit allerlei Scharlataus besetzen, und überlassen die Unterhaltungs-Abteilungen den Freunden von Strauß und Kohl.

Das Produktziel ist erreicht, wenn sich die Zuschauermassen mit Karl Maldens Inspektor und Hans Rosenthal »identifizieren«, wenn sie das von diesen vermittelte Lebensgefühl teilen, lustig aber leistungsbewußt, doof aber gerissen, streng aber gerecht. Das ist dann S-p-i-t-z-e! Und es ist nur folgerichtig, daß die CDU/CSU alles auf die Verbreiterung dieser Bewußtseinsindustrie – nach US-amerikanischem Vorbild – setzt: Mit zwanzig privaten Fernsehstationen, mit täglicher Seelenmassage in der TV-Church durch solch reaktionäre Orgelpfeifen wie Adolf Sommerauer, mit einigen Hektolitern Krimiblut in der Woche und mehrstündigen Heino-Konzerten wäre auch Strauß über die fünfzig Prozent gekommen.

Denn das ist natürlich das Risiko (und in den stets vorauseilenden USA bereits die Pleite): Daß die so entmündigten, kretinisierten Bürger mit ihrem verballhornten Bewußtsein und ihrer verkitschten Gefühlswelt auch einen Führer wollen, in dem sie sich »wiederfinden«. Was also bleibt den Herrschenden übrig, als ihnen einen Kretin zu präsentieren, einen, der als das erscheint, wozu sie die anderen gemacht haben, bloß höher. Daß sie diesmal ausgerechnet einen Westernhelden genommen haben, ist natürlich Zufall. Das nächste Mal könnte es Pat Boone sein.

Ginge es bei alledem nur um die USA, könnte uns das ja kalt lassen – denn die sitzen sowieso auf dem absteigenden Ast und lassen nirgendwo Kräfte erkennen, die zur Rettung fähig wären. Aber erstens sind sie mit ihrer Atomwaffentechnik in der Lage, die ganze Welt zur Wüste von Nevada zu machen. Zweitens haben sie jetzt einen an den Drücker gesetzt, der mehr noch als seine Vorgänger zu sogenannten sauberen Lösungen neigt. Und drittens ist die Bundesrepublik so sehr weit hinter der US-Entwicklung auch wieder nicht her – eine Generation vielleicht.

Vor zehn Jahren hat der US-Satiriker Tom Lehrer ein Lied über die Verbreitung von Atomwaffen geschrieben, in dem er prophezeite, wer demnächst über »the bomb« verfügen würde: China, Indonesien, Südafrika, Israel, Ägypten, Luxemburg und Monaco ... Alles nicht so schlimm, aber: »We try to stay serene and calm, when Alabama gets the bomb«.

Alabama hat sie jetzt.

Dezember 1980

Stamokapstadt Brokdorf

Hans-Ulrich Klose, der auf eine schüchterne Art kesse Bürgermeister von Hamburg, will den Wladimir Iljitsch auf den Kopf stellen. Zwar, so gab er vor gut zwei Jahren zu, sei dessen Theorie vom »Staatsmonopolistischen Kapitalismus« in ihrem analytischen Teil schon ganz richtig: Der Staat sei tatsächlich zum »Reparaturbetrieb des Kapitalismus« verkommen. Doch in seinen Konsequenzen – daß das so sein und auch so bleiben müsse – habe der Kommunist geirrt. An der Unterelbe, auf den sauren Wiesen von Brokdorf, will Klose den Beweis antreten:

Brokdorf ist eine zentrale Entscheidung, weil sie für alle Beteiligten Signalwirkung hat. Für die Gegner und Befürworter wäre der Ausstieg (aus diesem Atomkraftwerk-Projekt) ein bedeutsames Ereignis, weil erstmals etwas nach allen Erfahrungen unserer wirtschaftlichen Ordnung ganz Ungewöhnliches geschehen würde: Daß nämlich eine Regierung sagen könnte, sie will etwas nicht, was als Wachstumsindustrie nicht nur propagiert, sondern auch mit vielen Milliarden gefördert worden ist ... Wer diese Frage stellt, wird schnell als Systemveränderer abgestempelt.

Der Testfall Brokdorf ist gut gewählt. Denn gegen den Bau dieses Atomkraftwerks spricht alle Vernunft: Noch immer hält eine qualifizierte Minderheit der Wissenschaftler (und das ist die Mehrheit der nicht von der Atomindustrie profitierenden) die von einem solchen Kraftwerk drohenden Gefahren für unvertretbar groß; noch immer ist die Frage, wo denn der hochradioaktive Atommüll gelagert werden soll, völlig offen; noch immer liegen auch die tatsächlichen Leistungen der Atomkraftwerke weit hinter den Versprechungen ihrer Erbauer – das AKW in Brunsbüttel, das 1976 in Betrieb genommen wurde, hat bis heute erst ein Jahr lang störungsfrei funktioniert und damit den Hamburger Strompreis zum höchsten in der Bundesrepublik gemacht; würde Brokdorf gebaut, so wäre Hamburg mit einem Anteil von 70 Prozent an seiner Stromproduktion von der Atomenergie abhängig; selbst unter der wenig realistischen Annahme der Hamburger Wirtschaftsbehörde, daß der Strombedarf im nächsten Jahrzehnt um jährlich 75 Megawatt steigen werde und bei einer Reserveproduktion von 25 Prozent über der Höchstbelastung könnten die Hamburgischen Elektrizitätswerke (HEW) im Jahre 1994 noch 34 Megawatt mehr abgeben als nötig – ohne Brokdorf. Unberücksichtigt ist dabei, daß der tatsächliche Stromverbrauch im ersten Halbjahr 1980 um 1,1 Prozent zurückgegangen ist und gewiß auch so bald nicht wieder steigen wird.

Für Brokdorf spricht »die Wirtschaft«: Sie hat sich mit öffentlichen und eigenen Milliarden auf ihr größtes Geschäft aller Zeiten vorbereitet, und Brokdorf ist ihr Symbol: Schafft hier eine politische Instanz den Ausstieg, gerät das ganze Atomprojekt in Gefahr. Und mehr: Die gewinnbringende Gewißheit, daß der Staat der stets bereitwillige Förderer und zugleich der bequemste und sicherste Kunde der Großindustrie ist. Brokdorf, das Symbol des Widerstands der Atomkraftgegner, ist darum zugleich das Symbol der Durchsetzungskraft dessen, was Klose vorsichtig »unsere Wirtschaftsordnung« nennt. Aus dieser Sicht wird auch plausibel, warum Atomkraftgegner den Nutznießern dieser »Wirtschaftsordnung« als »Systemgegner« erscheinen müssen.

Allein, ohne den Staat, ohne die Regierungen, ja auch nur ohne die Gewerkschaften, wäre die Atomindustrie nicht lebensfähig. Weder hätte sie die zur Forschung notwendigen Mittel selbst aufbringen können oder wollen, noch ließen sich etwa sozialdemokratische Abgeordnete von privaten Unternehmern allein so vergewaltigen. Verdient wird zwar privat – von der Siemens-Tochter Kraftwerk Union (KWU), die das Monopol für den Bau von Atomkraftwerken besitzt –, aber gearbeitet wird klassenübergreifend: Bernhard Plettner, der Vorstandsvorsitzende von Siemens, sitzt natürlich – wie der Vorstandsvorsitzende des Elektro-Konzerns AEG – im Aufsichtsrat der HEW, die als 50 Prozent-Gesellschafter von Brokdorf ihre Aufträge an die KWU vergibt. 72 Prozent der HEW, die als Aktiengesellschaft ein gewinnorientiertes Unternehmen sind, gehören der Stadt Hamburg, deren regierende Sozialdemokraten über ihre Beteiligung tief ins »Wirtschaftsordnungs«-Denken ihres Elektrizitätswerk verstrickt sind. Gleiches gilt von den zehn Gewerkschaften im HEW-Aufsichtsrat, die in Sachen Atomkraft ganz und gar auf Plettners Seite stehen. Das sollte übrigens nicht einmal ein Vorwurf sein: Solange die politischen Führer der Arbeiterklasse keine systemverändernden Strategien entwickeln, müssen Arbeitnehmervertreter vor Ort sich wohl darauf beschränken, aus dem herrschenden Wirtschaftssystem das Beste – Arbeitsplätze – wo immer und Löhne – zu machen.

Jedenfalls sind die Motive dieser Gewerkschafter honoriger als die der christlichen Handlungsgehilfen des Atomkapitals, wie etwa des Kieler Ministerpräsidenten Gerhard Stoltenberg, der die Zustimmung des Hamburger Senats zu Brokdorf dadurch erzwingen will, daß er der Stadt Hamburg für ein ersatzweise geplantes Kohlekraftwerk keine Baustelle zur Verfügung stellt. Stoltenberg will Brokdorf um jeden Preis – auch wenn es dann vier Fünftel der Zeit wegen Störfällen abgeschaltet werden müßte und ab und an ein wenig Radioaktivität freisetzen sollte wie das Nachbarkraftwerk in Brunsbüttel. Denn Stoltenberg will Brokdorf nicht trotz des Widerstands der Atomkraftgegner, sondern *wegen* dieses Widerstands. Er braucht die Schlachten um Brokdorf, den paramilitärischen Aufmarsch (insbesondere der Hamburger Polizei), um erstens die Wählerschaft der SPD zu dezimieren und zweitens – mit Hilfe der vorhersehbar blutigen Auseinandersetzungen – eine neue Generation von Terroristen herzustellen.

Das Aussterben der ersten Generation hat die Kandidatur des letzten Kanzlerkandidaten der CDU/CSU doch sehr behindert, und wenn Stoltenberg 1984 antritt ...

Bevor ich vergeß, ihnen zu erzählen: Brokdorf wird selbstverständlich gebaut. Sollte nämlich der Parteitag der Hamburger SPD entgegen dem Vorschlag des Parteivorstands dem Bürgermeister Klose folgen und den Bau ablehnen, ist der Hamburger Senat an diese Entscheidung keineswegs gebunden. Sollte sich aber die Senatsmehrheit dem negativen Votum des Parteitags beugen, so sind die HEW durchaus nicht gezwungen, dem Senat zu Willen zu sein. Sollten jedoch die HEW dem Senat folgen und Brokdorf aufkündigen, so würde ihr Anteil von der Preußischen Elektrizitäts-Aktiengesellschaft (Preag) übernommen. Die Preag gehört zu 86,5 Prozent der VEBA und die VEBA gehört dem Bund – in ihrem Aufsichtsrat sitzt der sozialdemokratische Staatssekretär im Kanzleramt Manfred Lahnstein, der nie widerspricht, wenn der VEBA-Vorstandsvorsitzende Rudolf von Bennigsen sagt, »daß Brokdorf gebaut werden muß«. Warum auch? Sein Kanzler ist derselben Meinung.

Brokdorf wird also gebaut, ob nun die Delegierten des Hamburger SPD-Parteitags Anfang Februar für den Bau oder dagegen entscheiden oder – was wie immer das Wahrscheinlichste ist – sich mit einem kleinen Kompromiß herausmogeln. Warum also hat sich dann eine solche Masse von Presseleuten angemeldet? Sogar ein Vertreter der »New York Times« will kommen. Mir scheint, Klose hat recht: Auch nur ein Nein der Hamburger SPD und vielleicht doch auch des Senats wäre ein Signal. Es wäre in unserer Wirtschaftsordnung das erste Mal, daß eine regierende Partei und gar eine Regierung den Mut aufgebracht hätten, ihren Willen gegen die Interessen des Monopolkapitals nicht geradezu durchzusetzen, aber doch zu artikulieren.

Gelingt das, wäre Klose, den die lohnschreibenden Systemtrottel einen »Stamokap-Anhänger« nannten, der erste Sozialdemokrat, dessen Politik die Theorie vom staatsmonopolistischen Kapitalismus ein wenig angekratzt hätte. Entsprechend groß sind seine Chancen: bei null.

Februar 1981

Ein schwuler Kommunist mit Tbc
und ohne Paß

Helmut Schmidt ist ein vernünftiger Mann, der eine vernünftige Politik macht: rational und national, gesund und gemäßigt. Darüber sind sich alle vernünftigen Beobachter einig, wobei die einen bedauern, die andern sich freuen, daß dieser Ruhmreiche der SPD angehört. Die Wertschätzung des vernünftigen Kanzlers reicht weit über die Grenzen der Republik hinaus. Alle vernünftigen Männer der Welt preisen die Vernunft unseres Helmut Schmidt. Wir können stolz auf ihn (und auf uns) sein. Was uns leichtfällt, denn darin haben wir Übung.

Und nun kommt so ein Miesmacher daher und behauptet, er wisse es besser: Dieser Kanzler sei mitnichten vernünftig, er mache im Gegenteil eine Politik, die das verrate, was seine Partei ihren Wählern versprochen habe. Statt Abrüstung treibe er Aufrüstung, statt Freiheitsbewegungen zu fördern, helfe er faschistischen Diktatoren, und das sei eine Sauerei. Kurzum, der Abgeordnete Karl-Heinz Hansen weigerte sich, des Kanzlers neue Kleider hübsch zu finden.

Da hättet ihr mal des Volkes Stimme hören sollen! Einer, Horst Ehmke mit Namen, Professor von Profession, holte ganz tief Luft und schrie es hinaus, daß es »ein groteskes Maß an Aufgeblasenheit« des Abgeordneten Hansen sei, wenn dieser sich ein Urteil über einen Mann wie Helmut Schmidt anmaße, dessen Vernunft doch von allen großen Staatsmännern so gerühmt werde. Ein anderer, Egon Franke geheißen, wünschte dem Abgeordneten einen Autounfall bei Glatteis oder Aufenthalt in einem Zuchthaus. Außerdem sei der Abgeordnete »nicht im Vollbesitz seiner Gesundheit«. Ein Freund Frankes aus jener sozialdemokratischen Region, wo sich Jockel Fuchs und Karl Haehser Gute Nacht sagen, wollte ein Stuhlbein über des Abgeordneten Kopf schlagen. Der große Fraktionsvorsitzende, zu dessen Lieblingswörtern im Genossenkreis »Knieficker« und »Fotze« gehören, weigerte sich, »alle diese Worte«, die der Abgeordnete Hansen geschrieben hatte, »noch einmal in den Mund zu nehmen«, und des Fraktionsvorsitzenden Schlattenschammes mochte Hansens »Ausfälle wegen ihrer Ungeheuerlichkeit nicht erneut wiederholen«. Auch Egon Bahr, der soeben frisch nichts gewordene ehemalige Geschäftsführer der Partei, nannte es eine »Anmaßung« des Abgeordneten Hansen, »zu entscheiden, was sozialdemokratische Politik ist«, denn das steht einem Abgeordneten einfach nicht zu und vor allem dann nicht, wenn er ein sozialdemokratischer Abgeordneter ist. Anneliese Renger, Egon Frankes Corpsdame, schrieb das Urteil in die »Bild«-Zeitung: »Diesen Außenseiter können wir uns nicht länger leisten.«

Und erst die zum Schreiben Angestellten, die kriegten sich gar nicht mehr ein. Die von der »Frankfurter Rundschau«, die noch als die Aufsässigsten galten, schüttelten sich angesichts des Abgeordneten »anmaßender und unflätiger Wortwahl« und nannten ihn »einen gar nicht berühmten SPD-Parlamentarier«, den man »tiefer hängen« müsse. Der Reporter des ebenfalls als ziemlich kritisch geltenden »Spiegel« nannte des Abgeordneten Äußerungen »bedingte Reflexe«. Vom Chefredakteur der »Zeit« mußte der Abgeordnete sich einen »Wirrkopf« nennen lassen, der »vom Intellektuellen nur die Stirnglatze« habe. Der Korrespondent der »Welt« entdeckte an dem Abgeordneten »Besserwisserei« und »Humorlosigkeit«: »Spitzweg hat ähnliche Köpfe gemalt ... Um den kahlen Schädel sträuben sich die verbliebenen Haare, die Augenbrauen wirken mokant hochgezogen.« Der Chefredakteur der »Neuen Ruhr-Zeitung« diagnostizierte, der Abgeordnete sei ein Mensch mit einer »Profil-Neurose.« Im »Münchner Merkur« erschien der Abgeordnete als »Sektierer« und »Krawallmacher«, der aussehe »wie ein Stammtischbruder mit schütterem Haar und vollen Pausbäckchen«. Und alle vernünftigen Beobachter sprachen zusammen an die tausendmal: »Der Abgeordnete Hansen ist ein Außenseiter.«

Und das Volk zählte die Stimmen zusammen und siehe, es erkannte den Abgeordneten als ein grotesk aufgeblasenes, im Kopf krankes, delinquentes Subjekt, häßlich und humorlos, deviant, kriminell und neurotisch. Genau den Typen, den Degenhardt vor 15 Jahren in seinem »Väterchen Franz« besang: »Der schwule Kommunist mit Tbc und ohne Paß ...«

Es ist schon wundersam, wie das noch immer funktioniert, sechsunddreißig Jahre danach, und ganz ohne Führer, Einheitspartei, Gleichschaltung, Leni Riefenstahl und Joseph Goebbels. Gewiß, es heißt heute nicht »lebensunwertes Leben«, »jüdischer Parasit« oder »Volksschädling«, es heißt ganz vornehm »Außenseiter«, und nur wenn Egon Franke in volle Fahrt kommt, steigert sich das zu »Chaoten« oder »Molukker«. Aber das System der Ausgrenzung mit Worten, die Instinkte wecken, ist so wirksam wie je.

»Außenseiter« – das waren Karl Marx und Friedrich Engels, Wilhelm Liebknecht und August Bebel, Karl Liebknecht und Rosa Luxemburg. »Außenseiter« war ein Ehrentitel unter Menschen, die das schlechte Herrschende bekämpften, und in Festansprachen zur Verleihung des Büchner- oder Lessing-Preises gilt das wohl heute noch. Aber im politischen Kampf wie im bürgerlichen Leitartikel ist der Außenseiter die Pestbeule am gesunden Gesellschaftskörper: das Destruktive und deshalb Auszuscheidende. Wer zum Außenseiter erklärt ist, darf verhöhnt und bespuckt werden, dessen Anspruch auf Achtung seiner Menschenwürde ist suspendiert. Jeder Groschenjunge des Konzerns darf seine klebrigen Finger an ihm abwischen, alle Tabus sind aufgehoben. Wo sonst die Erwähnung des Stiernackens und der vom Alkoholmißbrauch entstellten Physiognomie eines Kanzlerkandidaten als Gipfel der Inhumanität gegeißelt wird, ist nun jede Verletzung der körperlichen, geistigen und psychischen Integrität erlaubt. Zeilenschinder, die nichts gelernt haben, als sich dort hinzustellen, wo's warm rauskommt, dürfen in sogenannten »Psychogrammen« den Außenseiter als Neurotiker denunzieren. Und sogenannte Genossen liefern die Stichworte – Doktor Ehmke: »Hansen spielt verrückt.«

Wer bei uns, unter diesem herrlichen Kanzler in dieser herrlichen Republik sich nicht wohlfühlt, der kann nur irre, pervers oder ein Agent sein. Wer normal, klug und kein erkennbarer Agent ist, hat hier wirklich alle Chancen. Ein Mann mit den Fähigkeiten und der Dienstzeit des Abgeordneten Hansen könnte längst Minister sein. Nur ein bißchen das Maul halten hätte er halt müssen, einen gewissen Gewissensnachlaß hätte er geben sollen und ein bißchen vergessen, warum er nach dem Ende der NS-Ära in die SPD eingetreten ist... Aber dazu war sich »dieser Herr« (Genosse Wehner) wohl zu fein. Wenn es ihm also nicht paßt, daß Sozialdemokraten endlich richtig »in« sind in unserer schönen Daimler-Krauss-Maffai-Karstadt-Gesellschaft, dann muß die Genossin Annemarie Renger einfach sagen: »Diesen Außenseiter können wir uns nicht länger leisten.« Weil die Genossin Annemarie zwar vielleicht das Wort »Sozialdemokratie« nicht immer richtig buchstabieren, aber dafür ohne Anmaßung entscheiden kann, was sozialdemokratische Politik ist.

»Diesen Außenseiter können wir uns nicht länger leisten« – was für ein Monstrum von einem Satz: Wir haben uns diesen Außenseiter geleistet, denn wir können großzügig sein, sogar einen Außenseiter, wenn er brav ist, leisten wir uns ab und an, wir sind gar nicht so, aber nun reicht's, schafft ihn fort. Jawoll, Frau Reichssozialistenführerin!

Aber wohin? »Nach drüben« oder in die Psychiatrie? Gibt es noch keinen Orientierungsrahmen, wohin die SPD ihre Dissidenten schaffen sollte? Dann wird's aber Zeit. Wer das moderne Deutschland schaffen will, wird sich was einfallen lassen müssen.

März 1981

Frackzwang zum Fallout

»*Die Legitimität des Staates und die Loyalitätspflicht der Bürger sind nicht unbegrenzt und unbedingt ... Für diejenigen, die in der industriellen Nutzung der Kernspaltung einen Angriff auf die Integrität des menschlichen Lebens sehen, stellt sich daher die Loyalitätsfrage. Es kann niemandem zugemutet werden, Mehrheitsentscheidungen zu aktzeptieren, wo diese seiner Überzeugung nach Tod oder schwere gesundheitliche Schädigung seiner Kinder bedeuten.*«
Robert Spaemann, konservativer Philosophieprofessor

Und können wir sagen, wir seien dabeigewesen, im Frühjahr 1981, als die Welt neu aufgeteilt wurde: in brave, friedliebende Bürger oder einfach »alle guten Menschen« (»Bild«) – und in Chaoten, Gewalttäter oder einfach Terroristen.

Autor dieser einstweiligen Verfügung ist Ronald Reagan, der neue Führer der westlichen Welt. Überall auf der Erde, sagte er, seien Terroristen am Werk, und ihre Zentrale liege in Moskau. Eilfertig meldete sich ein Trupp jener wissenschaftlichen Hiwis, die immer, wenn es Führerworten zu folgen gilt, zur Stelle sind, ob in Peenemünde oder in der Reaktorsicherheitskommission. Reagans z. b. V.-Professoren vom Center for Strategic and International Studies der Georgetown University in Washington erklärten, der Terrorismus sei »eine von einer Anzahl Staaten bevorzugte Methode, politische Ziele durchzusetzen«; diesen Staaten gelte »der Terrorismus als ein kalkulierbares Instrument der Außenpolitik«; es sei die Sowjetunion, die den Terrorismus als »ein System der internationalen Unruhestiftung« erschaffen habe und sie werde dabei von »Kuba, der DDR, der CSSR, Nordkorea, Libyen, Südjemen und Syrien unterstützt«.

Da weder Reagan noch seine Hiwis zu beweisen versuchen, daß die Sowjetunion sich mit der Entführung von Flugzeugen beschäftigt, haben sie wohl eine neue Definition von Terrorismus gefunden. Der Anlaß ihrer sprachregelnden Bemühung, der Bürgerkrieg in El Salvador, macht es zur Gewißheit: Was bislang wahlweise als revolutionär, nationalistisch, linksorientiert, kommunistisch, in jedem Fall aber als anti-amerikanisch bezeichnet wurde, heißt ab sofort terroristisch; das gilt für die islamische Revolution wie für die Befreiungsbewegung in El Salvador, für den chilenischen Widerstand wie für die namibische SWAPO, für Nicaraguas Sandinisten wie für türkische Demokraten. In Moskau liegt die Zentrale dieses Terrorismus auch dann, wenn die jeweilige Terroristengruppe keinerlei militärische oder finanzielle Hilfe aus der Sowjetunion bekommt. Es genügt, daß die Existenz und die militärische Stärke der Sowjetunion die USA mancherorts daran hindern, den Terroristen durch die Entsendung einer Spezialtruppe das Handwerk zu legen.

Terroristen sind nunmehr alle Bewohner der Dritten Welt, die sich gewaltsam an den Interessen der USA und ihrer engsten Freunde vergehen, die sich aufbäumen gegen die Halbwelt-Herrschaft der gewaltigsten und gewalttätigsten Macht der Menschheitsgeschichte. Brave, friedliebende Bürger hungern klaglos, leben zufrieden in Lehm- und Wellblechhütten und bereiten dem Repräsentanten ihrer Ausbeuter einen brausenden Empfang. Zwar nicht mehr brav, aber auch noch nicht terroristisch ist, wer sich zu oppositionellen Äußerungen hinreißen und dafür einsperren und ein wenig foltern läßt. Der Terrorismus beginnt erst beim erfolgversprechenden Widerstand.

Erfolgversprechend aber ist nur noch Gewalt. Gewaltlos räumen die USA keine ihrer Neokolonien mehr, sie verteidigen ihre Thieus, Somozas und Duartes bis aufs Blut. Von Washington friedfertig hingenommen wurden allenfalls Befreiungsbewegungen, die das wirtschaftliche und militärische

Interesse der USA nicht berührten, ihre Konzern-Töchter nicht enteigneten, ihre Stützpunkte nicht kündigten – kurz: das erzwungene Sklavendasein durch ein freiwilliges ersetzten. Von Washington toleriert wurde die Befreiung Portugals durch die Sozialistische Internationale und ihren Mario Soares, von Washington ertragen würde die Befreiung von El Salvador durch Heiner Geißler (»Napoleon Duarte ist ein Demokrat«) und Klaus von Dohnanyi (»Es kommt nun darauf an, die Reformer zu unterstützen. Es gibt sie sicherlich auf allen Seiten«). Jede Bewegung, die mehr will, wird zur Anwendung von Gewalt gezwungen.

Wie furchtbar ist sie übrigens, diese Gewalt aus Macheten und ein paar rostigen Trommelrevolvern, mit denen sich ein Volk das Existenzminimum an Menschenwürde erkämpft, verglichen mit jener Gewaltlosigkeit in Schlips und Kragen, die an einem Börsenvormittag den Hungertod von einigen tausend Kindern herbeispekuliert?

Wir haben Ronald Reagan aber auch zu danken: sein Terrorismus-Begriff weist uns darauf hin, wie leichtfertig wir uns auf Distanzierungs-Rituale eingelassen haben, die jeden Gedanken an Militanz – außer dann und wann in bezug auf Gegenden weit hinten in der Türkei – verbannten. Gewaltfrei und eindrucksvoll rechtsstaatlich und ohne körperlichen Einsatz wollten wir den gesellschaftlich Herrschenden demonstrieren, daß es uns auch noch gibt. Reagan und seine Nachschwätzer hierzulande schließen uns nun von der Gemeinschaft »aller guten Menschen«, aller braven, friedliebenden Bürger aus, machen uns zu »Illegalen« – wie die Hunderttausend, die in Brokdorf trotz Verbotes demonstrierten. Es wäre schade, wenn wir es beim Weinen über die schreckliche uns angetane »Kriminalisierung« beließen.

Brokdorf ist nicht San Salvador. Aber hier wie dort ist imperiale Hybris am Werk, hier wie dort die Ideologie der Weltherrschaft, hier wie dort geht es um den Primat des Profits, hier wie dort gilt militanter Widerstand als Terrorismus.

Ist also Gewalt angesagt? Zunächst ist Vorsicht geboten: Bürgerkinder, auch linke, sind durch Erziehung auf »geistige Auseinandersetzung«, auf Verachtung von Körperlichkeit getrimmt. Wenn von Gewalt geredet wird, tritt in ihre Augen oft ein seltsamer Glanz. Sie entwerfen Szenarien einer Gewalttätigkeit, deren sadomasochistische Impulse schwer zu übersehen sind und die in krassem Gegensatz zu jener Selbstverständlichkeit steht, mit der ein salvadorianischer Landarbeiter oder ein Bochumer Hüttenwerker seinen Körper als Waffe begreift. Nichts ist so blutrünstig wie Gewalt-Phantasien von Leuten, die zur Not ihren Kugelschreiber stemmen können.

Entsprechend groß sind die Gefahren einer neuen Gewalt-Diskussion. Doch sie muß geführt werden, weil der bürgerliche Staat, seine Institutionen und seine Medien Methoden entwickelt haben, vor denen jeder gewaltlose Widerstand zuschanden wird. Selbst der letzte, verzweifelte Widerstandsakt der Gewaltlosen, der Hungerstreik, ist vor den herrschenden Autoritäten bloß noch ein Selbstmord-Versuch. (Karl CarsteNS hat in Indien erzählt, wie sehr er Mahatma Gandhi bewundert habe – damals, am 20. Juli 1944?) Wenn 50 000 Menschen friedlich durch die Bundeshauptstadt demonstrieren, können sie froh sein, in der Tagesschau an achter Stelle hinter einem ausführlichen Bericht über die Forderungen des Steuerzahler-Bundes erwähnt zu werden. Für gewaltlosen Widerstand gibt es keine Öffentlichkeit. Ohne die »Chaoten«, ohne die bewußte Übertretung polizeilicher Verbote und gerichtlicher Anordnung hätten sich hunderttausend Demonstranten in der Wilster Marsch nichts geholt als kalte Füße und einen Zwanzig-Sekunden-Spot im »Heute-Journal«.

Wo immer das öffentliche Schweigen gebrochen wurde, wo immer verantwortliche Politiker zur Diskussion gezwungen werden konnten, stets war ein bewußter Regelverstoß vorausgegangen: gegen die guten Umgangsformen (wie im Fall Rüstungsexport/Hansen), gegen die Vollzugsgewalt der Polizei

(Wohnungsnot), gegen Verordnungen und Gerichtsbeschlüsse (Whyl, Gorleben, Brokdorf).

Gewalt darf nicht heroisiert, sie kann aber auch nicht länger tabuisiert werden. Selbst das Bonner Grundgesetz sieht ein Recht auf Widerstand vor für den Fall, daß die Herrschenden Grundrechte wie das auf Leben und das auf Menschenwürde mißachten – gleich ob sie sich bei ihrem Handeln auf parlamentarische Mehrheiten stützen oder nicht.

Ein Staat, der Tausende Häuser leerstehen und Zehntausende Wohnungssuchende ohne Wohung läßt, mißachtet das Grundrecht auf menschenwürdiges Leben. Eine Politik, die mit atomarer Aufrüstung den Nuklearkrieg fördert und das Land mit ihren stationären Atombomben (Kernkraftwerke genannt) pflastert, greift das Grundrecht auf Leben und Unversehrtheit an. Und wenn dies erst eine Minderheit erkannt hat: auch eine große Mehrheit kann nicht über das Leben dieser Minderheit verfügen. Widerstand ist erlaubt und geboten. Seine Mittel richten sich weder nach den rechtsstaatlichen Bedürfnissen von Fernsehkommentatoren noch nach den Prinzipien bürgerlicher Umgangsformen. Wir wollen ja nicht drauf warten, bis zur Zündung der Neutronenbombe oder zum GAU in Brokdorf eingeladen wird: Damen im kleinen Abendkleid, Herren im dunklen Anzug.

Die Mittel des Widerstands gegen Atomkriegsvorbereitung und Atomstaatsstreich sind nicht in gute und böse zu trennen, sondern nur in richtige und falsche. Richtig ist, was dem Widerstandskampf nützt, falsch ist, was ihm schade. Ob die vorsätzliche Verletzung von Gesetzen und Verordnungen nützt, ob die Bereitschaft zur Militanz schadet, ist in jeder Situation gewissenhaft zu diskutieren und neu zu entscheiden. Auf welcher Seite mehr Achtung vor dem Leben und der Menschenwürde ist – bei den Rüstungs- und Atomwerks-Gegnern oder bei den staatlichen Exekutivorganen, bei den »Chaoten« oder bei Stoltenbergs »Ordnungshütern«: das konnte, wer wollte, in Brokdorf erleben.

»Terrorismus«, sagen Reagans Schreibtischtäter, sei »ein System der internationalen Unruhestiftung.« Von San Salvador bis Brokdorf. Lang lebe der internationale Terrorismus!

April 1981

... aber La Paloma pfeifen

Die Alternative Liste feierte ihren Einzug ins Abgeordnetenhaus in der »Neuen Welt« auf der Berliner Hasenheide. Als dort um zwanzig Uhr der Sieg François Mitterands über Giscard d'Estaing verkündet wurde, skandierte der Saal: »Hoch die internationale Solidarität!« Irrtum, sagte der Igel?

In den Gefühlen, die sich da – einmal wirklich *spontan* – Luft machten, schwang die ewige Hoffnung auf die sozialdemokratische Erlösung der Welt. Wer da »Hoch die internationale Solidarität« rief, hatte – wenn er schon dabei war – zehn Jahre zuvor »Willy, Willy« gerufen oder, was, wenn es um Gefühle geht, dasselbe ist: »Wer hat uns verraten? Sozialdemokraten!« Dem Kanzler Schmidt rief man weder »Helmut, Helmut« zu, noch konnte man ihm Verrat vorwerfen. Er versprach nichts, und man hatte sich von ihm nie etwas versprochen.

Was immer François Mitterand für Frankreich und tatsächlich bedeutet, für die Alternativen auf der Hasenheide ist er: der Linke, der Radikalere, der Antikapitalist, der Sieger über den Schmidt-Freund Giscard, der Friedliebende, der um mehr Gerechtigkeit und Gleichheit bemühte, der Rüstungsgegner, der Anti-Amerikaner, der Glaubwürdige. Nicht ganz so platt, man hat schließlich schon Gäule kotzen sehen, aber *irgendwie* doch. Wobei Glaubwürdigkeit soviel bedeutet wie: mit Ehrlichkeit im Herzen etwas zu wollen, was nicht zu haben ist.

Willy, François und Otto (Schily) – das ist: die ewige Prolongierung eines Wechsels, der längst geplatzt ist, die historisch seit Asbach erledigte und doch nicht umzubringende Hoffnung, die gesellschaftliche Herrschaft des Kapitals ließe sich politisch *überwinden;* es besser zu wissen oder zu ahnen, und es doch immer wieder zu träumen, weil: was soll man denn sonst tun? An der Wasserkante sagt man: Keine Zähne im Maul, aber La Paloma pfeifen.

Wenn also die sozialdemokratische Alternative auch das, wofür sie gewählt wird, nicht sein kann, so ist sie doch etwas, wofür sie jetzt und hier, in Frankreich und in Westberlin (wo sie nicht SPD, sondern AL buchstabiert wurde) gewählt werden konnte: der hinhaltende Widerstand gegen die menschheitsbedrohende, kriegstreiberische Politik des US-amerikanischen Imperialismus und seiner trilateralen Verbündeten; und die – nicht immer beabsichtigte – gesellschaftlich massenhafte Verbreitung des diffusen Wunschs nach einer besseren Welt.

Die Alternativen, beispielsweise, sind gewiß nicht die *historische* Alternative zum herrschenden System, sondern eher ein ebenso optimistisches wie perspektivloses Bündnis für die rosa Zeiten der Krise, das in den Löchern des sozialen Emmentalers gärt. Und doch ist in dieser Bewegung vieles von dem eingebettet, angelegt oder aufbewahrt, was Teil der historischen Alternative ist und wieder werden müßte: der rebellische Impetus, die moralische Rigorosität, der Aufstand gegen den Kompromiß zwischen Lüge und Wahrheit, gegen den »Sachzwang«, gegen die Freiheit als Einsicht in die Notwendigkeit der Unfreiheit, gegen die Fatalisierung ökonomischer Gesetze, gegen Entfremdung in der Arbeit und in der Kleinfamilie. Und treten die Wünsche nach Selbstverwirklichung, nach Menschwerdung auch in noch so parodistischen Formen zutage – wer kann das Wort »sich einbringen« noch hören, ohne zu lachen? –, so bleiben sie doch wach. Über den im frischgebügelten weißen Blazer (couture alternative?) ins Schöneberger Rathaus geeilten Otto Schily lächelt man nur bis zu jenem Augenblick, da er vor den Kameras des Fernsehens dem CDU-Fraktionsvorsitzenden (und Burschenschaftler) Diepgen den freiheitlich-demokratischen Lack öffentlich abbürstet.

Die Franzosen haben jetzt Mitterand, wir haben Otto Schily und Erhard Eppler – und Helmut Schmidt, der seinen Freund Giscard noch um dessen vergleichsweise grandiosen Abgang beneiden wird. (Wenn Schmidt geht, 1984 oder früher, in keinem Fall später, dann mit einem Ergebnis und in einer Lage, die Gedanken an seine Wunschkarikatur »Der Lotse geht von Bord«, mit der Bismarck verabschiedet wurde, nicht aufkommen lassen wird; geht Schmidt in die Geschichte ein, dann als der mit dem komischen Käppi, der in Hamburg die Fluten der Elbe über die Deiche zurückgeschaufelt hat – oder hieß der Lübke?) Schmidt ist der prinzipielle Verzicht auf prinzipielle Veränderung *und* auf den Traum davon. Mitterand wird auf die Veränderung verzichten müssen, aber dem Wunsch danach wieder Öffentlichkeit verschaffen. Schilys Bewegung ist jetzt wichtig, aber sie wird nicht überleben, denn sie verfügt über keine kohärente gesellschaftliche Basis, und als alternative Strickstube läßt sich die Ökonomie auch dann nicht organisieren, wenn man das ökonomische Prinzip jenseits der Befriedigung von Grundbedürfnissen negiert. Eppler wiederum hat keine Chance, den hundertjährigen Verfassungsgrundsatz der deutschen Sozialdemokratie zu durchbrechen, wonach die Rechte zu bestimmen hat und die Linke zu meckern.

Was bleibt? Schily wählen, Eppler stärken, den Krefelder Appel unterschreiben, alles – ohne Rücksicht auf die jeweilige Firmierung – unterstützen, was sich gegen die Reaktion und ihre Mitläufer der FDGO-Mitte auflehnt. Eben: Auch wenn keine Zähne im Maul, so doch La Paloma pfeifen. Und pfeifen und pfeifen. Damit die Völker wenigstens *ein* Signal hören.

Juni 1981

Schmidt, ein deutsches Unglück

In Washington ging's fröhlich zu, als Schmidt dem Komiker Bob Hope (hier mit Deutsch-Amerikanerinnen in Bayern-Trachten) einen 900 000 Mark-Scheck für die Betreuung von US-Soldaten im Ausland übergab. »Ich bin ein Hamburger« (in USA eine Frikadelle zwischen Brötchen), sagte Schmidt, sprach übers Essen und machte klar: »Wir haben etwas mehr zu bieten als Sauerkraut.« Eine Trachtenkapelle hatte ihn mit »Eins, zwei, gsuffa« empfangen.
»Bild«-Zeitung«

Der neue Herr im Weißen Haus liebt Prunk und Stil ... Die Gäste kommen an der Südfront unterhalb des »Truman-Balkons« an. In den Büschen versteckt sitzen Harfenspieler. Nach Abgabe der Einladungskarte geleiten weiß uniformierte junge Marineoffiziere die Damen und weibliche Marineoffiziere in weißer Litewka und dunkelblauem Rock die Herren zum Ostsaal, wo man unter den glitzernden Kronleuchtern auf den Einzug des Präsidenten und des Staatsgastes wartet. Aus dem roten und blauen Salon tönen die gedämpften Klänge der Marineinfanterie-Kapelle ... Tusch, die Weise: »Heil dem Chef« – Nancy Reagan im silbernen, links schulterfreien Kleid betritt mit Helmut Schmidt den Saal ... In den Oleanderbäumen glühen weiße Lampen. Die Gäste hören jetzt nicht Hillbilly-Songs wie unter Carter, sondern ein Allegro Mozarts, ein Adagio Samuel Barbers, ein Beethoven-Menuett, gespielt vom Juilliard-Quartett, Amerikas bestem. Vollendeter »Public Relations«-Mann, der er ist, empfiehlt Reagan die drei Musiker weiter.
»Frankfurter Allgemeine«

Ich fühle mich, als wäre ich heimgekommen.
Helmut Schmidt in Washington

Man darf's ihm glauben: Dort, in Reagans Residenz, wo drei Männer vom Quartett Beethoven geigen, während der vierte versteckt unterm Baum harft und die Ledernacken zum Tanz aufspielen, wo Bob Hope den 900 000-Mark-Auftritt vor der US-Garnison von San Salvador probt, in diesem Neandertal am Potomac, wo dem Bestialischen Stil beigebracht wird, weil »Eins, zwei, gsuffa« auch irgendwie »klassisch« ist, in diesem Nirwana des Kitschs, wo Frau Wirtin auch einen Kant hat, da muß Schmidt-Hamburg sich fühlen, als wär' er heimgekommen, to the land of the free and the home of the brave: Barmbek United.

»Deutschland ist ein Fels der Freiheit und des Friedens, auf den die Völker im Osten ihre Hoffnung richten können«, hatte Ronald Reagan seinem Bundeskanzler zugerufen, und in Schmidts Ohren muß es geklungen haben wie die Ermahnungen der Reeducation-Offiziere, die dem einstigen Hitlerjungen und Wehrmachtsleutnant in den späten vierziger Jahren den Weg wiesen. »Wir haben das falsche Schwein geschlachtet«, sagte Churchill damals, und Ronald Reagan will in den nächsten Jahren die »letzten Kapitel im Buch des Kommunismus« auf- und zuschlagen. Es riecht wieder nach Schulspeisung und Care-Paketen.

Es sei »alles Quatsch, was über den angeblichen Cowboy aus Kalifornien geschrieben wurde«, sagte der Kanzler, sowie »Ich mag diesen Mann.« Was macht's, daß diese Erklärung einem kommenden Kriegsverbrecher gilt, der seinen Außenminister Haig (Schmidt: »Ein neuer Alexander«) sagen ließ, es gäbe Wichtigeres als den Frieden, und der selbst meinte: »Ein starkes Amerika ist wichtiger als die Suche nach neuen Abkommen mit Moskau« ... Die Liebe, die Liebe ist eine Himmelsmacht.

Er mag diesen Mann, der gerade die Entwicklung eines »sicheren Nervengases« (»Welt«) in Auftrag gegeben hat, der die »militärisch-maritime Überlegenheit« der USA auf den Weltmeeren zum »Grundstein der US-Militärstrategie« erklären läßt, der das »Zurückdrängen des sowjetischen Einflusses in der Dritten Welt« als »eine dringliche Aufgabe im humanitären Interesse« versteht und damit die Befreiungsbewegungen von Namibia bis El Salvador und Nicaragua meint, der seinen Außenminister warnen läßt, Verhandlungen mit der Sowjetunion dürften »nicht künstlich beschleunigt« werden, und der selber an ernsthafte Abrüstungs- oder Rüstungskontrollverhandlungen nicht im Traum denkt. Ein Schmidt-Berater – laut »Zeit« – über den tieferen Sinn der gemeinsamen Schluß-Erklärung von Washington: »Das heißt, Amerika will auf jeden Fall Raketen in Europa dislozieren.« Der »Spiegel« zitiert den »Schmidt-Berater« etwas salopper: »Das ist doch ganz klar, ab Herbst '83 werden die Raketen hingestellt.«

Aber, was soll man machen: Schmidt mag diesen Mann nun mal, und so ist es mehr als ein Akt der Diplomatie, wenn die beiden gemeinsam formulieren, »daß ihre beiden Länder eine Schicksalsgemeinschaft bilden, die sich auf gemeinsame Sicherheitsinteressen gründet und in der Gemeinschaft ihrer Wertvorstellungen ... fest verwurzelt ist«. Schweinebucht, Santiago de Chile, Santo Domingo, Vietnam, Nervengas, Pershing 2: die »Gemeinschaft ihrer Wertvorstellungen ...«.

Es gibt diese Gemeinschaft. Unser Pech, daß es die Gemeinschaft mit denen ist, die wir am 5. Oktober letzten Jahres nicht gewählt zu haben glaubten. In Washington erhob sich Helmut Schmidt zum Helden der deutschen Rechten. Das faschistophile »Bild am Sonntag« schöpfte »neue Hoffnungen für die deutsche Politik« und verkündete: »Helmut hat's geschafft! Mit dem Kanzler in USA«, jetzt sei er endlich »Kanzler des ganzen deutschen Volkes«. Die »Welt« freute sich, daß Schmidt seinen Gastgeber Reagan »auf Schritt und Tritt komplimentierte«, Helmut Kohl lobte den Kanzler in den höchsten Tönen und auch die Strauß-Partei gab Schmidts Politik im Bundestag alle ihre Stimmen. Am schönsten formulierte »Welt«-Leser Heinz Steincke aus Mittelbach an der Bilz die Begeisterung der Reaktion: »Es steht die Redlichkeit gegen die Unredlichkeit, die Vernunft gegen das Intellektuelle, die nationale Anständigkeit gegen das irrationale Blendwerk der Wünsche...«

Von dem, was da Nachrüstung genannt wird, muß hier nicht mehr die Rede sein, nachdem sich bis zum »Spiegel«-Herausgeber Rudolf Augstein – spät kommt Ihr, doch Ihr kommt – herumgesprochen hat, was seine Bonner Hofberichterstatter zwei Jahre lang leugneten: daß die Nachrüstung eine »sogenannte« (Augstein) ist, und daß die »Überlegenheits-Euphorie des Westens den ›Doppelbeschluß‹ zur Farce gemacht« hat. In Ansehung der vernünftigen Meinung will ich davon absehen, auch diesem Autor zu erklären, was »Euphorie« eigentlich bedeutet.)

»Warum ist es am Rhein so schön?« Die Frage, die der Stehgeiger des Präsidenten dem Kanzler unter Kronleuchtern stellte, mag offen bleiben. Aber warum es jetzt an der Bilz so schön ist, läßt sich wohl sagen: Weil *das* Deutschland, das Sozialistengesetze gemacht, den Platz an der Sonne mit Gelbkreuz-Granaten erstrebt, Rosa Luxemburg totgeschlagen, den »Führer« an die Macht gebracht, vor Stalingrad geendsiegt und die Oder-Neiße-Grenze nicht anerkannt hat, weil das richtige Schwein – die Linken, die Sozialisten, die Marxisten, die Kommunisten – ja noch geschlachtet werden mußte, weil dieses Deutschland, dessen modern-»demokratische« Vertreter Strauß und Kohl es gerade mal wieder nicht geschafft hatten, sich in der Umarmung zwischen Ronald Reagan und Helmut Schmidt so richtig heimelig fühlt: Wie anno 42 in Paris, nur eben amerikanischer (um mit Wolfgang Neuss zu sprechen).

Ein deutsches Unglück: denn Schmidt ist nicht Strauß, kann es auch nicht werden, so sehr er sich müht. Ihn unterscheidet von seinem bayrischen Pendant, das 1945 die Uniform des NS-Führungsoffiziers ablegte, um in die am Ort zukunftsträchtigste neue Partei, die CSU, zu wechseln, daß er nicht in Bayern, sondern in Hamburg lebte, wo die SPD die besten Chancen bot. (Im traditionell sozialdemokratischen Hamburg führte auch der Weg flinker SA-Männer wie Karl Schiller ganz selbstverständlich in die SPD – so selbstverständlich, wie später in die Beratungstätigkeit für einen südafrikanischen Zigaretten- oder einen deutschnationalen Zeitungs-Konzern; schön, daß Schiller wieder in die SPD aufgenommen wurde – um so leichter kann man Hansen rauswerfen.)

Als Mitglied der SPD aber wurde und blieb Schmidt bis heute, ob er es wollte oder nicht, Exponent einer Partei, die, trotz alledem und alledem, ein Teil dessen ist, was in der Weimarer Zeit »das andere Deutschland« hieß: das demokratische, friedliebende, soziale, geistige Deutschland, das Deutschland der Heine, Marx und Freiligrath, der Bebel, Liebknecht und Luxemburg, der Heinrich Mann und Carl von Ossietzky, der Böll, Jens, Walser, der Bahr und Brandt. Wie dumm, wie zwielichtig und opportunistisch die Politik dieser SPD auch oft erscheinen mochte und häufig tatsächlich war: wenn Willy Brandt vor dem Mahnmal des Warschauer Ghettos niederkniete, konnte er immer noch Anspruch und Wirklichkeit für einen historischen Augenblick miteinander versöhnen.

Es bedurfte der siebenjährigen Kanzlerschaft des Helmut Schmidt, die SPD aus diesem geschichtlichen Kontext herauszuholen und sie abzuschneiden von den Traditionen der Arbeiterbewegung. »Ich habe Solidarität im Schützengraben gelernt«: so verballhornte er – beklatscht von ehrenwerten Genossen, die sich an ihn und seinen Erfolg bei den »Bild«-Lesern verkauften – die über ein Jahrhundert bewahrten Werte der Sozialdemokratie. Die Forderung nach Disziplin verkam unter ihm zum Verlangen nach blindem Gehorsam, das Bekenntnis wurde zum demagogischen Kniff:

— »Mich interessiert nicht, was die Partei beschließt, ich handle nach meinem Gewissen« — eine Maxime, die keine andere Antwort zuläßt als: Führer befiehl, wir folgen!

— »Mit aller Kraft werde ich mich gegen eine Politik des Untergewichts wehren« — die US-Regierung hat die drastische Erhöhung der Militärausgaben damit begründet, daß die USA der Sowjetunion auf allen Gebieten »überlegen« sein müßten. Schmidt hat sich in Washington »mit aller Kraft gewehrt« (»New York Times«: »Schmidt ist heute der beste Freund Amerikas in der Welt«).

— »Die SPD muß die Partei der Arbeiter, der Angestellten und der kleinen Leute bleiben, sie darf nicht eine Partei der Intellektuellen werden« — eine Partei der Arbeiterklasse oder der Lohnabhängigen? Natürlich nicht, sondern eine Partei der »Bild«-Leser aller Schichten, die sich — um ihn — vereinigen sollen. Intellektuelle, Kritiker, Nestbeschmutzer, kurz: Miesmacher brauche ich nicht.

Die Verbindungslinien von Geist zu Macht, von bürgerlich-fortschrittlicher und linker Intelligenz zur SPD des Helmut Schmidt sind gekappt, von beiden Seiten. An den Tischen, an denen Schmidt sich mit seinen Freunden versammelt — den Hamburger Übersee-Reedern, den Privatbankern und dem treudeutsch-doofen Bergedorfer Zigaretten-Filter-Maschinen-Hersteller Körber — hält es keinen kritischen Kopf und einen sensiblen schon gar nicht. Diskussionen über Sozialismus und Verwandtes, mit Brandt immerhin möglich, wenngleich wenig ergiebig — mit Schmidt sind sie unvorstellbar. Die Kultur des Schmidt-Kreises wird begrenzt von den humanistischen Ausschweifungen eines Fabrikanten, der »Cicero« sagen kann, und dem Bierseidel-Sozialismus der Kanalarbeiter Franke & Co.

Helmut Schmidt hat die SPD auf den Hund gebracht. Sieben Jahre lang hat er die besten Teile der Partei entweder korrumpiert oder entmutigt, bis sie das Maul hielten, und den dumpffesten Funktionären Mut gemacht, es den »Intellektuellen« zu zeigen – wobei als »Intellektueller« jeder zu gelten hat, der unter Veränderung der Verhältnisse mehr sich vorstellt als die Renovierung des »Kessenicher Hofs«. Die Reihe der Schmidt-Opfer – Eppler, Matthiesen, Klose – ist lang, und sie muß um die Sozialdemokraten verlängert werden, in die vor Schmidts Amtsantritt noch Hoffnungen zu setzen waren: Matthöfer, Hauff, Huonker, Sperling, Engholm ... Wie war das, Hans Matthöfer, 1975? Chiles Diktatoren seien »eine Mörderbande«. Und nun herzt sein Kanzler den Präsidenten, der das Bündnis mit Mörderbanden zum Regierungsprinzip gemacht hat, und Matthöfer verwaltet mit flatterndem Herzen die Bundeskasse und schweigt. So auch Hauff, Huonker, Sperling, Engholm ...

Wer es wagte, dem Weltwirtschaftskanzler zu widersprechen, wurde kaltgestellt – wie Egon Bahr und Günter Gaus. Aber die Ablösung des Günter Gaus durch den Schwiegersohn Klaus Bölling markierte die Miserabilität Schmidt'scher Personalpolitik und ihrer Motive.

Wie's Gscherr, so der Herr: Beliebtsein bei den Großen und Reichen, bei Rodenstocks und Springers, bei adligen Valérys und atomaren Alexanders – das war und ist des regierenden Genossen Ziel, aufs Innigste zu wünschen. Der Wunsch wird feierlich zum »Gewissen« ernannt, dem die Politik der Partei zu folgen hat. Wenn dann in einem Nachbarland ein ordentlicher Sozialdemokrat zum Präsidenten gewählt wird, bricht bei Schmidts Panik aus, und Herr von Dohnanyi muß im Fernsehen versichern, daß Mitterands Wahl zwar ein tragisches Ereignis sei, über das man aber hinwegkommen werde.

Es war einst nicht der schlechteste Charakterzug der SPD, daß sie sich plagte beim Umgang mit der bürgerlichen Staatsmacht, daß sie, was sie dennoch tat, mit Skrupeln tun mußte und deshalb ab und an »den Moralischen« kriegte. Das Regime Schmidt hat auch hier Remedur geschaffen: Moral ist Kinderkram, was gemacht wird, ist gut. Es war der furchtbare Menachem Begin, dessen Eltern in deutschen Konzentrationslagern umgebracht wurden, der die schon prinzipielle Amoral des Machers Schmidt vor Augen führte. Dabei ging es gar nicht um Schmidts plötzliches Bekenntnis zum Selbstbestimmungsrecht der Palästinenser – dies Recht war schon vor zehn, zwanzig oder dreißig Jahren begründet, als Helmut Schmidt noch nichts davon wissen wollte. Es ging um Schmidts Motiv: Ich brauche arabisches Öl, den Wunsch nach Waffenlieferungen kann ich nicht erfüllen, biete ich also was Billigeres an, was die Araber freuen muß: Heil Arafat! (Auch wenn der, nach den »gemeinsamen Wertvorstellungen« von Schmidt und Reagan, »Terrorist« ist.)

Das ist die Moral eines von US-Offizieren umerzogenen Hitlerjungen: Hart wie Mommsens Kruppstahl, flink wie ein Leopard II, zäh wie Chewing gum und ehrlich wie ein Hamburger (in USA eine Frikadelle zwischen Brötchen). Ein deutsches Unglück.

Juli 1981

Wir Agenten

Seit drei Monaten wird der Kollege Hermann Gaßmann in Hamburg in Einzelhaft gehalten. Er sitzt im Untersuchungsgefängnis, weil er als Bildungssekretär der IG Metall Gewerkschafter nicht zu Sozialpartnern ausbilden wollte und weil er zu den Initiatoren des »Hamburger Forums gegen Atomtod« gehörte, in Tateinheit mit der Förderung eines »Arbeitskreises alternative Produktion«, der über die Umstellung der Rüstungsindustrie auf zivile Produktion nachdenkt.

Soviel zum Grund. Zur Begründung erfanden Gaßmanns Feinde – rechtssozialdemokratischer Gewerkschaftsfilz, Landesamt für Verfassungsbruch und Bundeskriminellenamt – einen ganz anderen Vorwurf: Gaßmann habe sich eines Verbrechens nach Paragraph 99 des Strafgetzbuches (»Geheimdienstliche Agententätigkeit«) schuldig gemacht:

Wer für den Geheimdienst einer fremden Macht eine geheimdienstliche Tätigkeit gegen die Bundesrepublik Deutschland ausübt, die auf die Mitteilung oder Lieferung von Tatsachen, Gegenständen oder Erkenntnissen gerichtet ist, oder gegegenüber dem Geheimdienst einer fremden Macht oder einem seiner Mittelsmänner sich zu einer solchen Tätigkeit bereiterklärt, wird mit Freiheitsstrafe bis zu fünf Jahren ... bestraft.

Zur Erhärtung dieses Vorwurfs wurde Gaßmanns Wohnung durchsucht. Die Sicherungsgruppe Bonn des Bundeskriminalamts beschlagnahmte dort unter anderem einen Souvenir-Aschenbecher aus Rostock, ein CB-Funk-Gerät und einen Fotoapparat der Marke »Praktika«. Was ihm konkret vorgeworfen wird, erfuhr Gaßmanns Familie aus den amtlichen Anzeigern des Landesamts, der »Bild«-Zeitung und der »Hamburger Morgenpost«.

»Bild«: »Als Deputierter der Schulbehörde entschied er mit darüber, ob kommunistische Lehrer Beamte auf Lebenszeit werden ... (Gaßmann) wohnt in einem *roten* Backsteinhaus ...«

»Morgenpost«: »Gaßmann gilt in der Gewerkschaft als sehr aktiv und immer freundlich. Er soll in zwei Funktionen für die DDR tätig geworden sein: Interne Vorgänge aus Gewerkschaft und Parteien auszuspionieren und gleichzeitig Einfluß im Sinne der DDR auf die Gewerkschaft zu nehmen ... In Seminaren, die Gaßmann oft veranstaltete, hatte er häufig der DKP nahestehende Referenten.« (Zur Tarnung seiner Tätigkeit als »Einflußagent«?)

Außerdem soll Hermann Gaßmann von den »menschlichen Erleichterungen« der Ostverträge Gebrauch gemacht haben: Er war einige Male in der DDR.

Hermann Gaßmann ist nicht das erste Opfer. Vor ihm waren es der SPD-Abgeordnete Uwe Holtz, der Westberliner Sozialdemokrat Rolf Kreibich, der IG Metall-Funktionär Heinz Dürrbeck, der bayerische Landtagsabgeordnete Fritz Cremer und Egon Bahrs Referent Broudré-Gröger. Keinem von ihnen wurde etwa vorgeworfen, er habe militärische oder politische Geheimnisse verraten. Immer ging es nur um die sogenannte »geheimdienstliche Agententätigkeit«. Was das ist, hat das Bundesverfassungsgericht in seinem Beschluß vom 26. Mai 1981 erklärt:

»Für die Erfüllung des Tatbestandes der geheimdienstlichen Agententätigkeit (ist) es ohne Bedeutung, daß der (Beschuldigte) weder Zugang zu Staatsgeheimnissen gehabt oder gesucht hat und der Eintritt eines Nachteils nicht feststellbar ist ... Das Bestreben der Geheimdienste geht heute dahin, alle Angelegenheiten eines anderen Staates systematisch auszuforschen und dadurch möglichst ein Gesamtbild sowohl der militärischen als auch der politischen, wirtschaftlichen, geistigen und moralischen Kräfte des Landes zu bekommen ... Es (ist) deshalb nicht erforderlich, daß der von § 99 erfaßte gegenständliche Bereich sich auf geheime Tatsachen oder solche von besonderer Bedeutung bezieht ... Es kann sich daher um beliebige Tatsachen aus jedem Bereich, auch aus Wirtschaft und Wissenschaft, handeln ...«

Der Paragraph 99 ist ein Ermächtigungsgesetz, mit dessen Hilfe die schwarz-braunen Geheimdienste dieser Republik und die ihnen nahestehende Justiz jeden Politiker, Wissenschaftler, Künstler, Literaten, Gewerkschafter, Journalisten, der Freunde, Gesprächspartner, Kollegen in der DDR oder einem anderen »fremden« Staat trifft und mit ihnen über die Bundesrepublik spricht, hinter Gitter bringen kann. Denn jeder Gesprächspartner kann ein Agent sein, und diese Justiz verurteilt auch dann, wenn der Beschuldigte das nicht bemerkt hat. (Im Zweifelsfall ist jeder DDR-Bürger ein Agent. Aber wo bleiben denn dann die vom System unterdrückten armen 17 Millionen unserer Landsleute?)

Möglich macht diesen Skandal eine Staatsideologie, die wirklich von schlechten Eltern ist. Sie gibt dem Staat das Recht, von den in seinen Grenzen lebenden Steuerzahlern Treue, Respekt, ja eigentlich Liebe zu erwarten.

Gustav Heinemann, auch so ein Agent, hat auf die Frage, ob er sein Vaterland liebe, geantwortet, er liebe seine Frau. Ob ich das Land, in dem ich lebe, liebe, ist meine Sache; diesen Staat, seine und seiner Gesellschaft Ordnung liebe ich nicht. Ich bezahle meine Steuern und halte bei Rot an der Ampel. Nationalhymne, Gelöbnisse und Verdienstkreuze können sich die Staatsverwaltungen meinetwegen gefaltet in den Hintern stecken. Wenn ich mit Kollegen aus der DDR oder einem Korrespondenten von Nowosti rede, sage ich, was ich denke. Auch über die Bundesrepublik. Auch über Schmidt und Brandt, Genscher und Strauß, Breschnew und Reagan. Ich sage, was ich schreibe, und ich schreibe, was ich sage, überall, zu und vor jedem.

Ich bin also ein Agent. Soll ich nun mit Kurt Goetz sagen: Ich habe eine Strafe verdient und bitte um eine gehörige solche?

Die Serien von Amifilmen, in denen schmierige kleine Schurken für ein paar Dollar oder Rubel Massenvernichtungsmittel in die Hände kriegslüsterner Bolschewisten spielen, haben ihre (durchaus beabsichtigte) Wirkung nicht verfehlt: Der Agent gilt als das Mieseste auf der Skala politischer Verbrecher, selbst sonst eher kritische Leute fahren zusammen, wenn auch nur der Verdacht laut wird.

Dabei kann selbst der richtige Agent, der Spion, der »Landesverräter« ebensogut Held wie Schurke sein. Der Spion, der die Planung eines Angriffskrieges verrät, ist ein Vorbild. Unter den Bedingungen der atomaren Bedrohung sind militärische Spione de facto nichts anderes als Rüstungskontrollbeamte. Was unterscheidet Wirtschaftsspionage von einer wirklich humanen, nicht auf noch mehr Profit und Ausbeutung gerichteten Entwicklungshilfe? Hat nicht einen Friedenspreis verdient, wer dem Politbüro sagt, was das Kanzleramt wirklich denkt? Und umgekehrt?

Wir haben uns (leider) damit abgefunden, daß der »Landesverräter«, gleich ob seine Tat dem Frieden und der Verständigung der Völker oder ihrem Überleben genützt oder geschadet hat, als Verbrecher gilt. Seine Behandlung durch den Staat hat immerhin eine lange Tradition, der »Verräter« weiß also, was ihm blüht. Aber damit sollten wir uns denn doch nicht abfinden: daß einer, ohne Staatsgeheimnisse ausspioniert und ohne welche weitergegeben zu haben, allein dafür bestraft werden soll, daß er einer »fremden Macht« ein möglichst genaues »Gesamtbild« des Staates, in dem er lebt, ermöglicht. In wessen Interesse sollte es wohl liegen, daß sich etwa die DDR falsche Vorstellungen von der Bundesrepublik macht?

Ob Hermann Gaßmann getan hat, wessen ihn die »Bild«-Zeitung beschuldigt, oder nicht: er ist ein politischer Gefangener, einer der ersten des zweiten kalten Weltkriegs nach 1945. Und er wird noch lange nicht der letzte sein, wenn es uns nicht gelingt, den schändlichen Paragraphen 99 des Strafgesetzbuchs zu liquidieren.

August 1981

Die Immobilien-Bombe

Zwei Fragen an einen durchschnittlich hellen Wähler der SPD:

Erstens: Nach einem Unfall im Atomkraftwerk Brunsbüttel treibt eine radioaktiv geladene Wolke auf Hamburg zu. Die Sicherheitsexperten vor Ort, die Wissenschaftler der Kommission für Reaktorsicherheit, der Ministerpräsident des Landes Schleswig-Holstein, der Bundesminister des Innern und die »Bild«-Zeitung versichern, daß die strahlende Wolke absolut ungefährlich sei, ja daß sie geradezu therapeutische Wirkung gegen Krebs, Plattfüße und unterentwickelte Brüste habe. Glaubst du das? Und warum glaubst du das nicht?

Zweitens: Der Ministerpräsident von Schleswig-Holstein, der Bundeskanzler, der Generalstab der Bundeswehr, die Militärexperten von »Bild« bis zur »Pullacher Allgemeinen Zeitung« behaupten, die Sowjetunion sei der Nato an atomarer Rüstung weit überlegen, ihre neue Rakete SS 20 verfüge über drei nukleare Sprengköpfe und eine Zielgenauigkeit von wenigen Metern Abweichung – die Nato sei folglich den Erpressungsversuchen des Ostens hilflos ausgeliefert, wenn sie nicht schleunigst »nachrüste«. Glaubst du das? Und warum glaubst du das?

Dieselben Leute, denen wir nicht einmal die Angabe der Uhrzeit unbesehen abnehmen, genießen bei vielen von uns immer noch Glaubwürdigkeit, wenn sie über die Sowjetunion oder die DDR reden. Der »Spiegel« über Hausbesetzer – ein verlogener Schmarren; der »Spiegel« über Antisemitismus in der Sowjetunion – eine zeitgeschichtliche Quelle, zitierbar in jedem besseren Flugblatt. Generell ist das wohl nicht zu ändern. Aber in diesem einen speziellen Fall, in dieser einen abseitigen Frage, ob der Atomkrieg noch zu verhindern ist und was wir dazu tun können, müssen wir aus diesem Irrgarten bedingter Reflexe ausbrechen.

Als der Propagandarummel für die »Nachrüstung« begann, gab es ein paar Wochen, in denen sich die Regierungen in Bonn und Washington nicht darüber einig waren, wer die Meldung von den *drei* Sprengköpfen der SS 20 in Umlauf gebracht hatte: der BND oder die CIA. Fragt man heute einen bundesdeutschen Friedensforscher, dessen Berechnungen durchweg von *drei* Sprengköpfen ausgehen, woher er das denn wisse, hebt er hilflos die Arme und sagt, bestenfalls: Die Sowjetunion hat der westlichen Beschreibung ihrer Super-Rakete nie widersprochen.

Keiner fragt, wieso ein Land, das eine ältliche Automobil-Technologie in Italien einkaufen muß, dessen Elektronik und Computertechnik noch weiter hinterm Mond sind als ihre primitiven (darum freilich auch ganz funktionstüchtigen) Raumkutschen, bei der Entwicklung hochempfindlicher Steuersysteme für einzeln lenkbare Mehrfachsprengköpfe der Rüstungsindustrie des Westens weit voraus sein sollte. In den USA, wo man das Wort »Nachrüstung« so wenig kennt wie die Behauptung einer »sowjetischen Überlegenheit«, kann man da viel ehrlicher sein. Da saarländische SPD-Vorsitzende Oskar Lafontaine in einem »Spiegel«-Interview über seine Gespräche mit US-amerikanischen Waffentechnikern:

Ich habe (in den USA) keinen getroffen, der bestreitet, daß die Amerikaner auf allen drei Ebenen der strategischen Waffen, bei Bombern, U-Booten und Raketen, technologisch deutlich führen ... Die amerikanischen Fachleute gehen davon aus, daß der technologische Vorsprung der USA etwa zehn Jahre beträgt. Dabei führen sie besonders in der Technologie der U-Boote, der Satellitentechnik, der Computertechnologie und der Steuerung der nuklearen Sprengköpfe. Entscheidend ist, wie viele Sprengköpfe mit welcher Präzision und Zuverlässigkeit ins Ziel gebracht werden können. Da liegen die Amerikaner vorn, ganz weit vorn ... Für mich ist technologisch schon die zehn Jahre alte (US-)Poseidon mit 14 Sprengköpfen besser als die SS 20.

Warum sagt Breschnew, der es ja wissen wird, das nicht? Warum reagieren die Sowjets, die einen Abrüstungsvorschlag nach dem anderen machen, so zurückhaltend auf Angebote gegenseitiger Rüstungskontrolle? Warum akzeptieren ihre Politiker lieber die Propagandazahlen des Londoner CIA-Instituts für strategische Studien? Noch mal Lafontaine: »Ich will Ihnen sagen, was ich vermute: Die haben Angst, der Westen könnte dahinterkommen, wie altmodisch ihre Raketen in Wirklichkeit sind.« Die Enthüllung ihrer atomaren Impotenz glaubt die Sowjetunion weder nach innen noch nach außen verkraften zu können. Also muß sie das Gleichgewichts-, Bedrohungs- und Nachrüstungs-Ritual mitmachen. Der Wahnsinn ist omnipräsent.

Auf Dauer hätte die Weigerung der sowjetischen Regierung, ihre Unterlegenheit zuzugeben, den Widerstand gegen die Atomrüstung der Nato gewiß mehrfach gespalten, hätte nicht der prächtige Ronald Reagan den Bau der Neutronenbombe angeordnet und damit für strahlend klare Verhältnisse gesorgt. Nicht einmal der Oberst und Wehrmachtsredakteur i. R. Adelbert Weinstein konnte in der »FAZ« diese »saubere Nuklearwaffe« anpreisen. Jeder weiß, daß die Sowjetunion über Vergleichbares nicht verfügt, und Reagan hatte seinen westeuropäischen Propagandakompanien einfach keine Zeit gelassen, eine entsprechende Lüge (der die Sowjets dann aus den genannten Gründen nicht widersprochen hätten) zu verbreiten.

Reagan blickt halt zunächst auf seine eigene Klientel, und der braucht er nichts vorzumachen: Das Ziel ist Weltherrschaft, Rückkehr zu den großen Zeiten, da die USA bei der Ausplünderung des Rests der Welt nicht auf nennenswerten Widerstand stießen. Das Hindernis ist die Sowjetunion, deren Existenz alle möglichen Kanakan zwischen Maputo und Managua zu antiamerikanischen Frechheiten ermutigt. Das Mittel dieser Politik ist Rüstung (der Militärhaushalt 1982 wird der größte in der Geschichte): Entweder die Sowjetunion hält mit und rüstet sich zu Tode, oder die USA erreichen einen Vorsrpung, der einen Atomkrieg führbar und gewinnbar macht – wenn man ihn auf Europa konzentriert.

Der internationale Klassencharakter dieser Auseinandersetzung kommt in der Wirkungsweise der von Reagan gewählten Waffen deutlich zum Vorschein: Die Neutronenbombe zerstört Leben und bewahrt Waren, sie liquidiert Arbeit und schont das Kapital. Im Bunker unterm Rasen werden die Bewohner der Grünviertel überleben – nach ein paar Stunden soll die Luft wieder rein sein. Eine richtige Immobilien-Bombe für die Mittelstandsvereinigung der CDU und deren Onkel in Amerika.

Die Gegner der atomaren Aufrüstung müssen sich entscheiden, und es sollte ihnen jetzt nicht mehr schwerfallen. Der Kampf gilt der atomaren Aufrüstung der Nato. Für die »gleichzeitige Abrüstung« der Sowjetunion wirbt seit dreißig Jahren das Pentagon, das der Unterstützung hilflos-opportunistischer Friedenssusen mit all ihren Datteln und Russelln nicht bedarf. Und auch Egon Bahr, der es nicht nur besser wissen müßte, sondern – ich war dabei – besser weiß, sollte seinen Genossen ein Zeichen geben. Die Kompensation seiner richtigen Kritik an der Atomrüstung der USA (»Die Ablehnung der Neutronenwaffe muß schnell und klar kommen«) mit antikommunistischem Gesabbel (»In Washington wird eine ganze Menge produziert, was die Friedenskampagne Moskaus unterstützt«) ist nicht etwa besonders schlau und taktisch geschickt, sondern kurzsichtig und gefährlich.

Der Feind des Friedens steht rechts – und rechts ist da, wo auf der Weltkarte links ist.

September 1981

Betrug dankend erhalten

Die Regierungszeit der Sozialdemokratischen Partei Deutschlands geht ihrem verdienten Ende zu. Ob es noch vier Wochen dauert oder vier Monate oder gar bis Vierundachtzig – es ist vorbei. Machen wir also mal nen Strich drunter:

Wie sieht diese Republik zwölf Jahre nach Beginn der ersten Kanzlerschaft Brandt, sieben Jahre nach Amtsantritt des Helmut Schmidt aus? Ist sie sozialer und demokratischer als zuvor? Ist sie friedlicher nach innen und außen, solidarischer, humaner? Ist die Arbeiterklasse vorangekommen? Hat das Kapital gelitten?

Die Politik der kostenlosen Reformen hat das Kapital abgeschafft; es heißt jetzt »das große Geld«. Auch die Arbeiterklasse wurde umbenannt; man hat sich auf die Formel des ehemaligen Vorsitzenden der Jungsozialisten, Wolfgang Roth, verständigt und spricht nur noch von den »kleinen Leuten«. Der Klassenkampf wird als Bemühung um »soziale Ausgewogenheit« (Eugen Loderer) geführt. Am Ende einer zwölfjährigen Regierungszeit der SPD und am Beginn einer der größten Krisen des internationalen Kapitals ist die Arbeiterklasse der Bundesrepublik von jeder sozialistischen Theorie und Praxis enteignet.

Gewiß, die SPD war auch vor der Regentschaft Willy Brandts und des Systemclowns aus Barmbek nicht mehr als eine Sozialdemokratische Partei Deutschlands. Sie war sozialdemokratisch, also nicht auf Umwälzung der gesellschaftlichen Machtverhältnisse aus, sondern darum bemüht, der Arbeiterklasse das Leben im Kapitalismus erträglicher zu machen und die Bourgeoisie davon zu überzeugen, daß dies nicht zu ihrem Schaden sei. Sie war deutsch, also ein bißchen tüchtiger, ein bißchen gründlicher, ein bißchen intoleranter und ein bißchen dumpfer als es das Prinzip verlangte und die sozialdemokratischen Schwesterparteien in Westeuropa es waren. Doch die Rolle der Opposition zwang die SPD dazu und machte es ihr oft leicht, demokratischen und sozialistischen Widerstand aufzunehmen. Und tat sie es auch nur aus Opportunismus, so blieb doch ein wenig öffentlicher Raum für sozialistische Diskussion und Politik.

Erst als sie regierten, wollten (und durften) die Sozialdemokraten links von sich nichts mehr dulden: Alles was links von der CDU/CSU stand, wurde der Regierungspolitik unterworfen, so oder so: durch Integration (vulgo: Korruption) oder durch Repression. Die Berufsverbote waren eine sozialdemokratische Erfindung, die nicht nur die Lehrtätigkeit von linken Gegnern der Sozialdemokratie, sondern das Entstehen solcher Gegner überhaupt verhindern sollte. Wer sich so oder so, durch Lockung oder durch Drohung, integrieren ließ, mußte seine linke Identität aufgeben. Es war doch *seine* Partei, deren Regierung nun all das trieb, dessentwegen er Marxist, Sozialist, Mitglied einer »Partei des demokratischen Sozialismus« geworden war; die den Widerstand gegen die Wahl des SA-Mannes Carstens zum Bundespräsidenten brach; die den BND verfassungswidrig spionieren, den Verfassungsschutz schnüffeln und das Bundeskriminalamt zuschlagen ließ; die das Land mit law and order überzog und die reaktionäre Offizierskaste demokratisch salbte; die dem Industriellen Friedrich Karl Flick auf dem Höhepunkt der »Spardebatte« 800 Millionen Mark Steuerschuld erließ; die aus der Bundesrepublik eines der größten Waffenexport-Länder machte.

Prinzip Hoffnungslosigkeit: Alles, was der SPD noch eine emotionale (und damit auch politische) Qualität gegeben hatte, wurde von Schmidt und seiner Mannschaft kaputtregiert. War es nicht eine der besten Seiten der SPD, daß sie – trotz aller »Bekenntnisse zur Landesverteidigung« – ein hartnäckiges Ressentiment gegenüber der bewaffneten Macht bewahrt hatte? Aber nein, die Sozialdemokratie mußte mit den Wehrmachts-Offizieren und ihren Schülern »ausgesöhnt« werden, im Stadion, beim Fackelschein, beim Mummenschanz. Wir regieren dieses Land, wir sind der Staat, und wenn dieser Staat und diese Gesellschaft nicht so werden wollen wie wir, dann werden wir eben wie sie. Nach der SPD wird alles sein wie vor ihr – nur daß es die SPD, die es vorher gab, nicht mehr geben wird.

Bleibt das wenige, das hätte bleiben können: das soziale Netz und die Friedenspolitik: Als Helmut Schmidt im Jahre 1977 die sog. Lücke im Bereich der atomaren Mittelstreckenraketen erfand, wollte er nichts anderes als eine westeuropäische Beteiligung an den Abrüstungsverhandlungen zwischen den USA und der Sowjetunion. Auf deutsch: der Herr Weltwirtschaftskanzler wollte zum Weltstrategiekanzler avancieren, wollte ganz oben mitreden, wo man auf ihn gerade noch gewartet hatte. Der tölpelhafte Hinweis des bundesdeutschen Kanzlers kam den USA gerade recht: nie hätten sie gehofft, daß es ein regierender Europäer sein würde, der sie ihrem Traum von der Europäisierung des atomaren Kriegsschauplatzes so nahe brächte, und daß es ausgerechnet ein regierender Sozialdemokrat sein würde, der nun – Gefangener seiner Wichtigtuerei – die Weltherrschaftspläne der USA und die darin vorgesehene atomare Aufrüstung als »Nachrüstung« verkaufte.

Daß der Militärhaushalt zur Regierungszeit der SPD Höhen erreicht hat, von der die Kriegsminister der CDU/CSU nur träumen konnten, daß unter Brandt und Schmidt die größten Waffenprojekte in der deutschen Militärgeschichte beschlossen wurden, daß die »Sicherheitspolitik« nach außen und innen wichtigstes Ziel war, hat nun – da die Krise kommt – Folgen für das »Netz sozialer Sicherheit«. Hans Mattdorff und Graf Lambshöfer regeln die Einzelheiten, in Einigkeit.

Diese Sozialdemokratische Partei hat auch noch die linke

Opposition gegen sie auf den Hund gebracht. Am Beispiel der Karrieren, die einst (verbal-)radikale Sozialisten in ihr machten, haben die andern, die draußen blieben, eine Verachtung nicht nur der Sozialdemokratie, sondern des Sozialismus und der Arbeiterbewegung insgesamt entwickelt. Für sie ist Politik wieder »das schmutzige Geschäft«, das es für ihre Eltern war. Bewußtseinsbildung in 12 Jahren sozialdemokratischer Regierung? Die neuen Rockgruppen der Szene heißen »Deutsch-Amerikanische Freundschaft« und »Gesundes Volksempfinden«. (»Wir haben den Namen eigentlich ohne Hintergedanken gewählt. Er prägt sich einfach gut ein.«)

Zum krönenden Abschluß ihrer Regierungstätigkeit versucht die SPD nun auch noch, die einzig relevante politische Opposition der letzten Jahre, die Friedensbewegung, kleinzukriegen: mittels »Dialog«, Diffamierung und Spaltung. Einen wichtigen Part in diesem miesen Geschäft hat sie ihren sozialdemokratischen Gewerkschaftsführern zugewiesen, deren »Friedensruf« auch im Pentagon verfaßt worden sein könnte.

Aber diesmal kommen sie zu spät: Mit der schönen Behauptung, man müsse diese SPD-Regierung und ihre Politik unterstützen, weil sonst Schlimmeres komme, ist kein Blumentopf mehr zu gewinnen. Schlimmeres als die atomare Aufrüstung und das nukleare Schlachtfeld Europa gibt es nicht. Und die anderen kommen sowieso an die Regierung – in vier Wochen oder vier Monaten oder spätestens Vierundachtzig.

Oktober 1981

Ein deutsches Dokument

Der Verfasser des »Offenen Briefs« an Leonid Breshnew ist Robert Havemann, die westdeutschen Unterschriften hat Dr. Peter Brandt gesammelt. Die Liste umfaßt beinahe alles, was auf der Linken der Bundesrepublik Gehör verdient. Bravo.

Merkt man schon, daß ich wieder mal was dagegen habe? Ich schreibe doch seit Jahren, schon damals, als es noch keiner wissen sollte, gegen die atomare Aufrüstung an, habe den Krefelder Appell, den Bielefelder Aufruf und den des SPD-Landesvorstands von Schleswig-Holstein unterzeichnet und halte angesichts der Gefahr und des Gegners nicht von Sektierertum. Ich bin für die Friedensbewegung, für das große Bündnis im Kampf gegen das größte Übel, den Atomkrieg. Sozialisten und Kommunisten waren die ersten, um so besser, wenn nun auch Christen, Bürgerliche, ja Deutschnationale den Friedenskampf unterstützen.

Aber: Ich will nicht christianisiert werden, weil ein paar friedliebende Pfarrer beiderlei Konfession sich bereit gefunden haben, die historische Schuld der waffensegnenden Militärbischöfe und Feldkuraten abzutragen. Ich will auch nicht zum Existenzialismus bekehrt werden, weil ein paar einsichtige Bourgeois erkannt haben, daß der Atomkrieg kein sicheres Hinterland kennt. Und ich lasse mich schließlich auch nicht von Deutschnationalen einseifen, nur weil's bei denen so schön antiamerikanisch zugeht.

Seit der Veröffentlichung des Krefelder Appells ist es der Friedensbewegung gelungen, die antikommunistischen Scheuklappen vieler Bundesbürger ein wenig zu lüften und einige wichtige Erkenntnisse zu verbreiten: daß die USA unter Reagan, Haig und Weinberger zur letzten Schlacht um ihre politische und ökonomische Weltherrschaft angetreten sind; daß sie dazu militärische Überlegenheit brauchen; daß sie ihren globalen Gegner, die Sowjetunion, totrüsten wollen – nicht um Sibirien zu annektieren, sondern um ihren Widerpart in den Ländern der Dritten Welt auszuschalten; daß atomare Rüstung zwar auf jeder Seite und zu jeder Zeit von Übel ist, daß es aber, hier und jetzt, die USA (und ihre Verbündeten) sind, die atomare Aufrüstung vorantreiben und Abrüstung verhindern. Dies war und ist, gewiß, noch lange nicht Konsens in der Friedensbewegung, aber es war und ist doch die Richtung ihrer Diskussionen, und es gab und gibt ihr ein realistisches Ziel: keine »Nachrüstung«, keine neuen Atomraketen in Westeuropa.

Jetzt aber Robert Havemann und Dr. Peter Brandt: »Es gibt ... ein Wettrüsten«, dessen Grund »hauptsächlich darin besteht, daß keine Seite der anderen die rein defensiven Absichten mehr unterstellt« – »das Wettrüsten« als militärische »Lohn-Preis-Spirale«, an der ja auch niemand schuld ist (oder, was dasselbe ist: beide). Gibt es keine Ursachen für und Wirkungen von Rüstung, wird dem Widerstand gegen die atomare Aufrüstung und ihre Interessenten der Gegner entzogen. »Wettrüsten« ist dann Schicksal und, weil die Rüstenden so schön hineingeschliddert sind, ein echt deutsches Schicksal: »Bei der Zuspitzung der militärischen Konfrontation in Europa spielt die Teilung Deutschlands eine entscheidende Rolle ... Wenn das nukleare Inferno dereinst über uns kommen wird (zu diesem Satz muß die Musik von »dies irae« aus Verdis Requiem gesummt werden), dann nur, weil die Ost-West-Konfrontation die beiden deutschen Staaten zur Aufmarschbasis und nuklearen Speerspitze gegen den anderen werden ließ. Die Teilung Deutschlands schuf nicht Sicherheit, sondern wurde Voraussetzung der tödlichsten Bedrohung, die es in Europa jemals gegeben hat.«

Überall finstere Mächte, anonym und dräuend: Das »Wettrüsten« kommt vom Mißtrauen, die »Zuspitzung der Konfrontation« kommt von der »Teilung Deutschlands«, das »Inferno« kommt von irgendwoher »über uns«, die »nukleare Speerspitze« kommt von der »Konfrontation« (hat sie die Sprengköpfe eigenhändig montiert?), die »Voraussetzung der tödlichsten Bedrohung« kommt wiederum von der »Teilung Deutschlands«. – Nie sollt ihr mich befragen nach Täter und Opfer, Angreifer und Verteidiger, Namen und Anschrift, denn sonst muß Dr. phil. Peter-Robert Lohengrin von euch ziehn. Politik als Nationaloper, und mittenmang das ewig unschuldige Opfer, »wir Deutschen«, erniedrigt zwar, aber immer auf der Suche nach dem Platz an der Sonne. Daß sich für diesen Satz auch nur *ein* Unterschrift-Steller gefunden hat: »Wie wir Deutschen unsere nationale Frage dann lösen werden, muß man uns schon selbst überlassen.« Gott mög schützen!

»Wir Deutschen« machen das schon, »wir« haben da Erfahrung, »wir« haben unsere nationale Tradition. »Wir« kennen keine Parteien mehr, und Klassen schon gar nicht. An unserer »wirtschaftlichen Kraft«, über die ja bekanntlich »wir« Havemänner dort und »wir« Brandts hier frei verfügen, wird morgen Europa genesen und übermorgen die ganze Welt. Was Sozialismus, was Kapitalismus! – wir sind Deutschland über alles.

Jeder Satz ein weltpolitischer Kalauer: Der »globale Antagonismus der Supermächte« ist die »Haupttriebkraft der Kriegsgefahr« – der Antagonismus ist Haupttriebkraft, und die Armut kommt von der Powerteh. »Die beiden deutschen Staaten drohen wieder zum bloßen Objekt dieser Auseinandersetzung zu werden« – dieses »wieder« laß ich mir rahmen. Die beiden deutschen Staaten nach Lösung ihrer nationalen Frage als Subjekt dieser Auseinandersetzungen – da hilft nur noch Beten. »Wir« können hier keine Räumung eines besetzten Hauses und dort keine Ausbürgerung eines Liedermachers verhindern, aber »wir« lösen die nationale Frage, schütten das Füllhorn über Europa und nehmen die Weltpolitik in die Hand. Oder sind am Ende mit »wir« die »Wir«

gemeint, die Häuser räumen lassen? Natürlich nicht. »Wir« sind beides, die »guten Deutschen« und das andere Deutschland, zugleich.

Kapital und Arbeit, Krupp und Krause in nationaler Umarmung: und dieser Kitsch der Klassenlosigkeit wird uns als Politik angedient, als »linke« Politik? Es ist zu deutsch, um nicht wahr zu sein.

In der Friedensbewegung wird um vieles gestritten, und viele Streitfragen werden, um das Bündnis nicht zu spalten, offen bleiben müssen. Aber die Parole heißt »Keine neuen Atomraketen« und nicht »Macht das Tor auf«. Denn wer sonst, horch, von draußen reinkommt, den kennen wir schon. Er wird, wo wir mit Recht vom Kulturimperialismus der USA sprechen, die »Nigger-Musik« abschalten.

Neu ist sie übrigens nicht, die »nationale Frage von links. Rudi Dutschke hat sie, vor fünf Jahren, schon einmal gestellt, ungefähr so: Warum ist die sozialistische Linke in der Bundesrepublik so schwach? Weil die DDR so ein abschreckendes Beispiel für sozialistische Wirklichkeit bietet. Will die Linke hier also stärker werden, muß sie erst die DDR zum Tanzen bringen. Dabei hat die Linke liebe Helfer, ein paar erwünschte und viele andere. Dutschke erhielt damals Beifall von einem Henning Soundso, der sich später als Propaganda-Redner der NPD-Jugend entpuppte. Diese und ähnliche Erfahrungen, aber auch ein profunder Widerwille gegen nationale Töne und – das soll es ja geben – die Kenntnis einiger historischer Parallelen machten damals der »nationalen Frage von links« schnell ein Ende. Jetzt scheinen einige ihrer Philosophen in der Friedensbewegung ein brauchbares Vehikel für ihre ranzige Fracht entdeckt zu haben. Denn, nicht wahr, dem Dr. Peter Brandt war die Friedensbewegung, waren Pershing II und Cruise Missiles ziemlich wurst – bis zu jenem Tag, da er mit Havemanns Hilfe entdeckte, daß auf dem Friedensfeuer ein Plätzchen für sein Nationalgericht frei war.

Lassen wir Havemann und Brandt mit ihrem Adressaten Breshnew und dem Jux, den jene sich mit diesem machen wollen und den dieser sich aus jenen machen wird, in gesamtdeutschem Schulter-an-Schulter allein. Verzichten wir darauf, die Welt aus den Angeln zu heben, und tun wir, was wir vielleicht können: der atomaren Rüstung Widerstand leisten, die Nachrüstung bekämpfen, die Stationierung von Cruise Missiles und Pershing II in Westeuropa verhindern. Laßt uns, bescheiden, bei diesem größenwahnsinnigen Ziel bleiben, anstatt in den nationalen Teppich zu beißen.

November 1981

Der Jenseits-Joint

Bei guter Witterung findet die Religion im Wort zum Sonntag und auf der Lohnsteuerkarte statt. Zieht aber ein Gewitter auf, fliegen die Pfaffen tief. Seit Monaten sieht man sie jetzt über die Bildschirme huschen -- keine Diskussion über Kriegsgefahr, Atomkraft oder Startbahn West ohne geistlichen Zuspruch. Sollen wir alle, alle, alle in den Himmel?

Keine Angst, wir dürfen noch ein Weilchen hierbleiben. Die Reise, auf die sie uns schicken wollen, ist nur ein Trip. Statt Haschisch, Schnaps, Äitsch und Koks verordnen sie uns »das Opium des Volkes«: Religion. Pfeift euch etwas Nächstenliebe ein, zieht kräftig ein Stück Demut durch, snifft an der Gnade und dreht euch einen Jenseits-Joint, dann seid ihr wieder gut drauf. Ora et labora – sei arbeitslos und bete.

In God's own country, wo es mit der Konjunktur etwas früher bergab ging und jeder zweite farbige Jugendliche arbeitslos ist, sind die Volksopium-Dealer schon ganz anders im Geschäft. Die Medien bieten Tag und Nacht Hunderte von Spezialreligionen an, der Vertrieb von Tagträumen, Halluzinationen, Wahnvorstellungen oder einfacher Idiotie hat industrielles Niveau erreicht. Nur eine Gesellschaft, die rechtschaffen »stoned« ist, konnte sich einen Ronald Reagan zum Anführer wählen. Der Glaube versetzt Berge. Das können sonst nur noch Wasserstoffbomben. Glaube an Gott, glaube, daß der Herr alles wohl gerichtet hat, glaube an die Ordnung der Welt, glaube an Alexander Haig und Dow Chemical, glaube, daß du daran nichts ändern wirst noch sollst. Und glaube, daß es besser erst werden kann, wenn du übern Jordan bist.

Europa hat es da ein bißchen besser, seine Handlungsreisenden in Transzendenz schreien ihren metaphysischen Pofel nicht in großkarierten Jacketts von der Show-Bühne aus, sondern kommen dezent wie eh und je in gedecktem Tuch, allenfalls mit einem schwarzen Musterköfferchen, und sprechen sanft bis freundlich von Bedrängnis und Erlösung. Ansonsten, Herr Luther, unterscheiden sie sich nicht. Ihre Kurse steigen und fallen wie die der Wall Street und der Frankfurter Börse, deren Baisse ist ihre Hausse.

Denn eines kann die legendäre »hochindustrialisierte moderne Gesellschaft«, die fast alles kann, nicht: Erklären, warum sie nicht funktioniert, jedenfalls nicht so, wie ihre Sonntagsredner das immer behaupten – zum Besten der Völker. Die Reichen so reich wie nie und die Armen ärmer denn je, täglich hunderttausende Hungertote, Gewaltkriminalität (USA: 20 000 Morde in einem halben Jahr), massenhafte Drogenabhängigkeit, Arbeitslosigkeit ohne Ende – wer das erklären wollte, würde unwillkürlich bei Leuten landen, die zu zitieren etwa in den USA einem Selbstmordversuch gleichkommt.

Marx und Lenin (wer nicht in den öffentlichen Dienst will und auch sonst nicht von den Stützen der Gesellschaft abhängig ist, kann die Namen hierzulande noch aufrufen), Marx und Lenin haben das, was die Lambsdorffs und die Schmidts uns nicht sagen können, genau beschrieben und erklärt: als Verelendung der Massen, als Krise der Kapitalverwertung, als Imperialismus. Davon, daß man den Imperialismus feierlich zum »Nord-Süd-Konflikt« befördert hat, ist in Bangla Desh noch keiner satt geworden.

Klassenfragen: In wessen Interesse werden Atomkraftwerke gebaut – bei rückläufigem Energieverbrauch und obwohl der Atomstrom bei Einrechnung der Vor- und Nachkosten unbezahlbar sein wird? In wessen Interesse wird der »Tornado« (Stückpreis bei Bestellung 20 Millionen, bei Lieferung 100 Millionen Mark) gefertigt, den die Verteidigung der Bundesrepublik so dringend braucht wie das Schwein den Frack? In wessen Interesse ist die »freie Weltwirtschaftsordnung«?

Welche dieser Fragen auch analysiert wird, überall stößt man auf das Interesse des Kapitals, entdeckt die Gesetze nationaler und imperialer Ausbeutung. So sehr drängt das Wesen dieses Systems in die Erscheinung, daß die »rationale«, auf das Hantieren mit Daten und Fakten angewiesene Bewußtseinsindustrie in Nöte kommt. Wenn die hessische Landesregierung den Bau der Startbahn West mit dem ständig steigenden Verkehrsaufkommen begründet, und genau an dem Tag, da sie ihre Bullenheere über die Startbahngegner herfallen läßt, bekannt wird, daß in diesem Jahr das Verkehrsaufkommen des Frankfurter Flughafens erstmals und entgegen allen Prognosen um 1,7 Prozent gesunken ist, dann kann der Polizeiminister Gries in einer Fernsehdiskussion nur noch von einem Gottseibeiuns herausgehauen werden.

Und dieser Vertreter der Landeskirche von Hessen-Nassau ist dann auch noch ganz unangreifbar, weil doch einige seiner Pfarrer im Hüttendorf eine Kirche errichtet und zu den Startbahn-Besetzern gehalten haben. Denn die Kirche stellt es eben geschickter an als die professionellen Politdeppen Gries und Börner, die ihre Wähler mit Prügeln und Gasgranaten überreden wollen. Sie sollten von den hessisch-nassauischen Weihwasserwerfern lernen, die ihre Jusos, drauß' im Walde, sanft ermahnen und doch bei ihren Schäfchen belassen – ohne Androhung von Ordnungsmaßnahmen und Vereinsausschluß. So läßt sich der »Dialog mit der nachwachsenden Generation« oder mit den »Betroffenen« noch führen: ein bißchen Parteinahme, ein bißchen Vermittlung, ein bißchen Besänftigung, kein bißchen Verantwortung und doch überall dabei. Und wenn's ernst wird, können »wir als Kirche« dies nicht und das nicht, weil wir doch dem Evangelium verpflichtet sind, unserem Herrn Jesus und der Finanzbehörde des Bundeslandes Hessen, die das nötige Kleingeld beitreibt.

Darum liebe deinen nächsten Ministerpräsidenten, deinen nächsten Aufsichtsrat der Flughafen AG, deinen nächsten Wahlkreiskandidaten.

Kein Wort gegen die Aufrichtigkeit »linker« Pfarrer vor Ort. Aber ihr guter Wille ändert nichts daran, daß die Religion und ihre Kirchen die Aufgabe haben, dem Klassenkampf* die Spitze zu nehmen – durch die Ablenkung der Kämpfenden auf jene startbahn-, bomben- und arbeitslose Gegend dort oben. Sie handeln mit dem Opium des Volkes.

Dezember 1981

---

* Hier ist mir ein Irrtum unterlaufen. Ich lese gerade bei Helmut Kohl, daß Ludwig Erhard den Klassenkampf bereits 1950 abgeschafft hat. Ich bitte um Entschuldigung.

Vorwärts in die Fünfziger?

Drafi Deutscher fährt im Goggomobil in die Arena, Catarina Valente erzählt, wo ihre Sonne scheint, Lys Assia fragt, was schöner sein kann als Ruhm und Geld, Gerhard Wendland tanzt mit ihr in den Morgen, den Ivo Robic, der erste Gastarbeiter, besingt. Aus allen Transistoren röhren die Fünfziger Jahre. Nierentische sind gesucht, auch der Entenarsch kommt wieder. Helmut Kohl erinnert an »das große Erbe Adenauers«, sagt »Adenauer hat das seinerzeit klar erkannt«, zitiert Reden vom »28. August 1948«, nochmal »Adenauer«, denn gestern, gestern lacht uns wieder das Glück, und darum brauchen wir »eine Wende zum Besseren«, »die Rückkehr«, »die politische Wende«: »Es ist Zeit für die Wende«. Mehr Demokratie wagen? Bitte wenden!

Und Helmut Kohl, in der Maske von Gerhard Wendland, singt uns ins Ohr: »Wir müssen wieder Raum schaffen für selbstverantwortete Freiheit ... Familie, Nachbarschaft, Gemeinde, wo menschliche Nähe erfahrbar ist, dort schlägt das Herz der Freiheit ... Die Antwort auf die Frage nach dem Sinn des Lebens kommt aus der Suche des Menschen nach sich selbst und aus der Frage nach dem Woher und Wohin ... Wir wissen, daß nur durch eine gesunde Familie eine freiheitliche Demokratie möglich ist ... Demokratie ist nicht nur ein Gehäuse für schönes Wetter und volle Taschen ... Wo sind die Hoffnung und der Glaube geblieben, die Martin Luther einst ... Denn wir sind die Alternativen der Hoffnung zu einer Bewegung, die das Rad unserer Geschichte auf Ideen zurückdrehen will ... Unsere Alternative zielt auf die Rückkehr ...« (Alle Zitate aus der Rede des Parteivorsitzenden Dr. Helmut Kohl vor dem 30. Bundesparteitag der CDU in Hamburg am 3. November 1981.)

Draußen in diesem unserem Lande sind die alternativen Rückkehrer längst auf dem Marsch. In der Musik, in der Mode, in der Justiz. Als Gerhard Wendland das letzte Mal die Schlagerparade anführte, saßen Kommunisten im Knast. Jetzt singt er wieder:
– Der 1. Disziplinarsenat des Bundesverwaltungsgerichts »entfernt hiermit den Technischen Fernmeldehauptsekretär Hans Peter aus dem Dienst. Das Verhalten des Beamten zeigt, daß er sein Wirken für die DKP höher einschätzt als die ihm obliegenden Pflichten als Beamter. Eine unterhalb der Entlassung liegende Disziplinarmaßnahme kommt daher nicht in Betracht«.
– Der Heidelberger Rechtsanwalt Gerhard Härtle muß für 22 Monate in Haft, obwohl er nach Ansicht des ehemaligen Bundesverfassungsrichters Martin Hirsch »nichts gemacht hat, was irgendwie strafbar ist«. Härtle soll zugesehen haben, wie seine kommunistischen Freunde in ein Handgemenge mit der Polizei gerieten. Weil seine Frau Ende November ein Kind erwartet, hatte Härtle Strafaufschub beantragt. Der Antrag wurde abgelehnt.
– In Freiburg wollte der SPD-Bundestagsabgeordnete Klaus-Dieter Osswald an der Universität über Frieden und Abrüstung diskutieren. Die Veranstaltung wurde vom Rektorat verboten, weil der Vortrag des Bundestagsabgeordneten von jedermann hätte gehört werden können, also keine »inneruniversitäre« Veranstaltung mehr sei.
– Das Bundesverfassungsgericht erklärte die massenweise Ausstellung von Haftbefehlen gegen Demonstranten – ohne Einzelfall-Prüfung – für verfassungsgemäß.
– Die 1. Strafkammer beim Landgericht Nürnberg/Fürth verurteilte zwei Hausbesetzer, die Barrikaden gebaut haben sollen, wegen »Gründung einer kriminellen Vereinigung«. Andere Hausbesetzer wurden wegen Unterstützung einer kriminellen Vereinigung bestraft.
– In München wurden ein Lehrer und ein Arzt zu je 800

Mark Geldstrafe verknackt, weil sie vier Tage nach dem Blutbad beim Münchner Oktoberfest auf dem Marieplatz ein Transparent entrollt hatten: »Wir trauern um die Opfer der faschistischen Mörderbande.« Straftatbestand: Die Demonstration (zu zweit) sei nicht angemeldet gewesen.
– Der Kultusminister von Nordrhein-Westfalen hat alle Schulleiter aufgefordert, ihm eine Liste der Lehrer und Schüler zusammenzustellen, die wegen Teilnahme an der Bonner Friedensdemonstration dem Unterricht ferngeblieben waren.
– Ein Westberliner Gericht wies einen Antrag auf Haftentlassung zurück, obwohl die zuständigen Ärzte ihn aus medizinischen Gründen unterstützt hatten. Ilse Schwipper, geborene Jandt, sitzt nunmehr seit 7½ Jahren in *Untersuchungshaft*.
– In Essen stürmten zwölf Polizisten mit Maschinenpistolen im Anschlag die Wohnung des Schriftstellers Werner Schlegel, während dieser sich auf der Frankfurter Buchmesse aufhielt. Die Beamten sprengten die Wohnungstür auf, obwohl ihnen der Hauswart einen Schlüssel ausgehändigt hatte. Der Durchsuchungsbefehl lautete auf Verdacht des Rauschgifthandels. Rauschgift wurde nicht gefunden. Dafür nahm die Polizei Unterlagen mit, die Schlegel über Querverbindungen von Mitarbeitern des Bundeskriminalamts und Mitgliedern der RAF gesammelt hatte.
– Während Angela Kammrad vom Büro »Brecht statt Strauß« in Kempten (Allgäu) wegen Beleidigung des Bayerischen Ministerpräsidenten vor Gericht steht, wurde ihre Münchner Wohnung auf Beschluß des Amtsgerichts München polizeilich durchsucht, um ein inkriminierendes Plakat zu beschlagnahmen. »Die Durchsuchung ist erforderlich, da das Impressum allein nicht geeignet ist, die Beschuldigten als presserechtlich Verantwortliche zu überführen.«

Hausdurchsuchung wegen Verdachts der Beleidigung, Hausdurchsuchung wegen eines fingierten Verdachts des Rauschgifthandels, Ablehnung der Haftverschonung für eine

Kranke, deren Untersuchungshaft nur noch in chilenischen Maßstäben zu messen ist, Denunziationslisten von Friedensdemonstranten, Kriminalisierung von privater Meinungsäußerung, Rechtsbeugung gegen Hausbesetzer, Verballhornung des Grundgesetzes durch das Bundesverfassungsgericht, Schikanierung sogar sozialdemokratischer Politiker, »Entfernung« von Kommunisten wider Gesetz und Verfassung: dem deutschen Herbst folgt ein strammer Winter.

Und die Metapher hat Konjunktur. Die »Zeit« meldet: »Vor einem harten Winter/Die deutsche Wirtschaft in der tiefsten Krise nach dem Krieg«. Auch der Weltwirtschaftskanzler, uns' Helmut, weiß es schon: »Auf die Bundesrepublik und die anderen Industrienationen könnte der schwierigste Winter seit 1945 zukommen.«

1366000 Arbeitslose im Oktober und nächstes Jahr vielleicht zwei Millionen, Rückgang der Investitionen, »Minus-Wachstum«, Inflation der Konkurse. »Endzeitstimmung«, schreibt die »Zeit«. 70000 Gewerkschafter gehen in Stuttgart auf die Straße, sie zwingen sogar den Kanzler-Kumpan Eugen Loderer zu drohenden Vokabeln. Es klingt tatsächlich wie zur Adenauer-Zeit.

Es gibt plötzlich so viele Parallelen: Die Anti-Atomtod-Bewegung und die Friedensbewegung; die Aktion Saubere Leinwand und die Beschwörung ewiger Werte; Trumans Roll Back-Politik und Reagans Totrüstungs-Strategie; die Wiederbewaffnung und die öffentlichen Gelöbnisse; Victor Agartz und Karl-Heinz Hansen; Ludwig Erhard und Otto Lambsdorff; das Verbot der KPD und die Ächtung der DKP-Mitgliedschaft.

Die staatstragenden Richter des Bundesverfassungsgerichts haben in das Urteil gegen Hans Peter den Satz hineingeschrieben: »*Unbedingt erforderlich ist eine Beamtenschaft, die sich auch in Krisenzeiten bewährt.*« Die Rechtssprechung folgt dem Konjunkturverlauf, ab dem zweimillionsten Arbeitslosen wird wieder wegen vaterlandsloser Gesinnung lebenslänglich verhängt. Die »freiheitlichste Verfassung in der deutschen Geschichte« kommt zu sich und zu ihrer Ökonomie. Pluralität und Recht und Freiheit sind nicht mehr zu finanzieren, der ganze Schnickschnack von Diskussion und Integration, der in den fetten Sechzigern und Siebzigern aus fast jedem Systemüberwinder über kurz oder lang einen braven Staatsdiener machte, kommt jetzt bald zu teuer.

In den Siebzigern tändelte sogar Springers »Welt« ab und an mit einem Tucholsky-Zitat. Jetzt ist Herbst 1981: »Der Direktor des Robert-Schuman-Gymnasiums in Saarlouis hat einen Text von Kurt Tucholsky ›wegen der destruktiven Tendenz seines Werkes‹ für eine Abiturfeier als ungeeignet abgelehnt.« Von einer öffentlichen Verbrennung des Werkes wurde mit Rücksicht auf das Energiesparprogramm vorläufig abgesehen.

Es gibt also Parallelen zu den Fünfzigern und zu einigen Zeiten davor. Und lange kann es nicht mehr dauern, bis auch die Bürgermedien begreifen, welchen Instinkten sie da bereits folgen, und uns die Adenauer-Zeit nostalgisch verklären: Mit dem Goggomobil auf den Großglockner... Aber nur weil die Aktien so schlecht stehen, nur weil die Mittel, mit denen der Arbeiterklasse das Maul gestopft wird, knapper werden, und diese Knappheit an die frühen Fünfziger erinnert, läßt sich die Geschichte nicht einfach um dreißig Jahre zurückdrehen. Und nur weil das Kapital und seine Referenten in Schwulitäten geraten, ist noch nicht »Endzeit«.

Natürlich haben sie Furcht, daß der finanzielle Mangel all die schönen Differenzierungsgruppen, auf denen sich so bequem herumregieren ließ, austrocknet, bis die »Gruppen« und »Schichten«, die heute noch getrennt in Brokdorf, in Kreuzberg, in Stuttgart, in Bonn, in Nürnberg demonstrieren und sich so lange gegeneinander ausspielen ließen, hinter ihren Einzelinteressen das Interesse einer Klasse entdecken – weil sie merken, daß es immer die gleichen Politiker, Verbandssprecher, Medien sind, die für atomare Rüstung und gegen höhere Löhne, für Atomkraftwerke und gegen die Gleichberechtigung der Frau, für BAFÖG-Kürzungen und gegen Hafterleichterungen, für Berufsverbote und gegen die Gesamtschule sind.

Noch wird der Klassenkampf nur von oben geführt, härter von Tag zu Tag: Mit Kabinettsbeschlüssen, Polizeiprügeln und Richtersprüchen. Und mit Lys Assia, Catarina Valente und Gerhard Wendland, um denen da unten vorzuführen, wie schön es doch war, damals, als man ihnen das Fell über die Ohren gezogen hat.

Dezember 1981

Alles aussteigen

Es spricht für die Leistungsfähigkeit der politischen Leistungsträger der Leistungsgesellschaft, daß sie es selbst noch hören können: Dialog mit der Jugend, Gespräch mit unseren jungen Mitbürgern, Antworten auf die kritischen Fragen der nachwachsenden Generation. Und während ihnen längst keiner mehr zuhört, geraten sie sich furchtbar in die Haare, wer mit wem ob und warum oder wie reden soll, kann oder darf.

Am tollsten treibt es die Sozialdemokratische Partei. Der Vorsitzende Willy Brandt will die »unruhigen Jungen, die unbequem Drängenden« integrieren. Der Fraktionsvorsitzende Herbert Wehner unterschreibt die These des Professors Löwenthal, daß »ein sehr sichtbarer Teil der heutigen Jugend sich aus der arbeitsteiligen Industriegesellschaft zurückziehen« will. Die sozialdemokratische Bundestagspräsidentin Annemarie Renger erklärt der »Welt«, es gehe darum, »daß die SPD über dem Werben um dezidierte Aussteiger ihre Anziehungskraft für die berufstätige Gesellschaft insgesamt einbüßt«. Der Bundesgeschäftsführer Peter Glotz findet es zwar »selbstverständlich, daß sich die SPD nicht gegen die Industriegesellschaft wenden darf«, aber »falsch«, wenn die SPD die grün-alternative Bewegung als »Randgruppen« abschreibt. Und dann wird statt des Dia- erst mal der Soziolog geführt: vom »aktiven, wissenshungrigen, disziplinierten, aufstiegswilligen und realistischen Facharbeiter«, dieser »kleiner werdenden Kerntruppe des Industrialismus«, von den »wachsenden nachindustriellen Mittelschichten«, von der »in erste, zweite und dritte Kultur auseinanderdriftenden nachindustriellen Gesellschaft«.

Was es alles gibt! Dabei könnte es ganz einfach sein: Wenn

man beispielsweise die Thesen des Professors Richard Löwenthal nur ein wenig redigiert, indem man statt »industriell« den Begriff einsetzt, der gemeint ist: »kapitalistisch«, kommt man zu einem bemerkenswerten Text:

Die Streitfrage, um die es geht, ist die Frage nach dem Primat der Lebensfähigkeit unserer kapitalistischen *Gesellschaft oder dem Primat* antikapitalistischer *Lebensformen und der absoluten Verhinderung ökologischer Schäden. Natürlich sind alle Sozialdemokraten gegen Vergiftung der Umwelt. Aber die Weltanschauung der Alternativen ist der* kapitalistischen *Gesellschaft grundsätzlich feindlich und hält sie für einen geschichtlichen Irrweg der Menschheit; und sie setzt das Ziel des Umweltschutzes so absolut, daß es mit der Fortentwicklung einer* kapitalistischen *Gesellschaft unvereinbar wird. Auf dem Papier kann man immer Kompromißformeln finden, die beiden Zielen gerecht werden. In der Praxis muß man wieder und wieder ausufernde ökologische Forderungen im Interesse des* Kapitals *begrenzen.*

Diejenigen, die der Sozialdemokratie die Aufgabe einer Intergration der neuen Welle »kritischer Jugend« stellen wollen, verweisen auf eine vermeintliche Gemeinschaft der grundlegenden Ziele. Das ist eine Fehleinschätzung. Es gibt in vielen Fällen eine Gemeinschaft humaner Motive und kritischer Anschauungen zwischen Sozialdemokraten und Antikapitalisten, aber keine Gemeinschaft mit ihren politischen Zielen. Die Sozialdemokratie will den Kapitalismus *fortentwickeln und vermenschlichen, sie will ihn nicht verteufeln oder abbauen.*

So ist es. Aber so darf es nicht scheinen, weil sonst die SPD ihre Anziehungskraft nicht nur auf die »unbequemen Drängenden«, sondern auch auf die »realistischen Facharbeiter« verlöre. Wer herrschen will, muß teilen können, muß die gemeinsamen Opfer kapitalistischer Politik in gegnerische Fraktionen spalten, die sich gegeneinander ausspielen lassen. Und subjektiv, im Bewußtsein der jeweiligen Gruppenzugehörigen, ist das ja bisher auch ganz gut gelungen: Die Wut des Schichtarbeiters auf die hausbesetzenden »Parasiten« (so auch Löwenthal, unredigiert) ist ähnlich gut entwickelt wie die Verachtung des »Aussteigers« für den gewerkschaftlich orientierten »Bild«-Leser.

Nur: objektiv, gemessen an den Gründen für ihre Leiden, gibt es diesen Gegensatz zwischen dem braven, Schmidt-wählenden Proletariat und den jungen »Aussteigern« nicht. Als ob der wohnungssuchende Facharbeiter, der schließlich bei der Neuen Heimat landet, weniger litte als der Kreuzberger Hausbesetzer, und an etwas ganz anderem; als ob die Atomkraftwerke den Industriearbeiter weniger gefährdeten als den studentischen Demonstranten, an Leib und Leben *und* beruflicher Existenz (daß es gelungen ist, ihm einzureden, Atomkraft sichere seinen Arbeitsplatz, wird ihm auf dem Arbeitsamt nichts nützen); als ob nicht die Tragödien der Kleinfamilien die Flucht in die Wohngemeinschaft ausgelöst hätten wie der Herzinfarkt des Angestellten den Zug zum Leben auf dem Lande.

Beide suchen nach einem Sinn ihres Lebens, den ihnen die freie Marktwirtschaftsordnung nicht gibt. Der eine pflanzt Canabis, der andere wäscht seinen Opel Ascona; der eine färbt sich die Haare grün, der andere säuft sich die Gurgel ab; der eine besetzt ein Haus und wird verprügelt, der andere verschuldet sich und wird arbeitslos oder mit einem Magengeschwür ins Krankenhaus gebracht.

Sie wehren sich anders: die unabhängigen, mobilen, auch weniger frustrierten Jungen boykottieren mit viel Geschick und Phantasie ihre »gesellschaftliche Aufgabe« und geben, am Wahltag, ihre Stimme den Alternativen oder den Grünen; die andern kämpfen noch ein bißchen in der Gewerkschaft und bleiben, am Wahltag, zu Hause.

Es gibt, aus jüngerer Zeit, ein überzeugendes Beispiel, wie gleichartig die Interessen der beiden »entgegengesetzten Richtungen« (Löwenthal) in Wirklichkeit sind: Als der sozialdemokratische Hamburger Bürgermeister Hans-Ulrich Klose nach seiner Wahl Zeichen für eine linke, Kapitalismus-kritische Politik setzte, als er den Radikalen-Erlaß aufkündigte, den bürgerlichen Staat als »Reparaturbetrieb des Kapitalismus« bezeichnete und sich gegen den Bau des Atomkraftwerks in Brokdorf aussprach, ermittelten die Demoskopen ein Ergebnis, von dem die Hamburger Sozialdemokraten bis dahin nur geträumt hatten. 55 Prozent der Hamburger wollten nun die SPD wählen, bei den jugendlichen Wählern, Glotzens »zweiter Kultur«, waren es sogar 75 Prozent und bei den »realistischen Facharbeitern« 77 Prozent. Selbst als seine eigenen Genossen ihn schon demontiert hatten, kam der »rote« Klose, kurz vor seinem Rücktirtt, immer noch auf 46 Prozent. Kloses Nachfolger Klaus von Dohnanyi, der das »traditionell gute Verhältnis der Hamburger Sozialdemokratie zur Wirtschaft« wiederherstellte und angeblich auf die Arbeitnehmerschaft setzt, liegt derzeit bei 34 Prozent.

Wie sagt die ehemals sozialdemokratische »Hamburger Morgenpost« in solchen Fällen so unvergleichlich: »Dazu können wir nur sagen: Kein Kommentar!«

Eine Bemerkung aber zu Peter von Oertzen, der immer noch vom sozialistischen Weg der Sozialdemokratie träumt. Er schreibt: »Die Behauptung Löwenthals, die SPD trete für die arbeitsteilige Industriegesellschaft ein, ist irreführend, weil zu allgemein. Die SPD ist *gegen* die kapitalistische Industriegesellschaft und *für* eine ›neue und bessere Ordnung der Gesellschaft‹, den demokratischen Sozialismus (Godesberger Programm). In dieser neuen und besseren Gesellschaft muß das Interesse der Gesamtheit ... über dem Einzelinteresse stehen. In der von Gewinn- und Machtstreben bestimmten Gesellschaft sind Demokratie, soziale Sicherheit und freie Persönlichkeit gefährdet. Der demokratische Sozialismus erstrebt daher eine neue Wirtschafts- und Sozialordnung (Godesberger Programm).«

Das, lieber Peter von Oertzen, glaubst du selber nicht. Und deshalb hast du ja auch *gegen* das Godesberger Programm gestimmt. Damals hattest du recht und heute hat es (der leicht redigierte) Löwenthal.

Januar 1982

Bis der Traum uns Sühne lacht

Wir, das »Brudervolk der Polen« (Norbert Blüm), sind ein einig Volk der Masochisten. Keine Nachricht ist uns schmerzhaft genug. Die konservative »Zeit« ließ »mit richtigen Kanonen scharfe Schüsse« abgeben, die linksliberale »Tageszeitung« wußte von »Hunderten vom Militär Erschlagener und Erschossener«, von »Deportationen in Konzentrationslager«, die profaschistische »Welt« meldete die »Blut(mit)arbeit« von »Tschechen« und »Deutschen« in den polnischen Milizen, der »Stern« ließ »45 000 Menschen verhaften« und in »Konzentrationslager« bringen, die »FAZ« erinnerte sich und ihre Leser »an die dreißiger Jahre« und der »Spiegel« sah Jaruzelski Zustände schaffen »vergleichbar denen nach dem deutschen Einmarsch 1939«.

Wie es ihnen erst gekommen wäre, wenn die Russen gekommen wären, das ersehnte Blutbad zu nehmen, lassen die Ersatzhandlungen nur ahnen: »In Polen führt ein General Krieg gegen das Volk. Und er führt ihn im Auftrag der Sowjetunion« (»Stern«); »wer die Wirklichkeit nicht willentlich umdichtet, kann an der Tatsache der sowjetischen Intervention nicht zweifeln« (»Welt«); die Ausrufung des Kriegsrechts »ist im Endeffekt von gleicher Qualität, als wenn die Sowjets selbst einmarschiert wären« (Friedrich Zimmermann, Verschwörer). In einem tiefen Teiche, da fand man ihre Leiche, sie war so schön, sie war das allerschönste Kind, das man in Polen find' ...

Das Purgatorium der deutschen Antisemiten ist der Staat Israel (»Unsere Juden macht uns keiner nach ...«). Das Israel der deutschen Antikommunisten ist Polen. Selbst die Berufsschlesier und andere Parteigenossen von 1939, die Erfinder der »polnischen Wirtschaft«, ergreift der nationale Stolz auf den nationalen Stolz ihrer heldenhaft für die Freiheit und Unabhängigkeit des Vaterlandes kämpfenden Polacken, pardon, Polen. Die in Dortmund Betriebsräte für Agenten des Weltbolschewismus halten, hängen ihr Herz an Fabrikbesetzer in Kattowitz. Strauß geht mit Ratzinger (als Mob?) auf die Straße, Albrecht demonstriert dreißig Kilometer vor Gorleben für ein freies Polen. Und in der »TAZ« wird Wolfgang Pohrt originell: »Nicht Brandt, sondern Kohl hat gefordert, daß eine Kommission vom internationalen Roten Kreuz unverzüglich die Haftbedingungen in Polen überprüfen müsse. Dies war die einzige vernünftige Bemerkung zur Schreckensherrschaft in Polen, die aus dem Mund eines westdeutschen Politikers oder Gewerkschaftsführers kam.«

Einsam wachend in der Nacht, bis der Traum uns Sühne lacht, in dem Jaruzelski an der Rampe von Oswiecim (richtig deutsch: Auschwitz) steht und die Mitglieder der Solidarnosz selektiert, um uns endlich zu reinigen von unserer schuldhaften Vergangenheit, damit wir das Maul noch weiter aufreißen können für Freiheit und Demokratie und für das Polen, das uns noch nicht verloren ist, auch wenn wir als private und öffentliche Rechtsnachfolger dort vor allem eins haben: nichts zu suchen.

Genug von Strauß, Albrecht, Kohl, Blüm, Ratzinger und den anderen moralischen Nullnummern, die sich bekanntlich schon für die Gefolterten von Santiago und Ankara die Hakken schiefdemonstriert haben. Wenn schon Laienspiel, dann Buxtehuder Bauernbühne. Genug auch von denen, die jetzt die moralische Rüstungslücke der Nato schließen, den Moralisten, den honorigen »Terror-Sympathisanten«, denen einwöchiger Zugang zu den Massenmedien gewährt wurde, um ihr »Entsetzen« über die »polnischen Ereignisse« publik zu machen. Weder der Hinweis auf das Gezeter der Nato-Helden, die dort, wo sie nach ihrem Bündnisvertrag nichts verloren haben, mit Brzezinski als Pilsudski einmarschieren möchten, noch die Bestimmung der Funktion, die das Protest-Gestammel lieber Liberaler bei der Förderung dieses Zieles übernimmt, aber auch nicht der coole Realismus einiger Autoren (Augstein, Nannen, Bender) und sozialdemokratischer Politiker (Egon Bahr »Die Erhaltung des Weltfriedens ist noch wichtiger als Polen«) befreien einen in der Bundesrepublik lebenden Linken, Sozialisten, Marxisten, Kommunisten von der *polnischen Frage:* was nach fünfunddreißigjähriger Herrschaft einer kommunistischen Partei aus dem Sozialismus geworden ist, warum ihm dies geschah von wem. Was hat die einfachste Sache der Welt, die so schwer zu machen ist, in Polen unmöglich gemacht?

Alle Erklärungen sind richtig: der bürokratische Staats- und Parteiapparat; die Entmündigung der Arbeiterklasse; der Machtinstinkt der Bonzen; das wirtschaftliche Chaos; die Korruption; die Subversion; die Bekämpfung der Subversion. Und alle Erklärungen erklären nichts. Sie helfen, schlimmstenfalls, einigen Eurokommunisten auf den Weg nach Godesberg. Luciano Lama, Generalsekretär der italienischen KP-Gewerkschaft CGIL, zeigt sich auf dem neuen Niveau: »Was ist das für ein Sozialismus, der neun Millionen Arbeiter zu Gesetzlosen stempelt? Realer Sozialismus? Daß ich nicht lache! Diesen Stempel haben sich die Ostblockländer doch selbst aufgedrückt. Ohne Demokratie und Freiheit kann wirklicher Sozialismus nicht existieren.« Und sein Parteichef Enrico Berlinguer schreitet voran: »Die vorwärtstreibende Kraft der Oktoberrevolution geht zu Ende. Wir müssen jetzt eine neue Phase beginnen, in der sich Sozialismus und Demokratie verbinden.«

Ein bessrer Sozialist sein, ja, wer wärs nicht gerne, doch leider sind auf dieser Erde eben die Mittel kärglich und die Menschen roh undsoweiter. So auch die Verhältnisse, die vor dem 13. Dezember kein bißchen anders waren als danach, weshalb jeder Kommunist, Sozialist, Linke, der diesen Tag zum Datum neuer Erkenntnisse über die Realität des Sozialismus in existierenden Staaten macht, lügt oder, freundlicher ausgedrückt, nur die Gelegenheit ergreift. Oder gibt es irgendwo einen politisch denkenden Menschen, der am 12. Dezember für die nächste polnische Zukunft etwas weniger »Erschreckendes« erwartet hat, als am 13. geschah?

Das Datum, die besonders Linken widerwärtige Erscheinung eines auf den General gekommenen Kommunismus, erschwert die Beantwortung der polnischen Frage, fördert opportunistisches Ausweichen: auf Haig, Reagan und Weinberger oder auf Walesa, Kuron und Michnik, auf die realistischen Ängste oder auf die illusionären Hoffnungen. Als hätte es die Reagans, die die Welt vom Kommunismus befreien wollen, nicht seit dem Augenblick gegeben, da es diesen gibt, und als hätten die Walesas je eine reelle Chance auf sozialistische Existenz gehabt oder haben wollen.

Zur Sache, zur Ursache hinter den Wirkungen führt ein Wort des italienischen Kommunisten Antonio Gramsci: »Die Krise besteht genau darin, daß das Alte im Sterben liegt und das Neue nicht geboren werden kann.« Das Alte ist der Kapitalismus, das Neue der Sozialismus. Seit der Oktoberrevolution sind die kapitalistischen Staaten damit beschäftigt, den Sozialismus zu einem real liquidierten zu machen. Zuerst finanzierten und armierten sie die weißrussischen Truppen, später schickten sie Söldnerheere, die zu Zeiten mehr als die Hälfte des Territoriums der jungen Sowjetrepublik besetzt hielten. Kaum war diese große Schlacht geschlagen, da rüstete im Westen der Große Diktator zum Marsch auf Moskau, und als er marschierte, schaute die größte Militärmacht der kapitalistischen Welt solange untätig zu, bis zwischen Minsk und Moskau kein Haus mehr stand und zwanzig Millionen tote Sowjetbürger herumlagen. Erst als sich zeigte, daß Hitler allein die Rote Armee nicht niederwerfen würde, beteiligten sich die USA am Kriegsgewinn. Doch gerade war die Beute aufgeteilt, da erklärte US-Außenminister John Forster Dulles der Sowjetunion den Kalten Krieg. Die Parole hieß »roll back«, Boykott, Sabotage, Subversion, Aufrüstung waren die Mittel. Als auch das nichts half, ließ man die Weichmacher ran. Deren Methode beschreibt Theo Sommer, vormals Helmut Schmidts Berater im Bonner Verteidigungsministerium und noch heute Mitglied des CIA-nahen Londoner Institute for Strategic Studies:

Der französische Publizist André Fontaine hat einmal gallisch-gallig bemerkt: »Entspannung ist die Fortsetzung des Kalten Krieges mit anderen Mitteln – und manchmal auch mit denselben.« Daran ist bei aller Häme etwas Richtiges. Wo es um Fernziele geht, ist die Entspannung genauso ein Instrument der Politik wie die Spannung: eine Methode, die eigenen Interessen, Absichten, Hoffnungen und Wünsche durchzusetzen. Auch Entspannung ist Mittel zum Zweck ... zur Verbreitung der eigenen ... Anschauungen jenseits der in Jalta gezogenen Trennlinie. Nimmt man nur diese instrumentale Funktion ins Visier, so hat der Westen nach zwölf Jahren praktischer Ausgleichspolitik überhaupt keinen Grund zum Bedauern.

Heißer Krieg oder kalter, Spannung oder Entspannung, Osthandel oder Boykott – alles geheiligt durch den Zweck: Verbreitung der »eigenen Anschauungen«, der kapitalistischen Gesellschaftsform, jenseits der Grenzen, dort wo der »kommunistische Bazillus« (Sommer) wütet. Der Krieg steht im siebenten Jahrzehnt, ein Sieg ist nicht in Sicht, doch es gibt einen Erfolg, der viele verlorene Schlachten aufwiegt: Unter dem endlosen militärischen, ökonomischen, politischen und ideologischen Druck von außen hat sich der revolutionäre Sozialismus des roten Oktober verformt. Lenins erziehungsdiktatorisches Organisationsmodell, ohnehin anfällig für Verkrustung, wurde aller Unberechenbarkeit entkleidet. Die schöpferische Selbsttätigkeit der Klasse barg Risiken, die der Machtapparat von Partei und Staat teils nicht tragen konnte, teils nicht tragen wollte. Der brutale Kampf um die nackte Existenz des sozialistischen Staates brachte einen Machtapparat hervor, der den Sozialismus blockieren mußte.

Und doch hält sich dieser Sozialismus in Ländern, die auf

eine erfolgreiche Revolution zurückblicken oder auf eine starke Arbeiterbewegung bauen können, recht gut. Das Bewußtsein und die Disziplin der Arbeiterklasse lassen ihn als das kleine Übel erscheinen. Die größeren Übel sind Krieg oder Ausbeutung oder – in Grenzfällen – Knast.

Dieser Sozialismus nun importiert nach Polen, ins Land der großen abendländischen Religionen (Katholizismus, Nationalismus, Antisemitismus), importiert von den verhaßten russischen Nachbarn: hatte er je eine Chance? Die Arbeiter: umgeschulte Kleinbauern. Die Kleinbauern: bigotte Mini-Unternehmer. Die Intelligenz: pariserisch. Die Idee der Emanzipation: ein Diktat der Besatzer. Und obendrauf: eine kommunistische Partei ohne Basis, eine Karikatur nicht nur der Marxschen, auch der Leninschen Avantgarde.

Eine solche Partei war von Anfang an verlockt, immer den Weg des geringsten Widerstandes zu gehen. Statt den Kampf der Klassen auszukämpfen, mußte sie den nationalen Kompromiß suchen, gesellschaftlich mit den kleinbäuerlichen Massen, ideologisch mit der katholischen Kirche. Und damit hatte sie auch noch Erfolg. Keine kommunistische Partei Osteuropas stand in den sechziger Jahren bei den eigenen Intellektuellen wie bei denen des westlichen Auslands so hoch im Kurs wie die polnische, die ein nur formal sozialistisches Land nur formal sozialistisch regierte und den lieben Gott einen besonders guten Mann sein ließ, damit dessen Stellvertreter auf Erden ihr nicht ins Geschäft pfuschten.

Wo immer Widerstand aufkeimte, gab die Partei nach, solange nur das friedliche Leben ihres Apparats nicht in Frage gestellt wurde. Antisemitismus gegen Datscha: ein polnisch-bürokratischer Ringtausch. Doch was sich im Ideologischen recht unauffällig treiben ließ, mußte ökonomisch in die Katastrophe führen.

Als Polens wirtschaftliche Entwicklung am Ende der Wiederaufbau-Phase (Ende der sechziger, Anfang der siebziger Jahre) zu stagnieren begann, sollte zunächst das System der

Planung und Lenkung reformiert werden. Da aber dieses Programm vielen Partei- und Staatsfunktionären große Anstrengungen abverlangt hätte, entschied die Parteiführung, alles beim alten zu lassen und den Lebensstandard durch Auslandskredite zu heben. In der »Frankfurter Rundschau« hat Edward Böhm vom Hamburger Welt-Wirtschafts-Archiv den Vorgang beschrieben:

Diese Wirtschaftspolitik hatte die Kredite aus dem Westen im Visier. Mit deren Hilfe ist ein enormes Investitionsprogramm eingeleitet worden, das in dem laufenden Fünfjahresplan (1971–76) die polnische Wirtschaft vollständig modernisieren und in dem nächsten Fünfjahrplan (1976–80) durch hohe zusätzliche Exporte aus dem neuen Maschinenpark die Rückzahlung der Kredite gewährleisten sollte ... Es entstand ein Rennen aller Fachministerien, Woiwodschaftssekretäre und Industrievereinigungen nach Zuteilung von Investitionsmitteln, wenn möglich noch dazu aus dem Westen.

In diesem Investitionsboom haben das Rennen nicht die Investoren mit den besten wirtschaftlichen Aussichten gemacht, sondern diejenigen, die einen besseren Kontakt zu der Partei- und Regierungsspitze haben ... Daran, daß die importierten Objekte für eine andere wirtschaftliche Umwelt konstruiert worden sind und ihre Importe unter Umständen auch Begleitinvestitionen sowie Importe von Vorprodukten erfordern, wurde selten gedacht.

Die polnische Arbeiterklasse, das reale Objekt und nicht einmal ideelle Subjekt dieser Politik, mußte mit Versprechungen und Lohnerhöhungen ruhiggestellt werden. Als dann das Warenangebot viel zu klein war für die auf dem Markt der Konsumgüter umlaufende Geldmenge und die Leute in langen Schlangen vor leeren Geschäften standen, versuchte es die Staatsführung mit einer Preiserhöhung. Doch Unruhen an einigen Orten genügten, den Versuch abzubrechen, und um die Arbeiter zu besänftigen, wurden die Löhne angehoben. Die Mittel dafür mußten im Westen gepumpt werden. 1981 addierten sich Polens Schulden im kapitalistischen Ausland auf 26 Milliarden Dollar, schon 1980 verschlang der Schuldendienst (Zinsen und Tilgung) 83,2 Prozent des Werts der polnischen Westexporte.

Als einige Mitglieder der polnischen Partei- und Staatsführung 1979 den Zusammenbruch ihrer Politik kommen sahen und das unseriöse Geschäft mit den Westkrediten eindämmen wollten, fanden sie dafür in der Arbeiterklasse keine Basis. Dem Opportunisten glaubt man nicht und wenn er auch die Wahrheit spricht. Die Partei hatte nichts mehr zu verteilen? Gut, dann brauchte man sie nicht mehr, denn daß sie zu etwas anderem taugen könnte, als jedem Maulenden etwas in den Rachen zu stopfen, hatte sie nie bewiesen. Vertrauen ist gut. Solidarnosz ist besser.

Eine Arbeiterklasse, die ihre Korrumpierung nicht länger ertrug, sich von inkompetenten Bonzen um die Früchte ihrer Arbeit gebracht sah und die letzten Reste von Glauben an die Partei, die sich die ihre nannte, verloren hatte, erhob sich. Sie wußte, was sie nicht mehr wollte, nur: was sie wollte, wußte sie nicht so recht. Doch auch dieser Vorwurf trifft weniger die Solidarnosz als jene, die ihre Machtmittel zur politischen Entmündigung der Beherrschten mißbraucht hatten. Wenn Solidarnosz-Führer lieber die päpstlichen Enzykliken lasen als das kommunistische Manifest, wenn sie nationalistische und antikommunistische Phrasen droschen, wenn Walesa aus Polen »ein zweites Japan« machen wollte und wenn die Führer dieser Bewegung aus Mangel an einem Partner, der sich offen und ehrlich gestellt hätte, anstatt alles Mögliche und Unmögliche zu versprechen, nur um es später nicht zu halten, schließlich ein Ende mit Schrecken herbeizusehnen schienen: wessen Schuld war das wohl.

Das Ende war, wie gesagt, weniger schrecklich als alle befürchtet hatten. So aufrichtig, so verzweifelt ehrlich hat sich noch keine polnische Regierung gezeigt wie die diktatorische der Militärs. Wer darin keine Hoffnung sieht, kann für Polen – und für die polnische Arbeiterklasse – keine haben. Es sei denn, jemand rechne damit, daß die Sowjetunion ihren vierundsechzigjährigen Überlebenskampf durch Suizid beendet.

Noch einmal Antonio Gramsci: »Die Krise besteht genau darin, daß das Alte im Sterben liegt und das Neue nicht geboren werden kann.« Der internationale Kapitalismus steckt seit zehn Jahren in einer Krise, die sich ständig verschärft und deren letzte Zuckungen man kaum noch zyklische Aufschwünge zu nennen wagt. Selbst im Zentrum seines Reichtums, in Westeuropa und den USA, gibt es nun schon 28 Millionen Arbeitslose, und an seiner Peripherie läßt dieses System jedes Jahr 15 Millionen Kinder verhungern.

Ihm hilft nur noch Gewalt, nach innen und außen. Mobile Eingreiftruppen, chemische und bakteriologische Waffen, Atombomben müssen die äußeren Opfer in Schach halten, industrielle Massenverblödung soll Ruhe im Innern schaffen. Je mehr die Realität das System diskreditiert, um so bedingungsloser arbeitet es an der Zerstörung der Alternative.

Es läßt sich nicht leugnen, daß es der Kapitalismus bei der Zerstörung des Sozialismus recht weit gebracht hat. Als die Sowjetunion dem Druck des Kalten Krieges und seinen Rüstungslasten, die allen produktiven Fortschritt auffraßen, entfliehen wollte und eine Politik der »friedlichen Koexistenz« – von Geschäftspartnern – vorschlug, erfanden amerikanische und bundesdeutsche Politiker die »Entspannung« als Decknamen für die Korrumpierung sozialistischer Staaten durch westliches Kapital. Das Ergebnis: Die Anziehungskraft des Sozialismus in Europa ist zu keiner Zeit, nicht einmal zu der Stalins, so drastisch gesunken wie in den Jahren der »Entspannung«. Nur in der Dritten und Vierten Welt, bei den ärmsten Opfern imperialistischer Ausbeutung, gilt Sozialismus noch als die einzige Alternative.

Hätte also die Sowjetunion sich der Entspannungspolitik

verweigern, hätte sie die Grenzen dicht machen und auf Autarkie setzen sollen? Wer wollte in Zeiten atomarer Bewaffnung zur Fortführung des Kalten Kriegs raten? Hätten die USA wohl ihre vietnamesische Kolonie aufgegeben, wenn sie nicht das Geschäft mit dem Osten gelockt hätte? Und wie hätte die Sowjetunion an die Mittel kommen sollen, um der gegen sie gerichteten Rüstung etwas entgegensetzen zu können?

Nein, dem Sozialismus ist nicht mit Empfehlungen an Moskau, Prag, Warschau, Berlin, Budapest oder Sofia, nicht mit dem hundertachtunddreißigsten dritten Weg und nicht mit noch einem Osteuropa-Komitee zu helfen, sondern nur mit dem Kampf gegen das Alte, das das Neue nicht oder nur verkrüppelt zur Welt kommen lassen will. »Solidarität mit Solizarnosz« hilft der polnischen Arbeiterklasse weniger als die Besetzung der Startbahn West, der Krefelder Appell und jede andere Aktion, die den Kapitalismus trifft.

Pflicht des Revolutionärs ist es, hat mal einer gesagt, die Revolution zu machen. Vom Zugucken und stürmischen Kommentieren der Revolution, die andere machen, war nicht die Rede.

Februar 1982

Gemeine Wirtschaft

Einerseits ist Albert Vietor ein Ganove. Andererseits ist er Träger des Bundesverdienstkreuzes. So hat sich der Vorstandsvorsitzende des gewerkschaftseigenen Baukonzerns Neue Heimat um die Bundesrepublik doppelt verdient gemacht.

Apropos Vietor erfährt eine Bevölkerung, wo sie lebt, und selbst ein so gnadenloser Liberaler wie Rudolf Augstein entdeckt, was ihm für immer verschlossen schien: auf weniger als einer »Spiegel«-Seite schaut er »die häßlichsten Züge des Kapitalismus«, einen »kapitalistischen Konzern«, »tüchtige Kapitalisten«, »kapitalistische Aktien« und eine »kapitalistische Gesellschaft«. Avanti popolo!

Über nacht gibt es das wieder, den Moloch Kapital, seine unersättliche Gier nach Profit, und auch das Proletariat, die arme aber ehrliche Arbeit. Nie, seit sie ihre Juden denunziert haben, war die Gelegenheit so günstig, dem verdrängten Klassenhaß die Luft abzulassen. Der »Spiegel«-Leser C. Schmeck aus Essen hat, was er sollte, verstanden: »Jetzt weiß man endlich, wo die wahren Ausbeuter der Arbeiterklasse sitzen.«

Es ist ein Festival der Intriganten. Die Schreibstifte des Kapitals, die der Arbeiterbewegung Lust am herrschenden System gemacht haben, bis die Funktionäre der Gewerkschaften dem Personal ihrer Sozialpartner glichen wie der Pensionär seinem Dackel, reklamieren nun Charakter und Bewußtsein der Klasse. Das Tribunal der Spesenritter und Spendengrafen hält furchtbare Musterung.

Wie lautet die Anklage? Albert Vietor und seine Kumpel haben ein wenig übertrieben, sie haben so hingelangt, wie es ein erblicher Generaldirektor anstandshalber vielleicht gerade nicht mehr getan hätte. Halt ein bißchen prolo, würde Pappis Jüngster sagen. Wer die Million nicht ehrt, indem er gegebenenfalls auch mal seine Finger davon läßt, ist die Milliarde nicht wert. Hier wird anständig ausgebeutet!

Soll in diesem Fall von Moral die Rede sein, so haben zunächst die Missionare der Sozialpartnerschaft das Maul zu halten. Noch säuerlicher als deren Empörung aber riecht die plötzliche Rechtschaffenheit jener Arbeiterführer, die ihren König Albert nun gar nicht mehr kennen: jenes DGB-Vorsitzenden Heinz Vetter, der von allem 0 Ahnung gehabt haben will; jenes vormaligen Oberhaupts der Lehrergewerkschaft, den Vietor gerade ohne Ansehen der Qualifikation mit einem 280 000 Mark-Job bedacht hatte und der hastenichtgesehen – in einer Rolle, für die er auch nicht taugt – den Père noble spielt, Schufterle als ganz alter Attinghausen; jenes Dummdödings, dessen markiges Urteil über Vietor klingt wie das Aufstoßen nach überreichlichem Genuß eines Kalten Buffets beim Neujahrsempfang der Neuen Heimat.

Wenn Bonzen Bonzen Bonzen nennen, wenn die Alten geopfert werden, damit alles beim Alten bleibt, läßt sich die Moral wegen Unpäßlichkeit entschuldigen. Denn so hätten sie's zu gern: der Fall Vietor als Verfehlung einzelner Gewerkschaftsfunktionäre, als Seifenoper über das Thema »So ist der Mensch«. Daher die Galanterie, mit der die Bürgerpresse – nach dem ersten Schock – Vietors Mitwisser aus dem DGB-Vorstand behandelt und die »großen Verdienste der deutschen Gewerkschaften um den Aufbau des demokratischen Staats« besingt. Sie wissen zu gut, was sie an der Spezies Vietor haben. Gewiß, sie wollen auch *diese* Gewerkschaften kleinkriegen, aber eines wollen sie ganz bestimmt nicht: *andere.*

Deshalb wird unter all den Enthüllungen, die uns noch bevorstehen, diese nicht sein: Albert Vietor als das Godesberger Programm mit Chauffeur, die zum System ihrer Ausbeuter bekehrte Arbeiterklasse, die Integration ihrer Stellvertreter in die gemeine Marktwirtschaft und deren »Sachzwang« – wer nicht frißt, wird gefressen. Den Widerstand des charakterstarken Einzelnen, der mit der Meute jagt und seine Beute den Gejagten verfüttert, mag es wohl geben – als Programm fürs ganze Rudel ist er ein schlechter Scherz. Der solidarische, bescheidene, altruistische, klassenbewußte Generaldirektor einer Gewerkschaftsbank ist ein Tier, das nur im sozialdemokratischen Märchenbuch vorkommt.

Dem ökonomischen Prinzip ist das politische System angemessen, die Stellvertreter-Herrschaft, auch repräsentative Demokratie, von einem ihrer frühesten Theoretiker, dem Engländer Walter Bagehot, schon vor hundert Jahren so böse wie präzise »government by corruption« genannt. Es basiert auf der einfachen buchhalterischen Erkenntnis, daß zwar nicht das gesamte Proletariat durch die Verteilung der Profite befriedigt werden kann, daß aber wohl genügend Mittel zur Verfügung stehen, seinen gewählten Vertretern das Leben lebenswert zu machen.

Dazu bedurfte es freilich der Durchsetzung des »unabhängigen Mandats«, der Befreiung des Vertreters von dem Zwang, dem Willen der Vertretenden zu gehorchen. War das erst geschafft, dann würden die Vertreter schon ein Einsehen und die Vertretenen das Nachsehen haben. Und so ist seit den Anfängen bürgerlicher Demokratie ein riesiges Heer von Ideologen damit befaßt, die Unmöglichkeit, ja Unmenschlichkeit von Demokratie, von Volksherrschaft, zu »beweisen«.

»Der Parlamentarismus ist die Kasernierung der politischen Prostitution.« Auch ohne das Pathos von Karl Kraus: Warum sollten die Vertreter eines abstrakten, von seinen konkreten Willensäußerungen entkleideten »Volks« dieses anders vertreten als ein Vertreter von Kartonagen seine Pappe: nach Marktlage und Provision? Mandat ist auch Ware, Gewissen Aktie, Diäten sind die Dividende. Bevor ich vergeß Ihnen zu erählen: Der Papst ist der Vertreter Gottes auf Erden.

Der vom Auftrag seiner Basis feierlich entbundene, nur seinem »Gewissen« verpflichtete Mandatsträger wurde ein ebenso einsichtiges wie einnehmendes Wesen. Um so einsichtiger und einnehmender, wenn das Mandat Grundlage einer besseren Existenz war. Also begann auch und gerade der Vertreter der Arbeiterklasse, das repräsentative Prinzip zu rühmen. Und die Basis willigte ein, teils aus blindem Vertrauen auf den ehrlichen Genossen, der doch einst auch von Tür zu Tür gegangen war, um die Beiträge zu kassieren, teils aus der Furcht der Minderheit, die das klassenbewußte Proletariat stets war, vor plebiszitären Exzessen einer feindlichen Mehrheit.

Godesberg hieß das Städtchen, wo dieses Amalgam aus Provision, Naivität und Furcht seine wunderbare Wandlung erfuhr. Gehe hin und heiße fortan: die Versöhnung der deutschen Arbeiterklasse mit dem Staat.

Über Erfolg und Mißerfolg der Godesberger Schlaumeier-Strategie ein andermal wieder – eines war und ist Godesberg gewiß: die Magna Charta des Filzes, der sozialdemokratischen Variante der feineren, bürgerlichen Beziehungsgeflechte zwischen politischen und geschäftlichen, öffentlichen und privaten Interessen. Daß dies, wenn es in der ersten Generation betrieben wird, kleinkarierter und grobschlächtiger ausfällt, daß es auch leichter zu »enthüllen« ist von denen, die, Godesberg zum Hohn, wirklich herrschen, und daß es, enthüllt, die Wut der Massen weit mehr erregt als die vergleichbare Usance derer, die es von ihren Vätern haben, zeigt der Fall Leisler Kiep.

Ein Trost ist das nicht. Die Gefahr, daß die von ihren Vertretern entnervten Vertretenen zu rechten oder rechtsradikalen Saubermännern überlaufen, ist groß, die Chance einer Erneuerung der Sozialdemokratie (als Partei und als Gewerkschaft) gering – denn es geht nicht um den Austausch von ein paar Funktionären, es ginge um die Revision eines 25 Jahre alten Programms und einer dreimal so alten Praxis.

März 1982

Kreuze zu Pflugscharen?

»Rudolf Bahro ist der Agent der Rüstungsindustrie in der Friedensbewegung, ein Fremdkörper, ein Fossil aus der Zeit McCarthys, einer aus dem Umfeld des Militärischen Abschirmdiensts, aus dem Spektrum, das Vorfeldarbeit für die CIA macht.«

Wer sagt das? Welch mieser Denunziant ist da am Werk? Der Sprachgebrauch deutet auf den Generalbundesanwalt, der eine ganze Generation als »Umfeld«, »Spektrum« und »Vorfeld« (des Terrorismus) verfolgt – aber mit der politischen Richtung kommt es nicht hin. Haben ein paar stalinistische Sektierer sich ausgetobt? Auch falsch. So spricht Rudolf Bahro; nicht über Bahro, versteht sich, sondern über die DKP und über alle, die er dem »Vorfeld«, dem »Spektrum«, dem »Umfeld«, kurz: dem Sympathisantenkreis dieser Partei nach Bedarf zuordnet wie ein bayerischer Verfassungsschutzmann. Bahro: »Die DKP ist die Agentur des anderen Blocks in unserer Bewegung, ein Fremdkörper, ein Fossil aus der Zeit des Kalten Krieges ...«

Interessanter als die faschistischen Sprachmuster (wann wird er »ausgemerzt«, der »Fremdkörper«?) ist das schlichte Possessivpronomen: »*unsere* Bewegung«. Wer es liest, muß glauben, Rudolf Bahro und seine Freunde hätten die Friedensbewegung gegründet und seien ihre gewählten Führer. Die Wahrheit, daß Bahro von allen ihren Begleitern der mit dem schmalsten Käntchen auf dem letzten ihrer Trittbretter ist, wird vor dieser Besitzanzeige zur Verleumdung.

Und doch ist es so: Rudolf Bahro hat zu keiner Analyse, zu keiner Forderung und zu keiner Aktion der Friedensbewegung Nennenswertes beigetragen. In dieser Feststellung liegt nicht einmal ein Vorwurf. Denn als *Friedens*bewegung hat sie ihn nie interessiert. Ihn kümmern nicht Atomraketen und Marschflugkörper, er will die Welt von den Blöcken befreien und neu einteilen. Da kommt ihm die Friedensbewegung, die jedem Erlöser ein Plätzchen reserviert, gerade recht.

Ob nun Messias, ob Agent, ob Trottel – in der Versuchung wie im Versuch, eine Bewegung, die tatsächlich Millionen Menschen bewegt, für die eigene Politik, die so lange nichts bewegt hat, zu okkupieren, steht Bahro für viele. Die Friedensbewegung macht es ihnen leicht. Friede ist ein so großes, zu großes Wort. Es reicht vom Geist von Camp David bis zum Frieden auf Erden und den Menschen ein Wohlgefallen, vom Waffenstillstand in Korea bis zur Erlösung der Welt:

Ihr seid gegen Atomraketen in Europa? Wir sind gegen Atomwaffen überhaupt und überall.

Ihr seid nur gegen Atomwaffen? Wir sind gegen Waffen schlechthin.

Ihr seid nur gegen Waffen? Wir sind gegen Unterdrückung, Folter, Ausbeutung, gegen jede Form von Gewalt.

Ihr seid nur gegen Gewalt? Wir sind gegen alles Böse auf der Welt.

Spätestens an dieser Stelle können Caspar Weinberger und Hans-Dietrich Genscher in die Friedensbewegung einscheren, denn auch sie wollen wirklich nur das Gute, wo nicht das Beste. Andere suchen sich andere Türchen: Muß nicht, wer für den Frieden ist, gegen das Kriegsrecht in Polen sein? Und gegen die sowjetische Intervention in Afghanistan? Und gegen die Unterdrückung der evangelischen Friedensjugend in der DDR? Und gegen die Militärbündnisse der »Supermächte«? Und gegen die »Blöcke«? Und gegen Gewalt (in El Salvador?) Und gegen den Atheismus? Und gegen den Kommunismus?

Bevor nun die diversen Interessenten aus der Friedens- vollends eine nationale Erweckungs- und protestantische Bekehrungsbewegung oder eine Neuauflage des »Kongresses für die Freiheit der Kultur« machen (an dem sich in den sechziger

Jahren neben einschlägigen Helfern wie Marion Dönhoff und Theo Sommer auch so integre Linke wie Axel Eggebrecht oder Ulrike Meinhof beteiligt hatten, bis die CIA ihre Tarnorganisation einschlafen ließ), muß an den politischen Ursprung dieser Volksbewegung erinnert werden:

Am Anfang, das war vor anderthalb Jahren, als die »Szene« noch nicht wußte, wie man NATO buchstabiert, stand der Krefelder Appell – verfaßt von dem ehemaligen Bundeswehr-General Gert Bastian, mitgetragen von Karl Bechert, Petra Kelly (sehr zum Unverständnis ihrer Parteifreunde), Martin Niemöller, Helmut Ridder, Christoph Strässer, Gösta von Uexküll und Josef Weber, fast alle aus Bahros »Umfeld«. Inzwischen haben 2,5 Millionen Bundesbürger diesen Appell unterschrieben, der die Bundesregierung auffordert, »die Zustimmung zur Stationierung von Pershing II-Raketen und Marschflugkörpern in Mitteleuropa zurückzuziehen« und »eine Aufrüstung Mitteleuropas zur nuklearen Waffenplattform der USA« nicht zuzulassen.

So wenig sich die Initiatoren dieses Appells von Rudolf Bahro, Fritz Vilmar und anderen Denunzianten ein Parteiabzeichen der DKP hinters Revers kleben lassen müssen – wahr ist: ohne die Hilfe der Kommunisten und ihrer Partei gäbe es eine der heutigen vergleichbare Friedensbewegung in der Bundesrepublik nicht. Die Grünen, die Ökologen, auch die Protestanten und gar die Jungsozialisten sind erst allmählich dazugestoßen. Gut so. Aber dann sollen sie die Bedingungen eines solchen Bündnisses auch achten.

Es mag richtig und wichtig sein, die Brüder und Schwestern jenseits von Mauer und Stacheldraht vom Russenjoch zu befreien; oder Solidarität mit Solidarnosz zu üben; oder die »Blöcke« aufzulösen; oder auch den Imperialismus abzuschaffen. Und jeder, der das eine oder das andere will, soll sich dafür Unterstützung suchen. Wer die Friedensbewegung mit eigener Politik betrachtet, entpolitisiert sie, macht sie zum Spiegelbild der Zerrissenheit, die die linke Szene in der

Bundesrepublik seit einem Jahrzehnt kennzeichnet. Eine Friedensbewegung, die alles will, wird nichts mehr können.

Ich gehe, als Atheist, ja auch nicht hin und verlange, daß sich die Friedensbewegung zu meiner Parole (»Kreuze zu Pflugscharen«) bekennt.

Nie war die Welt einem atomaren Krieg so nahe wie heute. Die Stationierung der Raketen vom Typ Pershing II und der atomaren Marschflugkörper in Westeuropa macht diesen Krieg wahrscheinlich, denn sie bedeutet – bei einer Flugzeit von fünf Minuten bis ins Zentrum der Sowjetunion – die Herstellung einer so bedrohlichen atomaren Überlegenheit der USA, daß die Sowjetunion, will sie nicht Selbstmord begehen, dagegen präventiv vorgehen müßte. (Die Lüge vom atomaren Übergewicht der Sowjetunion hat sich wohl erledigt, man lese dazu Jimmy Carters Rüstungsexperten Paul C. Warnke im »Spiegel«. Nur Helmut Schmidt glaubt noch daran. Aber der glaubt ja auch, daß er ein großer Politiker ist.)

Wer die Gefahr dieses jetzt drohenden Atomkriegs bannen will, muß die Stationierung der neuen US-Atomwaffen in der Bundesrepublik verhindern. Ende 1983 ist es soweit. Bis dahin kriegen wir weder mit Bahro die »Blocklogik überwunden« noch mit dem grünen Geschäftsführer Hoplitscheck Afghanistan befreit oder mit Pfarrer Eppelmann die Schwerter zu Pflugscharen geschmiedet. Wenn die Friedensbewegung ihr Ziel verrät, kann sie gleich umlernen. Auf Zivilschutz.

Mai 1982

Malwine, ach Malwine

Kein Krieg wird um nichts geführt. Nicht um die Staatszugehörigkeit von 1800 Siedlern, nicht um ihre Schafe und nicht um ihr Selbstbestimmungsrecht. Um Pinguine und Prinzipien des Völkerrechts schon gar nicht. Stets geht es um mehr und ist es, auch wenn noch weniger dabei herauskam, um mehr gegangen.

Nur die Enkel und Söhne der Heldenväter von Verdun und Stalingrad sind anderer Ansicht: im südlichen Atlantik, rund um die Inselgruppe der Malwinen, finde ein »sinnloser«, ein »verrückter«, ein »aberwitziger Krieg« statt, einer, in dem es keinen Platz an der Sonne zu gewinnen und keine Bolschewisten zu vertreiben gibt. »Der absurde Krieg« nennt ihn die modernste ihrer Zeitschriften, der »Spiegel«.

»Der sinnlose Krieg an den Antipoden, wo England und Argentinien aufeinander eindreschen, findet auch an den Antipoden der staatsmännischen Vernunft und politischen Wirklichkeit statt« schreibt Heinz Barth, Kriegsberichterstatter (früher für Adolf H., heute für Axel C.). Englische Raketen versenken in England gebaute Schiffe, Nato-Raketen schießen Nato-Flugzeuge ab – und das alles nur, weil drei Schätzchen nicht zur gemeinsamen Sache kommen konnten: Galtieris Freundin Thatcher, Thatchers Freund Reagan, Reagans Freund Galtieri. Das verstehe einer! Heinz Barth und der »Spiegel« verstehen es nicht. Und Rudolf Augstein ist ganz verzweifelt über das miese Management »der Herren Reagan und Haig« und der »selbstgerechten Hausfrau« Thatcher: »Es gibt Leute, die den Feministinnen ihr Geschäft nicht gerade leicht machen.« Den Lauf der Welt damit zu erklären, daß Männer Geschichte lenken, ist schon kein Pappenstil; und nun noch Frauen am Steuer?

Sie stellen sich nicht dumm, sie begreifen wirklich nicht. Wenn sich alle nordamerikanischen und westeuropäischen Freunde der Junta Galtieris jetzt gegen Argentinien entscheiden und alle mittel- und südamerikanischen Gegner der Junta Argentinien unterstützen, sind sie überrascht. Und wenn das sandinistische Nicaragua, das gerade einen Galtieri namens Somoza vertrieben hat, den Argentiniern Solidarität anbietet, findet der »Spiegel« das »widernatürlich«. Sie haben alles, woraus sie hätten lernen können, von Lenins »Der Imperialismus als höchstes Stadium des Kapitalismus« bis zu den Schriften von Fanon, nicht nur auf den Index gesetzt, sondern auch nicht gelesen und stehen nun mit leeren Köpfen da. Ein Krieg zwischen Männern und Frauen, die Geschichte machen und sich mögen, ein Krieg, der nicht gegen Kommunisten, nicht gegen oder von (immer: moskauhörigen) Befreiungsbewegungen geführt wird, ist ihnen wie ein Messer ohne Klinge, an dem der Griff fehlt.

Den Ausbruch des Dritten Weltkriegs würden sie verstehen. Daß vor Falkland der erste Dritte Welt-Krieg geführt wird, in dem es nicht gegen eine Befreiungsbewegung geht, macht sie ratlos. Der Stratege der »Frankfurter Allgemeinen« klagt, daß sich hier die Seestreitkräfte »des Westens« gegenseitig dezimieren. Denn seit der Entmachtung der Peronisten wird Argentinien von faschistischen Diktatoren regiert und war deshalb ein Bündnispartner von der geschätzten Sorte. Über Nacht wurden aus den freundlichen Gastgebern der Fußball-Weltmeisterschaft »Diktatoren« (»Bild«), aus dem autoritär regierten Land ein »faschistisches Argentinien« (»Spiegel«). So wenig Verlaß auf ihren Verstand ist, so sicher bleibt ihr Instinkt: Wenn die Bürgerpresse anfängt, Faschisten Faschisten zu nennen, fürchtet sie in ihnen oder im Gefolge ihrer Taten etwas Feindliches, Rotes, Revolutionäres. Mit Recht.

Reagans Freund Leopoldo Fortunato Galtieri hat das gewiß nicht gewollt. Er, der Absolvent der US-amerikanischen

Schule der Diktatoren in Panama, wollte nur seine Haut retten, wie er es gelernt hatte: ein bißchen Krieg sollte den Aufstand der armen Massen im Patriotismus ersäufen. Der große Bruder in Washington würde schon verstehen, daß es nicht böse gemeint sei.

Aber erstens kommt es manchmal anders und zweitens besonders dann, wenn man als Berufssoldat die bekannten ständischen Probleme mit dem Denken hat. Galtieri konnte sich nicht vorstellen, daß Margaret Thatcher wegen ihrer drei Millionen Arbeitslosen genauso scharf auf die heilsamen Wirkungen des Patriotismus, also des Krieges, war wie er selbst. Und er scheint nicht für möglich gehalten zu haben, daß die Besetzung einer britischen Kleinkolonie, 18 000 Kilometer von ihrem »Mutterland« entfernt, am Ende des zwanzigsten Jahrhunderts noch den Anlaß für einen Krieg geben und den kapitalistischen Norden gegen seinen treuen südlichen Verbündeten vereinigen würde. Man konnte dem hartgesottenen Foltermeister am TV-Gesicht ablesen, wie perplex er war, daß an ihm, ausgerechnet, die Solidarität der Ausbeuter gegen die ausgebeuteten Kontinente zum Exempel erhoben würde.

Faschistische Diktatoren aus den Ländern der Dritten Welt sind gern gesehene Staatsgäste in den Metropolen der Ersten. Sie werden dekoriert und mit Waffen beliefert, gelobt und mit Geschenken beglückt. Das hat Leute vom Typ Galtieri zu der irrigen Annahme verleitet, sie seien in den Kreis der Herrenmenschen aufgenommen. Nun mußten der argentinische Diktator und sein Kumpane in den anderen Staaten Lateinamerikas die bittere Erfahrung machen, daß sie über den Status privilegierter Domestiken nicht hinausgekommen sind. Sie bleiben die Objekte der imperialistischen Politik, trotz aller Prädikate, die ihnen deren Subjekte im Lauf der Jahre verliehen haben.

Butler kommen und gehen, die Herrschaft glaubt, daß sie ewig ist. Galtieri ist es nicht. So wird der See- und Wirtschaftskrieg um die Malwinen auch nicht gegen ihn geführt, sondern gegen das zukünftige Argentinien, das den Weg Nicaraguas gehen könnte – aus der Unterdrückung und Ausbeutung durch die Konzerne der USA und ihrer westeuropäischen Verbündeten. Dann wären die argentinischen Malwinen ein Stützpunkt nicht nur militärischer, sondern auch ökonomischer Strategie: sie erschwerten den Zugriff des imperialistischen Ernährungsmonopols auf die Nahrungsmittelreserve der Welt, den Krill in der Antarktis.

Wie immer die Länder der Dritten Welt regiert werden mögen, faschistisch, militärdiktatorisch, peronistisch – sie bleiben bestimmt durch ihren leidenden Part im Gefüge des Imperialismus. Ihre Führer können noch so gut kollaborieren, sie können die Grundbedingungen ihrer nationalen Existenz nicht verändern, solange der Mehrwert, den die Bevölkerung schafft, in die USA und nach Westeuropa exportiert werden muß. Mehr als die Hälfte des Profits, der jährlich von den Monopolen der USA erwirtschaftet wird, stammt aus dem sogenannten »Kapitalexport« nach Südostasien, Afrika und Lateinamerika, wird also in den Hungergebieten der Welt erarbeitet.

Wichtig ist nicht, was Galtieri gewollt, wichtig ist, was er bewirkt hat. Sein teppischer Coup hat die »westliche Welt« in die zwei Teile zerlegt, in die sie zerfällt. Die USA und ihre Verbündeten wurden gezwungen, den Nord-Süd-Konflikt (sozialdemokratische Wortschöpfung für Imperialismus) unüberhörbar zu definieren: Wir gegen den Rest der Welt.

Noch nie hat ein »absurder Krieg« so viel Sinn gemacht.

Juni 1982

Unsere Jahre ohne Hans-Dietrich

Falkland, Beirut, Pershing – wir haben wirklich nichts zu lachen. Um so dankbarer sollten wir die kleinen Freuden genießen, die uns das Leben dennoch schenkt, zum Beispiel: den Untergang der FDP.

Psychologie ist noch keine Politik, aber wenn Millionen aufatmen bei der Vorstellung, nicht mehr tagtäglich hören, sehen und lesen zu müssen, daß Genscher abreist, Genscher ankommt, Genscher redet, Genscher empfängt, Genscher verhandelt und Genscher erklärt, schlägt die Quantität der Gefühle in politische Qualität um. Unsere Jahre ohne Hans-Dietrich: wäre das keine »Vorteilsgewährung«, viel reichhaltiger als die, derentwegen die Staatsanwaltschaft Bonn gegen den Grafen Lambsdorff ermittelt? Kein Wort mehr von »der Kollision« aus jener leeren Zigarrenkiste, die den Fraktionsvorsitzenden der FDP im Bundestag darstellt; kein singender Sektvertreter, der sich freundlich bereiterklärt, wieder mal Bundespräsident zu werden; kein Möllemann, kein Ertl, kein Gries; und kein Baum und keine Schuchardt, die das alles erträglicher machen wollen.

Anderthalb Jahrhunderte hat die liberale Plage unser armes Land heimgesucht. Alle Krankheiten, unter denen Politik in Deutschland mehr gelitten hat als in den Nachbarstaaten, hat sie verursacht: Opportunismus, Duckmäuserei, Antikommunismus. Jedem »starken Mann« haben die Liberalen sich verkauft, jeden feierlichen Grundsatz für die Befreiung von der Gewerbesteuer verraten.

Selbst Bismarck, der kein Freund von Sentimenten in der Politik war, ekelte die Wohlfeilheit seiner Gegner an, die ihre im preußischen Verfassungskonflikt gehißte Fahne der Volkssouveränität schnell einrollten, als ihnen der Kanzler

Gewerbe- und Zollfreiheit gab. Getrennt marschierend als »Fortschrittspartei« (Baums Ahnen) und »Nationalliberale« schlugen sie doch vereint zu, wenn des Kaisers Kanzler sie zum Kulturkampf (gegen das katholische Zentrum) oder in die Schlacht gegen die vaterlandsfeindlichen Umtriebe der Sozialdemokratie (Sozialistengesetz) führte. Und weil sie und ihre kapitalistische Klientel den Hals nicht vollkriegen konnten, verbündeten sie sich gegen Bismarck mit dem Psychopathen Wilhelm II., der ihnen Kolonien, billige Arbeitskräfte, freie Märkte und überhaupt »einen Platz an der Sonne« verhieß.

Nach dem Ersten Weltkrieg, den die Liberalen gewollt hatten, nahmen sie die Republik in Besitz. Wieder getrennt marschierend, als »Demokraten«, »Deutsche Volkspartei« und »Deutschnationale Volkspartei«, paßten sie die Politik der Reichsregierung den jeweils herrschenden Kapitalinteressen an, drohten mal von rechts mit Putsch, mal von links mit Demokratie und arbeiteten emsig an der Spaltung der Arbeiterbewegung. Gewiß wären den »Demokraten« und der »Deutschen Volkspartei« eine parlamentarische Demokratie und der Schutz auch des jüdischen Kapitals lieber gewesen als ein faschistisches Regime. Als es aber Spitz auf Knopf stand, als in der Weltwirtschaftskrise entschieden werden mußte, auf wessen Kosten sie »bewältigt« werden sollte, zögerten die Liberalen nicht – geschlossen, mit der Stimme des Reichstagsabgeordneten Theodor Heuß, stimmten sie Hitlers Ermächtigungsgesetz zu. Freiheit war ihnen immer auch die Freiheit des anders Denkenden als Handelnden, gewiß aber die des Handelnden. Sire, geben Sie Gewerbefreiheit ...

Es war kein Wunder, daß die Liberalen, deren »Ideen« von Freiheit des Individuums und Volkssouveränität Hitler haßte, ganz ungeschoren durch sein Drittes Reich kamen. Daß der »Führer« ihre Geschäfte förderte, indem er die Organisationen der Arbeiterbewegung zerschlug, und ihnen Aussicht auf neue Pfründen machte, ließ sie den verlangten Verzicht auf pathetische Reden von Demokratie und Fortschritt leicht verschmerzen.

Nach dem Zweiten Weltkrieg, den sie in innerer Emigration, meist auf dem Kontor, verbracht hatten, hielten sie dem nächsten starken Mann die Steigbügel. Mit ihrer Hilfe durfte Konrad Adenauer den westdeutschen Nachfolgestaat regieren, gerade aus dem KZ befreite Kommunisten wieder einsperren, die Sozialdemokraten als Handlanger Moskaus denunzieren und die Macht jener Bourgeoisie restaurieren, die 1945 endgültig gebrochen schien.

In Erich Mende, dem Parteivorsitzenden der letzten Adenauer-Jahre, fand die FDP den perfekten Repräsentanten: kein Nazi im engeren Sinn, keiner, der Konzentrationslager bewacht, bloß ein deutscher Offizier, der vor Moskau Lebensraum gesucht und Kommunisten geschlachtet hatte, so hingebungsvoll, daß ihm von Adolf Hitler dafür das Ritterkreuz verliehen worden war. Mende band seinen Orden noch in den sechziger Jahren gerne um, zum Zeichen, daß der Zweite Weltkrieg auch ein liberaler gewesen ist.

Dann, plötzlich, kam die Wende. Die FDP ging »auf Linkskurs«, wie es hieß. Von »liberaler Erneuerung« war die Rede, von einem »historischen Bündnis« mit dem erklärten Feind eines Jahrhunderts, mit der Partei der Arbeiterbewegung, der SPD. Jenseits dieses Pathos war es ganz einfach: Adenauers und Erhards CDU hatten gesellschaftliche und politische Strukturen konserviert, die eine optimale Entfaltung der Produktivkräfte behinderten. Das museale Bildungssystem produzierte nicht den nötigen qualifizierten Nachwuchs, die von Berufsflüchtlingen bestimmte Ostpolitik verschloß riesige Märkte, und die sich ankündigenden Krisen des kapitalistischen Wirtschaftssystems drohten die oppositionelle SPD und ihre Gewerkschaften zu radikalisieren. Die großen Spender, von denen die FDP abhängt wie keine andere Partei, wollten den Wechsel.

Sie bekamen ihn. So gefahrlos, wie er nur mit den Liberalen

zu haben war. Und nach dreizehn Jahren sozialdemokratischer Regierung unter liberaler Herrschaft können sie sehr zufrieden sein: Die Märkte im Osten sind deutsch, eine Reservearmee arbeitsloser Hochschulabsolventen steht bereit, keine gesellschaftliche Machtfrage, nicht einmal die dubiose paritätische Mitbestimmung, wurde zugunsten des Proletariats entschieden, die Rüstungsgeschäfte laufen (wie) geschmiert, seit zwei Jahren nehmen die Gewerkschaften – ein Novum in dieser Republik – Lohnsenkungen widerstandslos hin, die Organisationen der Arbeiterbewegung sind auf den Hund gebracht. Was will man mehr?

Was immer die Grünen und Alternativen in den Parlamenten treiben werden, ob sie eine sozialistische Partei (meinetwegen: »neuen Typs«) werden oder am Ende dieses Jahrzehnts zerfallen: es wäre ihr historisches Verdienst, wenn sie uns von den Liberalen befreit, wenn sie den Hanswurst, der alles – von Bismarck über Wilhelm II. und Hitler bis Adenauer und Schmidt – angerichtet hat und für nichts verantwortlich sein will, von der Bühne vertrieben hätten.

Juli 1982

Der sekundäre Kanzler

Italiaaa, Italiaaa ... Zum Tschingbumm der Hymne ein Schwenk auf die Ehrenloge, erste Reihe, von links: Sandro Pertini, ein Greis in würdigem Dunkelblau; Juan Carlos in schlichtem Schwarzgrau; Joao Havelange in gedecktem Tuch; einen Kopf kürzer: Helmut Schmidt in verbeultem Beige, wash and wear, denn es war Sommer. Keiner dabei, um den man sich reißen müßte. Und doch ließ die Optik erkennen: Wir haben den Kürzeren gezogen.

Nun steht zwar im Lehrbuch »Grundlagen des Marxismus-Leninismus« (Dietz Verlag, Berlin, S. 211 ff.), daß es nicht die großen Männer sind, die die Geschichte machen. Aber müssen es deshalb die ganz kleinen sein?

Friedrich Engels antwortet: »Hier kommen dann die großen Männer zur Behandlung. Daß ein solcher und gerade dieser, in dieser bestimmten Zeit in diesem gegebenen Lande aufsteht, ist natürlich reiner Zufall. Aber streichen wir ihn weg, so ist Nachfrage da für Ersatz, und dieser Ersatz findet sich auf die Dauer.«

Soviel Trost man in dem Wort *Ersatz* finden mag, es bleibt ein Rest zu tragen schwer: warum ausgerechnet der?

Weil gerade für ihn Nachfrage da war. Die Großbourgeoisie wie das Kleinbürgertum dieses so schnell wieder zu Macht und Reichtum gelangten Landes leiden unter einem »Minderwertigkeitskomplex (daß es kein Komplex ist, sondern daß sie einfach minderwertig sind, brauchen wir ihnen ja nicht zu sagen). Sie spüren, daß ihr Reichtum und ihre Macht sie nicht davor bewahren, von ärmeren Nachbarn als die Spießer aus der Provinz angesehen zu werden, die fern von Geist und Schönheit leben. Sie brauchten einen, der das, was sie fürchten, auf jenes Niveau herunterbrachte, auf dem sogar sie damit umgehen konnten, einen, der denen da draußen Vorlesungen in Wirtschaftskunde hielt, der Kant zum philosophischen Vademecum des Prokuristen machte, der vor Nolde und Barlach »ah!« sagt und Bach auf der Orgel spielt. Und der – Zugabe – auch noch mit Boy Gobert befreundet ist. Sie brauchten und fanden Helmut Schmidt.

Dieser Kantianer, der auch, wenn er ein Leben lang Barmbek nicht verlassen hätte, ein großer Philosophaster geworden wäre, machte ihnen die Welt wieder zum trauten Heim. Mochte der Kampf der Menschheit auch auf Sein oder Nichtsein stehen, unter dem Schirm der Kanzler-Dialoge mit Friedrich Nowottny erschien er als eine Partie Scrabble in der Wohnküche eines Langenhorner Einfamilien-Reihenendhauses. Auch vor dem Feind im eigenen Land, diesen sogenannten kritischen Intellektuellen, bot er Schutz. Hatten der Krimileser Adenauer und der Analphabet Erhard (»Das deutsche Volk had den Exdremidäden eine Absage erdeild«) mit ihren Beschimpfungen die Furcht vor dieser Brut eher geschürt, machte das Urteil »Schwätzer« aus dem Mund eines Kanzlers, der selber fließend mit Sir Popper sprechen konnte, jedem Trottel Mut.

1963 schrieb Carl Amery:

Ehrlichkeit – Pünktlichkeit – Sauberkeit – Zuverlässigkeit im Dienst – Arbeitsamkeit. Es ist nicht schwer zu sehen, daß sie allesamt Sekundärtugenden genannt werden können; Tugenden also, die keine Ziele in sich enthalten, sondern auf bestimmte Ziele zugeordnet werden müssen, um »positiv« zu sein. Ich kann pünktlich zum Dienst im Pfarramt oder im Gestapokeller erscheinen; ich kann in Schriftsachen »Juden-Endlösung« oder Sozialhilfe penibel sein; ich kann mir die Hände nach einem rechtschaffenden Arbeitstag im Kornfeld oder im KZ-Krematorium waschen.

Damals regierte Konrad Adenauer, der Katholik, und Amerys Schrift hieß »Deutscher Katholizismus heute«. Im Juli

1982 sagte der Saarbrücker Oberbürgermeister Oskar Lafontaine einer Illustrierten:

Was hat sich denn mit der Einigung zwischen SPD und FDP über den Haushalt 1983 in Bonn geändert? Helmut Schmidt spricht weiter von Pflichtgefühl, Berechenbarkeit, Machbarkeit, Standhaftigkeit ... Das sind Sekundärtugenden. Ganz präzis gesagt: Damit kann man auch ein KZ betreiben.

So ist es, ganz logisch und banal, und kein denkender Mensch konnte Lafontaine unterstellen, er traue dem Bundeskanzler die Errichtung von Konzentrationslagern zu. Aber es kommt zu diesem Interview:

Bild: Der saarländische SPD-Chef nennt die Kanzler-Tugenden schon ausreichend, »um ein KZ zu betreiben ...«

Franke: Ich schäme mich, daß es einen solchen Mann in der SPD gibt. Das muß Konsequenzen haben. Diese schlimmen Worte erinnern an die furchtbare Zeit, in der wir außerhalb der Gesellschaft standen und viele Sozialdemokraten ihr Leben lassen mußten.

Weil sie, wie der Sozialdemokrat Egon Franke, der einst selber im KZ saß, »außerhalb der Gesellschaft standen« (und nicht weil sie den faschistischen Machthabern Widerstand geleistet hatten). Keiner widerspricht Frankes Lüge, alle ereifern sich über Lafontaines Wahrheit. Und Helmut Schmidt schweigt, beglückt über das Niveau, auf das er die Diskussion heruntergebracht hat.

Willy Brand war und blieb, wie wenig sich seine praktische Politik von der seines Nachfolgers unterschied, ein Stachel im Gemütsspeck der Bundesbürger. Er provozierte Streit, Kämpfe und auch seine Fehlschlüsse hatten eine Qualität, die den Widerstand lohnte. Schmidts Taten und Worte sind so glatt und platt, daß jede Polemik daran abgleitet. Schmidt ist nicht *umstritten*, sondern entweder geschätzt oder gelangweilt ignoriert. So wurde es ihm möglich, die Bevölkerung eines der mächtigsten Staaten der Welt zu einem Zeitpunkt, da die Entscheidung über Frieden oder atomares Chaos fällt, in einen Zustand politischer Apathie zu versetzen.

Dabei ist die politische Entmündigung derer, die ihn wählen, und derer, die ihn lieben, also der Anhänger der CDU/CSU, nicht mal das Schlimmste. Es ist ihm ja auch gelungen, die außerparlamentarische Opposition aus der Politik zu vertreiben. Getreu der Regel, daß man immer nur so gut spielt, wie es der Gegner zuläßt, kickt die Linke wie Krankl und Co im Spiel gegen die DFB-Auswahl in der eigenen Spielhälfte herum; im Strafraum wird Müsli gekocht, der Libero strickt einen alternativen Sparstrumpf, die Basis ist durchaus grün und keiner weiß, wo das gegnerische Tor steht.

Was Helmut Schmidt tun konnte, damit die Grün-Alternativen, die Anti-Atom- und die Friedensbewegung wachsen, hat er getan. Leider hat er auch getan, was er tun konnte, daß sie so geworden sind, wie sie sind: die Grünen so deutschunpolitisch wie möglich, die AKW-Gegner und die Friedensbewegung so auf »die Atome« als das schlechthin Böse fixiert, daß sie keine Parteien mehr kennen und einen dialektischen Materialismus schon gar nicht.

Und das ist immer noch nichts, gemessen an den Wirkungen, die die Kanzlerschaft des ÖTV-Mitglieds Helmut Schmidt auf die Funktionäre der Arbeiterorganisationen ausgeübt hat – als ein »Genosse« und »Kollege«, als einer von ihnen da unten, der bei denen da oben so angesehen ist, von dem sie sich treten lassen und dessen Tritte sie weitergeben.

Gäbe es eine Ästhetik der Anpassung, müßten wir vor Helmut Schmidt als ihrem Vollender die Prinz Heinrich-Mütze ziehen. Da es so was nicht gibt, müssen wir uns damit bescheiden, ungeduldig auf sein politisches Ende zu warten.

August 1982

Dialektik in Grün

Darin ist große deutsche Einigkeit: die Grünen sind gut oder böse, nützlich oder schädlich, haben recht oder unrecht, müssen geliebt oder bekämpft werden, gehören gewählt oder verboten. Bürger und Bauer können's nicht besser wissen. Daß sie aber auch Sozialisten und Kommunisten so plattem Urteil überlassen, wäre allein Grund genug, ihnen die Grünen auf den Hals zu wünschen.

Was für Tröpfe das sind, die im Gedränge von Kernkraft-Gegnern, Friedensfreunden, Biodynamikern und Basisdemokraten nur die Chlorophyl-Faschisten wahrnehmen? Und was für Köpfe, die an der Garberobe des nächsten Landesparlaments den politischen Verstand abgeben – als habe Petra Kelly, weil ihre Partei in der ersten Hälfte der achtziger Jahre sechs oder acht Prozent der westdeutschen Wählerstimmen gewinnt, Marx, Engels, Lenin, Trotzki und Mao auf einmal widerlegt. Komischer als solche Fünf-Prozent-Renegaten sind nur noch jene alten Hexenmeister, die in die grüne Brandung rufen: »In die Ecke, Besen, Besen, seid's gewesen, *denn als Geister ruft euch nur zu seinem Zwecke stets der alte Meister.*« Die Massen gehören nämlich theoretisch uns.

Wenn es für die Linken hier und jetzt mangels Masse schon nicht darauf ankömmt, die Welt zu verändern, käme es doch darauf an, sie richtig zu interpretieren, den Kopf oben zu behalten und eine widersprüchliche politische Erscheinung in ihren Widersprüchen zu begreifen, das Richtige im Falschen und das Falsche im Richtigen zu entdecken, das Produktive im Destruktiven, das Neue im Alten.

Die Grünen (der Bequemlichkeit halber als Sammelbegriff auch für Grün-Alternative und Alternative) sind *ein* Ausdruck für die Krise des herrschenden politisch-ökonomischen

Systems. Sie sammeln den Widerstand gegen atomare Bedrohung, Zerstörung der Natur, psychische und physische Verelendung. (Einen im Sinn: Sie ordnen den Widerstand auch, machen ihn kalkulierbar und damit zugänglich dem Versuch, ihn systematisch zu überwinden.)

Es ist nicht der Widerstand der unterdrückten Klasse, aber halt auch nicht nur der Widerstand marginaler Gruppen der herrschenden, sondern die Selbstverteidigung »Betroffener«: Anwohner gegen Einflugschneise, Mieter gegen Baukapital, Vegetarier gegen chemischen Salat, Radfahrer gegen Abgas-Industrie, Lebender gegen Atomtod. Es ist nicht der Aufstand der hungernden Verdammten dieser Erde, sondern der Protest aller, die es satt haben, Glück und Leben an »Sachzwängen« scheitern zu sehen: am notwendigen Wachstum des Sozialprodukts, am erforderlichen Verkehrsaufkommen, an der Konkurrenz auf dem Weltmarkt, an den Verpflichtungen im Bündnis, am Gleichgewicht der militärischen Kräfte, an Koalitionszwängen. Sie sind es leid, daß jede Auseinandersetzung schließlich zugunsten der Entscheidung endet, die den Einsatz von Beton verlangt: Startbahnen, Stadtautobahnen, Trabantenstädte, Kernkraftwerke, Abschußrampen. Es ist ein Kalauer der Zeitgeschichte, daß einer der markantesten Vertreter dieser Politik ein gelernter Beton-Facharbeiter ist.

Dem bunten Gemisch der »Betroffenheiten« entspricht das Chaos der grünen Forderungen, ihr moralisierendes Pathos, das zu oft die Erhabenheit des »WimS«-Mottos »pro bono, contra malum« streift. Alles muß besser werden: ein bißchen Friede, ein bißchen Sonne, heile Bäume, glücklicher Lohn für glückliche Arbeit, »Nächstenliebe und Solidarität« (Petra Kelly). Sie verdrängen oder haben nie gewußt, was das System, dem sie das bessere Morgen abfordern, in seinem Innersten zusammenhält: die Anhäufung von Kapital. Gemacht wird, was profitabel ist – und das steht keineswegs im Gutdünken dieses oder jenes Kapitalisten, er ist – um den Preis seines Untergangs und *dieser* Gesellschaft Zusammenbruch – dazu verdammt. Die grundlegende Analyse (man kann es nicht häufig genug sagen) heißt »Das Kapital«, nicht »Der Kapitalist«. Alternative Energie-Anlagen werden in diesem System gebaut, wenn sie mehr abwerfen als Atomkraftwerke, keinen Tag früher oder später.

Doch die historische Alternative ist in hundertjähriger Verfolgung fast gänzlich liquidiert, Sozialisten und Kommunisten sind in der Bundesrepublik eine kleine radikale Minderheit, geduldet aber geächtet, die kommunistische Partei gar »zugelassen«, mit Auflagen, vom damaligen Kanzleramtsminister Horst Ehmke. Sozialismus ist in der Bundesrepublik 1982 keine politische Kraft.

Die Grünen sind es. In weniger als einem halben Jahrzehnt haben sie das stabilste Parteiensystem Westeuropas aufgesprengt, dessen Schutzwälle durchbrochen, sind in Parlamente und Medien eingedrungen, haben Platz geschaffen für Themen und Meinungen, die lange aus der öffentlichen Diskussion verbannt waren. Wobei die Themen meist besser sind als die guten Meinungen dazu. Endlich werden die vierzehn Millionen Menschen, die jährlich in den Ländern Lateinamerikas, Afrikas und Asiens an Hunger sterben, auch in öffentlicher Debatte aus dem Sumpf sozialhelferischer Befassung gezogen. Und es war Petra Kelly, die im ZDF sagen konnte, daß »wir« auf dem Rücken dieser Menschen reich geworden sind. Daß sie zugleich den Imperialismus »Nord-Süd-Konflikt« nannte, daß der Bundesvorstand der Grünen kurz zuvor »Zweifel« beschlossen hatte, »ob die sogenannten Volkskongresse in Libyen tatsächlich den basisdemokratischen Ansprüchen der Grünen gerecht werden«, gibt Zeichen von der imperialen Borniertheit, die das theorielose Gefühl auch grüner Politiker beherrscht. (Sollen die ausgebeuteten Völker des Südens statt auf Gaddafi, Mugabe und Chomeini auf die Schestern Theresa und Petra setzen?)

Dennoch bleibt, gemessen an der Verkommenheit einer sozialdemokratisierten Arbeiterbewegung, selbst die Larmoyanz grüner »Betroffenheit« ein nicht nur humaner, sondern auch politischer Fortschritt. Und die splitterrichterlichen Urteile sogenannter Sozialisten, die an den Grünen nur Programmlosigkeit, Widersprüchlichkeit und Illusionen wahrnehmen, geraten zu politischer Reaktion.

Als Partei werden die Grünen die achtziger Jahre nicht überleben. Wenn ihre gesammelten Forderungen an die Systemgrenze stoßen, muß das Bündnis platzen. Die Wahl zwischen (zerstörerischem) Wachstum und Arbeitslosigkeit ist – unter den Bedingungen kapitalistischer Produktionsweise – keine Fiktion. Auch die Grünen werden sie beantworten müssen – oder die Machtfrage stellen. Die Grünen wären sie dann nicht mehr.

Bis dahin wird man sie wählen müssen. Die Vielfalt der Gruppen und Interessen, die sich in den Grünen tummeln, ermöglicht es auch Sozialisten, mitzumachen ohne sich einmachen zu lassen. Ihre Aufgabe ist es, die Widersprüche bewußt zu machen, die Endlichkeit der Grünen im Kopf zu behalten und ihnen auf die Finger zu klopfen, wenn sie wichtigere gesellschaftliche Erscheinungen – wie die Friedensbewegung – zum Spielball ihrer parteilichen Wahlinteressen degradieren wollen.

Das sozialdemokratische Zeitalter ist vorbei: selbst die kühnsten Reformen taugen bestenfalls noch dazu, die Krisen zu dämpfen, die Zerstörung von Mensch und Natur ein wenig zu bremsen, den letzten Krieg ein bißchen hinauszuschieben. Sozialismus ist nicht in Sicht, der Sturm aufs Winterpalais, der heute den disziplinierten Aufmarsch verlangte, wird nicht morgen stattfinden. Welches Risiko laufen wir also mit den Grünen?

September 1982

Wenn der Weltgeist sich ins Knie schießt

Mainz ist die Rache, spricht der Herr
Wolfgang Neuss

Bundeskanzler Helmut K. Man könnte sagen, daß Geschmack und Nerven an Hubert Kah und der neuen deutschen Welle schon genug hätten und dieser da da da so unnötig war wie ein Ohrwurm. Man könnte fragen, ob die Bundesrepublik am Beginn der letzten Vorkriegskrise der kapitalistischen Ordnung wirklich dem geichtigen und moralichen Führungsanspruch der Frau Strubbelich unterworfen werden mußte. Man könnte klagen, daß wir unsern alten andern Helmut wiederhaben wollen, aber den mit der Tolle.

Man könnte, aber man sollte nicht. Helmut Kohl ist kein Objekt der Satire. Er ist Satire. Es steht zivilisierten Menschen ja durchaus nicht frei, über ihn zu lachen oder nicht: »Zu viele haben zu lange auf Kosten anderer gelebt ... Nur wenn verstärkt Menchen Menchen helfen, wächst die menchliche Qualität unseres Gemeinwesens ... Gesellschaft mit menchlichem Gesicht ... Menchen in der Famillje ... Geborgenheit der Famillje ... partnerschaftliche Famillje ...«

Und er hält nicht nur Regierungserklärungen auf die Famillje, er handelt auch und bringt sie ins »hohe Haus des Deutschen Bundestags« mit: die first lady, zuletzt eine mit Botanisiertrommel, ist dieser nun entstiegen (obwohl man sich fragt, warum Loki neben Nieswurz und Schachtelhalm auch seltene Barbie-Fehlpressungen gesammelt hat); und dazu zwei Stück Söhne, die sich wahrlich gewaschen und gekämmt haben (»Jetzt muß eschtemal de Baba sein Tschop gud mache«).

Was aber in der Famillje recht ist, meint der Kanzler, kann

auch in der Politik nicht unrecht sein, nämlich, daß die Frau zum Mann aufblickt, die Jungen die Älteren verehren und mit sauberen Fingernägeln bei Tisch erscheinen, wo der treusorgende Ernährer von des Tages Müh und Lohn erzählt. Von der Birne heiß/rinnen muß der Schweiß/Ist der Feierabend da/Hausschuh Marke Romika.

Gewiß war es nicht nur der Schreck über einen Nachfolger, dem Deutsch die erste und einzige Fremdsprache bleiben wird, der dem US-Botschafter Arthur Burns beim Abschied von Helmut Schmidt Tränen in die Augen trieb, Margaret Thatcher trauern und den Herren vom Bundesverband der deutschen Industrie schon das erste Glas Schampus nach Katzenjammer schmecken ließ. Schmidt war einfach *ihr Mann*. Einer, der das Bündnis zusammenhielt und die Rüstungsindustrie ankurbelte, der den Antikommunismus in der Arbeiterbewegung schürte und Ruhe an der Klassenfront herstellte, der die Industrie verdienen ließ und ihre Opfer bei Laune hielt, der es fertigbrachte (übrigens, was Regierungstätigkeit angeht, vor allem durch Nichtstun – aber der Zweck heiligt auch dieses Mittel), daß in seinem Reich zwei Jahre hintereinander die Einkommen der Arbeiter gesenkt wurden, ohne daß es zu sog. Arbeiterunruhen kam.

Warum aber, da sich das internationale Kapital und seine Regierungsausschüsse (und, bei aller Meckerei, auch das deutsche) von Schmidt so gut bedient fühlen konnten wie von keinem Reagan und keiner Thatcher, dann trotz alledem Helmut Kohl? Warum dieser albern-reaktionäre Aufguß, dem das Zentralorgan der werbenden Wirtschaft, der »Spiegel«, schon jetzt Rat- und Hilflosigkeit bescheinigt und ein ökonomisches Desaster voraussagt? Es muß doch, bei Hegel, ein vernünftiger Sinn auch in dieser Geschichte stecken.

Es erscheint: Hans-Dietrich Genscher. Doch nun einmal nicht als Objekt einer Charakterstudie (»Der fiese Möp in Vergangenheit und Gegenwart«), sondern als geschichtsphilosophische Größe. Er ist einer der Männer, »deren eigene partikuläre Zwecke das Substantielle enthalten, welches Wille des Weltgeistes ist; dieser Gehalt ist ihre wahrhafte Macht; er ist in dem allgemeinen bewußtlosen Instinkte der Menschen« (G. W. F. Hegel).

Hängen wir's etwas niedriger – Genscher ist nicht gerade einer »der großen Menschen in der Geschichte«, die Hegel im Blick hatte, und der Weltgeist fühlt sich in Bonns AA auch nicht wie's Kind im Haus –, so bleibt: daß das Notwendige, das dem herrschenden System Bekömmliche sich seine Macher sucht. Aus dem von bewußtlosen Instinkten getriebenen, seine partikulären Interessen verfolgenden Genscher muß der Systemgeist gesprochen haben.

Was mag er gewollt haben, der Geist, der Herr Genscher hieß? Eine Regierung Kohl anstelle einer Regierung Schmidt bestimmt nicht. Das war nur das partikuläre Interesse des FDP-Vorsitzenden mit den bewußtlosen Instinkten und das – freilich unvermeidliche – Abfallprodukt bei der Herstellung einer ganz anderen, der eigentlichen Qualität: einer sozialdemokratischen Opposition. Sie ist das Substantielle, welches Wille des Systemgeistes ist.

Außerparlamentarische Bewegungen für Abrüstung, für die Befreiung der Frau, für den Schutz der natürlichen Umwelt, und eine grün-bunte Partei, die sich nicht von ihrer Basis trennen und in die parlamentarische Korruption zwingen lassen will, gefährden das repräsentative System. Die Gefahr ist – mit 400 000 in Bonn und acht Prozent in Hessen – so drohend, daß nur noch Gewalt und/oder massive Integration helfen. Einer oppositionellen CDU/CSU fehlt zum ersten die Macht und zum zweiten die Nähe. Einer regierenden SPD auch. Also mußte die SPD in die Opposition, wo sie frei von dem Zwang, auf Worten Taten folgen zu lassen, mit radikalen Reden Emotionen auf sich ziehen kann. »Frankfurter Rundschau« vom 19. Oktober: »Schmidt sieht Klassenkampf ... Der Ex-Kanzler beschwor die Gefahr, daß die Wende in Bonn ›eine Neuauflage des Klassenkampfs von oben‹ einläuten könnte: ›Ich möchte als Sozialdemokrat nicht zum Klassenkampf von unten gezwungen werden.‹« Vier Wochen zuvor wäre dieses Vokabular noch Grund für einen Parteiausschluß gewesen.

Brandt, Glotz, Dohnanyi, Ehmke (ja, auch er sagte – und sogar im Bundestag – »Klassenkampf«) haben in der Nacht vom 17. auf den 18. September mehr Neues entdeckt, als auf eine Kuhhaut geht. Plötzlich finden sie die Friedensbewegung, an deren Demonstrationen teilzunehmen sie ihren Mitgliedern noch vor ein paar Monaten verbieten wollten, eher positiv und lehrreich, und Peter Glotz überlegt schon, ob die SPD bei den DGB-Kundgebungen gegen Sozialabbau, die noch gegen die Regierung Schmidt beschlossen worden waren, haufenweise mitmarschieren sollte. Wenn das so weitergeht, dauert es nicht ein Jahr und Karsten Voigt wird öffentlich Marx zitieren.

Wenn das auch noch Erfolg hat, wenn es diesen peinlichen Fürzefängern gelingt, dem Widerstand gegen *ihre* dreizehnjährige Politik den Wind aus den Segeln zu nehmen, dann hat Genschers Geist gesiegt, und Schmidt oder Wischnewski oder – unmöglich ist kein deutsches Wort, also: – Ehmke in ein paar Jahren mithilfe einer von Mischnick geführten FDP dort weitermachen, wo Schmidt vor ein paar Wochen aufgehört hat. Die Regierung Kohl/Genscher ist ein Unglück. Aber sie ist kein so großes, daß um ihrer raschen Ablösung willen die Zerstörung der Widerstandsbewegungen in Kauf genommen werden dürfte.

November 1982

Heute in einem Jahr

Heute in einem Jahr werden die ersten atomaren Mittelstreckenraketen vom Typ Pershing II in der Bundesrepublik installiert. Heute in einem Jahr wird das Politbüro der KPdSU darüber entscheiden, ob die Sowjetunion den Einsatz dieser Waffen abwarten oder die Rettung in einem Präventivschlag suchen soll. Morgen in einem Jahr kann hier Euroshima sein.

Es wird uns nicht helfen, daß die Medien die Stationierung der Pershing II zum Friedensdienst verklärten und die Aufrüstung zur Nachrüstung. Wie wünschte man, »FAZ« und »Bild«, ARD und ZDF könnten die Wirklichkeit nach ihren Lügen bilden. Aber das kann nicht einmal Ernst-Dieter Lueg.

In den kurzen Stunden der Besinnung, die der Tod, auch der des gehaßten Gegners, zu erzwingen scheint, erfuhren wir von Henry Kissinger wie von Franz Josef Strauß, daß Leonid Breschnew den Frieden gewollt habe, und Alexander Haig fand die Worte: »Seine Furcht vor dem Krieg war echt.« Wie schön, daß dagegen etwas unternommen wurde und die Regierung der USA das größte Rüstungsprogramm der Geschichte auflegte.

Lügen haben nicht kurze Beine, sondern lange Weile, während die Wahrheit bloß langweilig ist. Erinnert sich noch wer an die Kampagne gegen die Berufsverbote? Wer konnte, nach dem fünften Kommentar, der zehnten Rede, der zwanzigsten Diskussion, die Wahrheit immer noch einmal vortragen, immer noch einmal ertragen? So haben die Amtsärsche uns ausgesessen. Von der Kampagne gegen die Berufsverbote sind die Berufsverbote geblieben. Wird von der Kampagne gegen die Raketenstationierung mehr bleiben als die Stationierung der Raketen? Bis von beidem nichts mehr bleibt?

Das hängt nicht zuletzt davon ab, wie penetrant die schreibenden, redenden, organisierenden Anführer des Widerstands an einem Thema festhalten, dem sich schon lange kein zündender Einfall und keine originelle Wendung mehr abpressen lassen. Zum letzten Schrei gibt es keinen dernier cri. Immer wieder muß die schon aufreizend langweilige Wahrheit wiederholt werden:

— Die sowjetischen Mittelstreckenraketen vom Typ SS 20 sind eine gefährliche atomare Waffe. Ihre Verschrottung ist wünschenswert. Aber: Ihre Aufstellung bedeutet keine Bedrohung Westeuropas, sie stört nicht das atomare Gleichgewicht, sondern sie stellt es (gegen die luft- und seegestüzten Mittelstreckenraketen der Nato) erst her. Die SS 20 gibt der Sowjetunion nicht die Möglichkeit, einen atomaren Erstschlag mit Aussicht auf Erfolg (das wäre: die Zerstörung der Rückschlagsfähigkeit der Nato) zu führen.

— Die US-amerikanischen Mittelstreckenraketen Pershing II und Cruise missile sind von anderer Qualität. Die Einführung dieser Waffen und ihre Dislozierung auf dem Gebiet der Bundesrepublik erhöhen die Erstschlagsfähigkeit der Nato so dramatisch, daß der amerikanische Traum vom begrenzten und gewinnbaren Atomkrieg greifbare Konturen annimmt. Zum erstenmal in der Atomwaffengeschichte wären die USA in der Lage, mit einer Vorwarnzeit von wenigen Minuten alle ausgespähten Ziele zwischen Elbe und Ural mit einer Treffgenauigkeit von 10 Meter Radius atomar zu bombardieren.

Das ist die militärische, die waffentechnische Wahrheit: Die Sowjetunion will nicht nur keinen atomaren Krieg, sie kann ihn gar nicht wollen; die Vereinigten Staaten aber sind dabei, die Voraussetzungen für einen »erfolgreichen« Atomkrieg zu schaffen.

Wollen sie ihn auch führen? Sie wollen jedenfalls die Sowjetunion, den staatlich organisierten Kommunismus, bis zum Ende dieses Jahrhunderts aus der Welt schaffen. Das ist nicht nur eine Gehirnblähung jenes martialischen Clowns, den sich das US-Kapital zum Präsidenten auserwählt hat, sondern die einzige Perspektive aus einer hoffnungslosen Lage. Geht es noch zwanzig Jahre so weiter mit den Befreiungsbewegungen der Dritten Welt, gibt es bald gar keine Eingeborenen mehr, die Gold für Glasperlen geben, dann endet der american way of life an der Stirnmauer einer Sackgasse. Deshalb muß der weltpolitische Widerpart, dessen Existenz und Stärke den Rebellen Freiräume schafft, liquidiert werden.

Das Arsenal der Waffen ist reichhaltig. Da ist zuerst das von Außenminister Shultz und seinem Staatssekretär Eagleburger forcierte Programm der Subversion – Shultz: »Es liegt in unserer Verantwortung, moralisch und politisch, auf die demokratischen Hilferufe zu reagieren«; Eagleburger: »Wir haben nicht genug getan, demokratische Bewegungen besonders in kommunistischen Ländern zu fördern.« Zu diesem Zweck wird die CIA mehr Geld und mehr (Un)Rechte erhalten.

Parallel zur Subversion läuft der Wirtschaftskrieg, über den George F. Kennan, Berater der Präsidenten Truman und Kennedy, jüngst sagte: »Für das Bestreben, die ganze wirtschaftliche Entwicklung eines anderen Volkes zu verhindern oder zurückzusetzen, dürfte in der Politik eines demokratischen Staates in Friedenszeiten kein Platz sein. Dies sind Mittel mit denen man einen Krieg vorbereitet.« Das sollen sie ja auch sein.

Die nächste Waffe ist die Totrüstung. Unter Reagans Führung haben die USA ein Rüstungsprogramm beschlossen, das die Sowjetunion auf allen militärischen Gebieten mit US-amerikanischer Überlegenheit bedrohen und so zu selbstmörderischen Rüstungsausgaben zwingen soll.

Und wenn das alles nichts hilft – bei den verdammten Bolschewisten hat schon manches nicht geholfen –, bleibt da noch der auf das Gebiet zwischen Atlantik und Ural begrenzte, gewinnbare (»victory is possible«) Atomkrieg.

Dazu braucht man natürlich die Westeuropäer, vor allem die Westdeutschen. Und da zahlt sich nun aus, was man seit dem Ende des Zweiten Weltkriegs in die politischen, wirtschaftlichen und publizistischen Führungskräfte dieses Landes investiert hat – an Stipendien, Bildungsreisen, Symposien und ganz schlichten Honoraren. Musterknaben dieser Erziehung sind unser Bundesgrinser und – in seinem Gefolge – jene auf Kriegsgott geschminkte Tunte, die sich nach Härtung im Strahlenbad des Atomkriegs zu sehnen scheint.

Aber, reagieren wir uns nicht an diesen ab und nicht an jenen sozialdemokratischen Meisterdiplomaten, die mit der »Nachrüstung« die USA zur Abrüstung zwingen wollten und nun furchtbar weinen müssen, daß der Flegel Hans-Dietrich ihre Sandburg plattgetreten hat. Über die Feinheiten politischer Taktik, lieber Egon Bahr, wollen wir uns in diesem Leben mit Dir nicht mehr unterhalten.

Heute in einem Jahr – ist das noch zu verhindern? Und wie? Es wird nicht genügen, noch ein- oder zweimal auf den Rheinwiesen zu lagern. Will die Friedensbewegung mehr sein als ein hunderttausendfaches Alibi, nach dem keiner mehr fragen wird, muß sie jetzt ernst machen: mit der Entwicklung, Diskussion, Planung und Einübung praktischen Widerstands.

Dezember 1982

Freiers Wirtschaft

Die Brauchitsch-Einlassung geht über alles hinaus, was linke Stamokap-Ideologen über die »Instrumentalisierung der Politik durch das Kapital« zusammengeschrieben haben.
»Spiegel« vom 24. 1. 83

Warum so bitter, die Herren? Warum »Ideologen«, warum »zusammengeschrieben«, wenn Brauchitschs Einlassung diesen Linken doch mehr als recht zu geben scheint?

Tatsächlich hat Flicks ehemaliger Generalbevollmächtigter gestanden, aus der schwarzen Firmenkasse mehrere Millionen Mark an Politiker der vier Bundestagsparteien bezahlt zu haben – »in dem Bemühen um eine Versachlichung der politischen Diskussion« über die Frage, ob die Bundesrepublik der Friedrich Flick KG 860 Millionen Mark Steuern erlassen soll oder nicht. Nachdem alle Beteiligten ausreichend geschmiert waren, wurde Steuerfreiheit gewährt. Ein klassischer Fall von Instrumentalisierung der Politik durch das Kapital, oder nicht?

Eben nicht. Denn, sagen die Freier der Marktwirtschaft, dieser Fall »geht über alles hinaus«, was die Theorie des staatsmonopolistischen Kapitalismus behauptet, er ist zwar noch schlimmer, aber dafür auch weniger schlimm, denn er ist ein Einzelfall, der nichts für das Gesamtsystem beweist, ein Kriminalfall. Entsprechend beschreibt der »Spiegel« den Täter:

Der Abkömmling einer schlesischen Adelsfamilie, zu der auch Hitlers Generalfeldmarschall Walther von Brauchitsch gehörte, verfügt über alle Attribute, die so manchem Volksvertreter Ehrfurcht einflößen. Mit fast zwei Metern Größe und zwei Zentnern Gewicht rückt sich von Brauchitsch schon in bleibende Erinnerung, wenn er mal neben dem Herrn Minister steht. Er bevorzugt Nadelstreifenanzüge, die sonst nur Boxer zu tragen wagen, und Eberhard von Brauchitsch war Amateurboxer. Sein erdrückendes Selbstbewußtsein und der locker-selbstverständliche Umgangston vermittelten unter Politikern leicht den Eindruck, daß so wohl der Mann von Welt beschaffen sei.*

Haltet den Brauchitsch! Faßt den Einzeltäter, der die ganze schöne Wirtschaft in Verruf bringt! Besondere Kennzeichen: Fast zwei Meter groß, zwei Zentner Gewicht, erdrückendes Selbstbewußtsein.

Leider will keine rechte Jagdstimmung aufkommen. Die öffentliche Reaktion auf die Enthüllungen über den nadelgestreiften Boxer reicht von ziemlich egal bis völlig wursch*. Daß die Herren Kohl, Strauß, Lambsdorff, Friderichs oder Möllemann allein für Gottes Lohn (aus christlichen Partei- oder Staatskassen) dem Gemeinwohl dienen, hat sowieso kein denkender Mensch angenommen.

Ein wenig Enttäuschung hat allenfalls die Offenbarung des Staatsgeheimnisses verursacht, daß auch die große Partei der Arbeiterbewegung genommen hat: ihre Friedrich-Ebert-Stiftung 4,5 Millionen und ihr früherer Schatzmeister Alfred Nau einige hunderttausend Mark, um »auf verschiedenen Ebenen auf die Angehörigen des linken Flügels der Fraktion einzuwirken... Im Gegenzug zu der Erweisung solcher Gefälligkeiten könnte er (Nau) sich für seine politischen Gestaltungsvorstellungen bei seinen Parteikollegen besonderes Gehör verschaffen« (Brauchitsch).

Diese Einlassung wiederum geht über alles hinaus, was Wladimir Iljitsch Ulanow, genannt Lenin, über die Heranzüchtung einer politisch gefügigen »Arbeiteraristokratie« zusammengeschrieben hat. Der alte Bolschewik hatte sich das so gedacht, daß die Bourgeoisie der heimischen Arbeiterklasse dadurch das Bewußtsein abkauft, daß sie dieser einen

Teil ihrer Kolonialprofite zuschiebt. In der neueren Lehre wird der Kreis der Begünstigten auf die Funktionäre der Bewegung beschränkt und das Geld bei den Steuerzahlern eingetrieben. Ohne Umweg über Deutsch-Südwest.

Voraussetzung für diese kapital- und zeitsparende Prozedur war und ist die Parlamentarisierung der Arbeiterbewegung. Erst das repräsentative System, das die spontanen Wechselfälle direkter Demokratie ausschließt und die politischen Mandate in Partei und Parlament quasi lebenslänglich verleiht, macht die hohen Investitionen in einzelne Personen lohnend – dann aber auch über alle Maßen. Man schätze, was Flicks Brauchitsch an die Wähler oder auch nur an die Mitglieder der SPD hätte verteilen müssen, um sie für ein Steuergeschenk von 860 Millionen Mark zu gewinnen – das hätte ja den Aufwand nicht gelohnt.

Eigentlich und entgegen dem Schein, den die vielen Scheine in verschlossenen Couverts erwecken, ist Eberhard von Brauchitsch ein sparsamer Mann, den es geärgert hat, für eine bloße Selbstverständlichkeit, die längst bezahlt war, noch einmal Geld ausgeben zu müssen. Denn wie er, ganz Anhänger der Theorie vom staatsmonopolistischen Kapitalismus, glaubte, hat der marktwirtschaftlich organisierte Staat eh nur die Aufgabe, die auf seinem Boden wirkenden Kapitalien zu schützen und zu mehren, das heißt (bei Engels): als »ideeller Gesamtkapitalist« zu wirken. Daß dieser Apparat noch glatter läuft, wenn man ihn ein wenig schmiert, war gebongt – dazu stopfte man ja schließlich genug in die Geldwaschanlagen der Parteien, die unter dem Decknamen »Stiftung« laufen. Daß aber nun auch noch Einzelmassage verlangt wurde, hat den Stamo-Kapitän erbost.

Die Wut über den verlorenen Groschen und die Jungs, die ihn verlangt hatten, mag den Eberhard von Brauchitsch dazu veranlaßt haben, alle Schmiergeld-Belege sauber abzuheften, damit er – durch Androhung empfindlicher Übel – wenigstens die Lieferung der bezahlten Ware hätte erzwingen können. Denn sein Vertrauen in das Geschäftsgebahren dieser Herren war nicht mehr allzu groß. Konnte er damit rechnen, daß irgendein subalterner verbohrter Beamter, der womöglich noch das Grundgesetz unterm Arm trägt, in die Tresors eines Unternehmens einbricht, das die freiheitliche Komponente dieses Staates verkörpert?

Die Propagandisten der freien Marktwirtschaft mögen auf dem Teppich bleiben! Auf einem Markt ist alles Ware: Spülmittel, Plattenspieler, Bildung, Gesetze, Redakteure, Politiker, Atomwaffen und die Meinungen dazu. Wenn etwas am Fall Brauchitsch skandalös genannt werden darf, dann erstens, daß die Einzelfall-Bestechungen überhaupt nötig waren, und zweitens, daß dies in die Öffentlichkeit getragen wurde. Wofür Brauchitsch nun wegen »Vorteilsgewährung« verfolgt wird, dafür werden die Hälfte aller Bundesverdienstkreuze mit Stern und Schulterband verliehen.

Ich will keinem die Schadenfreude vergällen. Aber sich an der Erkenntnis zu wärmen, daß der Jürgen Möllemann für ein paar Scheinchen (und einen Dienstwagen dazu, welche Überinvestition!) so ziemlich alles tut, kann für einen Linken keine abendfüllende Beschäftigung sein. Und daß die FDP-Abgeordneten ihre Meinung zu der Frage, ob mit der SPD regiert werden sollte oder nicht, für nichts und wider nichts – also ganz umsonst – geändert haben könnten, wird den angebrochenen Abend auch nicht retten.

Ein ganzes Stück weiter hilft schon die Frage, warum die Verteidiger dieses Systems so verbissen gegen das imperative Mandat kämpfen, das den Abgeordneten zwingen würde, die Aufträge seiner Wähler – oder wenigstens der Parteibasis, die ihn nominiert hat – zu befolgen. Warum sie so großen Wert darauf legen, daß der Abgeordnete nur seinem Gewissen verpflichtet ist und an Weisungen nicht gebunden – es sei denn an Überweisungen?

März 1983

FDGOGMW*

*Es geht nicht anders, aber
so geht es auch nicht.*
Älterer Dichter, neuere Fassung

Das war die Stimmung. Auch an ein anderes Wort von Brecht wird am Abend des 6. März 1983 mancher gedacht haben: Wäre es nicht besser, man löste das Volk auf und wählte ein anderes? Bei aller Skepsis, wie es sich wohl mit dem »objektiven Interesse« verhalte, war doch offenkundig: Die Mehrheit hatte gegen sich gestimmt – Arbeitslose gegen Arbeitsplätze, Arbeiter gegen ihre Löhne und bessere Arbeitsbedingungen, Frauen gegen Emanzipation, Rentner gegen Rente, Jugendliche gegen Bildungschancen, Friedliebende gegen den Frieden. Scheiß Demokratie!

Was zur Wahl stand, wurde nicht gewählt. Eine garantiert konservative Sozialdemokratie, bewährt in ruhiger und ordentlicher Verteidigung des gesellschaftlichen und politischen Systems, eisern gewillt, die Lasten der Krise ausgewogen auf Multimillionäre und Sozialhilfeempfänger zu verteilen, bekam den Laufpaß. Wider alle Vernunft klammerte sich die Mehrheit an die Hoffnung auf einen »Aufschwung«, der erstens nicht kommt, zweitens – wenn ein bißchen doch – nicht wegen, sondern trotz der Bonner Wende, und der, drittens, alles mögliche nach oben bringt, die Dividenden, die Zahlungsbilanz, den Export, die Mark, doch gewiß nicht die Zahl der Arbeitsplätze, die Löhne, die Renten.

Was zur Wahl steht in diesem Jahrzehnt, wurde erst gar

---

* Freiheitlich-demokratische Grundordnung geistig-moralischer Wende

nicht zur Wahl gestellt: Ob die Erde bewohnbar werden und Europa bewohnbar bleiben soll. Sechzig Prozent der Bundesbürger sind gegen neue Atomraketen. In freier Wahl haben sie ein Parlament gewählt, in dem die atomare Aufrüstung eine Dreiviertel-Mehrheit hat. Das ist Demokratie.

Ist das Demokratie, wenn von ausgehaltenen Medien idiotisierte Massen gegen ihr eigenes Leben anrennen? Die linke Intelligenz, die in den öffentlichen Dienst will oder in den privaten muß, kann sich diese Frage schon lange nicht mehr leisten. Ersatzweise beschäftigt sie sich mit teils wehleidiger, teils geheuchelter Lobpreisung des Grundgesetzes, das angeblich so viele progressive Möglichkeiten enthält. Ab und zu macht sich einer den Spaß, einem CDU-Kandidaten den Artikel 15 vorzulesen (»Grund und Boden, Naturschätze und Produktionsmittel können zum Zwecke der Vergesellschaftung ... in Gemeineigentum überführt werden«), und amüsiert sich fürstlich über den prompten Vorwurf, ein Verfassungsfeind zu sein. Komisch ist aber bloß der Rezitator.

Denn trotz solcher Einsprengsel scheinbar revolutionären Vokabulars ist das Grundgesetz ein Grundbuch bürgerlichen Herrschaftsbesitzes. Die bürgerliche Demokratie, deren Prinzipien darin niedergelegt wurden, ist eine Staatsform des Reichtums, gegründet auf nationale Ausbeutung und auf eine internationale, die die nationale für die Ausgebeuteten erträglich machen soll. Sie funktioniert, solange reichlich Mittel vorhanden sind, ihre maßlosen Spesen zu begleichen: Die Kosten, die dadurch entstehen, daß vier Jahre in die eine und dann wieder vier Jahre in die andere Richtung regiert und gewirtschaftet wird; die Kosten für die Bauruinen aus den gesellschaftlichen und politischen Gewaltenteilungskriegen; die Kosten für das Recht auf willkürlichen Umgang mit Umwelt, Ressourcen und Gesundheit; die Kosten für das Recht auf Werbung, Irreführung und Verblödung. Während Misereor und Brot für die Welt Krümel sammeln, verhungern täglich Tausende in Afrika, Asien und Lateinamerika allein für die bundesdeutsche Freiheit, an jedem Kiosk die Geschichte vom letzten Scheidenvorfall der Prinzessin Ilsebill kaufen zu können. Den Kampf um diese Freiheit trägt Hans-Dietrich Genscher bis nach Namibia.

Kurzsichtigkeit und ein linker Opportunismus, der bis in die vom Schielen auf Wählerstimmen unabhängige Partei der Kommunisten reicht, haben die sogenannten »bürgerlichen Freiheiten« in den Fundus sozialistischer Politik aufgenommen und zu ewigen Gütern der Menschheit verklären helfen, was als Luxusartikel von Kolonialmächten entstanden ist. Lieber nicht fragen, wer das bezahlen soll – denn es sind die, die in den letzten zweihundert Jahren auch bezahlt haben.

Ronald Reagan, der auch als Politiker ein *schlechter* Schauspieler ist, sagt die Wahrheit, wenn er seine Rapid Deployment Force zur Sturmspitze im Kampf um die bürgerlichen Freiheitsrechte (auch »Menschenrechte« genannt) erklärt. Die Behauptung, man könne alles haben: Brot für die Welt und freie Wahlen, Frieden auf Erden und den Menschen ein Gefallen am Wohlstand Mitteleuropas, gerechte wie sparsame Nutzung der Ressourcen und Freiheit am Markt der Waren und Meinungen – das ist eine schon nicht mehr so recht liebenswerte linke Lenbenslüge.

Man lese die Berichte der UNO über die fortschreitende Verelendung der dritten und vierten Welt, blicke auf die Karte des Atomwaffenlagers Bundesrepublik und sehe sich dann die Tagesschau an, höre die Erklärungen, Unterstreichungen und Betonungen der Kohl und Mitterand, Weinberger und Kreisky, Fanfani und Lahnstein, diese Scherzchen auf das Ende der Welt, Lichtjahre entfernt von rettender Einsicht und sich täglich weiter davon entfernend, in Bonn jetzt beschleunigt durch geistig-moralische Abwende. Und preise dann die bürgerlich-parlamentarische Demokratie als der Güter höchstes.

April 1983

Locker wie in Vietnam

An den Völkern von El Salvador und Nicaragua – wenn diese geographische Abschweifung von den Brennpunkten unseres weltpolitischen Interesses: Grenzübergang Drewitz, Libyen, Danzig erlaubt ist – wird Mord geplant. Es ist möglich, daß irgendwo dort auf der Landenge Mittelamerikas die erste Neutronenbombe der Kriegsgeschichte fällt.

Die Lage ist einfach: Ließe man den Völkern dieser Region ihren Willen, dann käme das sandinistische Nicaragua zu Kraft, El Salvador wäre bald befreit, die Nachbarstaaten würden den Beispielen folgen und die USA verlören ihre lateinamerikanischen Kolonien. Die Lage ist so einfach, daß sogar Ronald Reagan sie begreift. Die USA, sagt er, seien dann der letzte Dominostein in diesem Spiel. Das Universale System der Ausbeutung (USA) müßte fallen.

Jeder verständige Mensch versteht, daß es soweit nicht kommen darf. Das aber heißt: Die nicaraguanische Revolution muß umgewälzt, die salvadorianische zerschlagen werden. Der Streit, mit dem die Medien uns seit Monaten beschäftigen, gilt nur der Frage, welche Methode nützlicher sei.

Reagan und seine Gang machen sich die Sache leicht: In Honduras sammeln sie die Nationalgardisten des früheren Diktators Samoza und andere Gegner der Sandinisten, bilden sie aus, kleiden sie ein, bewaffnen sie und geben ihnen die Einssatzbefehle. In El Salvador rüsten die USA die Armee ihrer Marionetten-Regierung und die Killer-Kommandos des Faschisten d'Aubuisson auf.

In wenigen Wochen will die Regierung El Salvadors damit beginnen, die von der Befreiungsbewegung besetzten Gebiete auszuräuchern. Das US-Magazin »Newsweek«: »Die Pläne sind in zweijähriger Arbeit in Washington und von der US-Botschaft in El Salvador entwickelt worden ... Sie lehnen sich, locker, an ein Programm an, das in Vietnam unter der Bezeichnung Civil Operations und Revolutionary Development Support (CORDS) gelaufen ist ...

Der Plan verlangt von den Soldaten, killing any guerillas who stand and fight.«

Was Napalm für CORDS war, kann die Neutronenbombe für den neuen Plan werden. Militärtechnisch wäre sie einfach ideal – und wurde der Präsident nicht oft als großer Idealist beschrieben?

Reagans Politik, wir lesens täglich, findet auch Widerspruch. Da hat die demokratische Mehrheit im US-Kongreß der Regierung beispielsweise verboten, Geld auszugeben, »um die Regierung Nicaraguas zu stürzen«, und eine zusätzliche Militärhilfe für El Salvador in Höhe von 50 Millionen Dollar verweigert. Die Begeisterung über diese Anfälle von Menschlichkeit wird leider dadurch gedämpft, daß der Präsident dennoch 30 Millionen Dollar zur Bewaffnung und Ausbildung der Somoza-Söldner ausgegeben hat, und ein Ausschuß des Kongresses eine bereits für andere Zwecke bewilligte Summe von 60 Millionen Dollar für (also gegen) El Salvador »umwidmen« wird.

Nein, Reagans Gegner sind bestimmt keine Freunde des nicaraguanischen und salvadorianischen Volkes. Könnten sonst die ehemaligen Außenminister Vance und Muskie an ihrer Spitze stehen? Auch sie wollen, was Reagan will – nur ein bißchen anders. Sie fürchten, daß plumpe militärische Aggression den Haß aller Welt auf die Völkermörder ziehen würde. Als ob es nicht ausreiche, die Revolution in so armen lateinamerikanischen Ländern durch Infiltration, Propaganda, Sabotage, Boykott und militärische Bedrohung so zu deformieren, daß zuerst die wohlmeinenden Liberalen, dann die Sozialdemokraten, darauf die linken Sympathisanten und schließlich sogar die ungeduldigen Mitstreiter der Revolution sich von ihr abwenden – um so schneller und gründlicher, je erfolgreicher sich die Revolution ihrer Feinde erwehrt, je realer sie zu existieren beginnt. Was haben die USA mit der kubanischen Revolution und deren Bild in unseren Köpfen gemacht? Bei einem so aufrechten Mann wie Peter Paul Zahl kann man es nachlesen:

Der Analphabetismus ausgerottet, das Gesundheitswesen fast vorbildlich, die Unterstützung von Befreiungsbewegungen in drei Kontinenten, der Hunger besiegt, revolutionäre und technische Intelligenz, Exportschlager und so weiter und so fort. Gewiß. Das kennst du, das weißt du, das schätzt du. Das muß dein Urteil gerechter machen. Aber. Das kann doch nicht alles gewesen sein ... Bittre Gedanken von jemand, der gewisse Aufsätze von Che einst mit Begeisterung gelesen hat; Che ist wohl endgültig tot auf Kuba.

Aus der Traum. (Che Guevara ist wohl endgültig ermordet worden in Bolivien, von CIA-geführten Banditen.) Weiß Zahl, wie recht er hat? Daß der kubanische Mythos in seinem und vielen anderen Köpfen noch fortlebte, wenn die US-Landung in der Schweinebucht geglückt wäre? Und wenn die Sowjetunion nicht mit täglich einer Million Dollar aus Hunger und Not geholfen hätte? Noch sammelt die jungliberale »Tageszeitung« Geld für die salvadorianische Freiheitsbewegung, doch schon meckert sie über deren regierende Genossen in Nicaragua, »deckt ihre Schwächen als nationale Befreiunsbewegung auf« und beschwert sich, daß »die Sandinisten immer noch keine Journalisten ins Kampfgebiet lassen«. Überschrift: »Die bedrückenden Riten der Revolution«.

Kein »TAZ«-Leser, seid ehrlich, würde von selbst darauf kommen, daß dies *nicht* die Überschrift in seinem Blatt war. Sie stammt aus der Zeitung, die Papa sich hält: der »Süddeutschen«. Dort wird auch das Manifest der ehemaligen Sandinisten Alfonso Robelo und Eden Pastora vorgestellt. Die beiden *forderten vom Regime jedoch die Erfüllung der Urprinzipien der Revolution, also: tatsächliche Parteien- und Ge-*

werkschaftsfreiheit statt »Minimalpluralismus« und »fortschreitende Beschränkung andersdenkender Organisationen«, politisch neutrale Streitkräfte statt der sandinistischen Volksarmee, Abkehr von der pro-sowjetischen Außenpolitik und wirkliche Blockfreiheit, Pressefreiheit statt Zensur, Streikrecht für die Arbeiter, eine gemischte Wirtschaft, die allen, auch Privatunternehmern, Sicherheit gebe ...

Sie forderten, mit einem Wort: daß sich die regierenden Sandinisten am besten gleich selbst aufhängen sollten. Eden Pastora, der legendäre »Commandante Cero«, ist einer jener tollkühnen Revolutionäre, ohne die keine Revolution kämpfen und siegen, mit denen keine Revolution überleben kann. Che, der das von sich wußte, zog nach dem siegreichen Einzug in Havanna weiter – nicht nach Miami, wo sich die Konterrevolution sammelte, sondern nach Bolivien. Commandante Cero ziert sich noch, mit Somozas Offizieren direkt zusammenzuarbeiten. Aber Freunde, die deren Freunde sind, hat er schon. Die Mühen der Ebene sind nicht Sache der phantasievollen, genialen, unbeugsamen Kämpfer. Und auch nicht derer, die ihre Lieder singen. Um so erstaunlicher ist die Parteinahme der Schriftsteller Heinrich Böll, Günter Grass und Graham Greene:

Die gegenwärtige Regierung der Vereinigten Staaten hat einen Krieg gegen das Volk und die Regierung von Nicaragua begonnen ... Es ist ein geheimer, irrationaler, reaktionärer, inhumaner, gefährlicher, verlogener, unmoralischer Krieg.

Und wer hilft den so reaktionär, unmoralisch und inhuman Bekriegten? Mit Resolutionen noch so bedeutender Schriftsteller im Rücken sieht man gegenüber einem US-amerikanischen Schnellfeuergewehr nur moralisch gut aus (und nicht mal das). Wer tut wirklich was? Kuba. Und wer hilft Kuba?

An diesem Abend lasen sie nicht weiter, sagt der Dichter.

Mai 1983

Macht das Tor zu

Petra Kelly und Gert Bastian lassen sich auf dem Alexanderplatz von der DDR-Polizei festnehmen, Frau Kelly wird fast vergewaltigt (»Ich wurde brutal an Brust und Armen gepackt, mir wurde übel«). Am Grenzübergang Drewitz wird ein Transitreisender durch Herzinfarkt »ermordet« (Strauß). Der Schriftsteller Hermann Kant ist ein Stasi-Offizier (»Welt«). Das Dioxin von Seveso lagert in der DDR (»Tageszeitung«). Das Attentat auf den Papst hat der KGB arrangiert (ARD). Die Hitler-Tagebücher sind eine Fälschung »aus den Werkstätten des Ministeriums für Staatssicherheit« (»Welt«) oder, noch besser: »Nach einem Gespräch, das ich mit Heinz Brandt in Frankfurt führte, habe ich eine begründete Vermutung, wer das Haupt der DDR-Fälscher ist: Hermann Axen, im SED-Politbüro verantwortlich für Agitation, Ideologie und Propaganda (Michael Siegert in der »Tageszeitung«). Sprecher der Bundesregierung wird Peter Boenisch, Chefredakteur der jahrlang stacheldrahtumrandeten »Bild«-Zeitung und auch bei der »Welt« Wächter über die Gänsefüßchen vor und hinter der »DDR«.

Merkt keiner was?

Ja, ich weiß: die Motive sind doch so ganz andere. Strauß und Springer wollen den Zweiten Weltkrieg gewinnen, die grünen Friedensfreunde aber sind solidarisch mit den Unterdrückten. Sie wollen Frieden, Menschenrechte, Freiheit, demokratischen Sozialismus dort drüben, blockübergreifend, von unten, basisch.

Vergessen wir mal die schlichten Agenten und auch die Opportunisten, die in der Friedensbewegung nichts als die Chance sehen, ein gigantisches Osteuropa-Komitee aufzuziehen. Reden wir von den ehrlichen Friedenskämpfern und ihren Blick auf die östliche Welt. Vor ihnen steht ein Warschauer Pakt, gerüstet bis an die Zähne, sie sehen preußisch-zackige Aufmärsche vor Generälen, die geschmückt sind wie die Pfingstochsen, sie hören von Schießübungen im Kindergarten und von verhafteten Pazifisten. Warum sollten die Friedensfreunde (West) nicht mit denen (Ost) eine große gemeinsame Bewegung bilden? Was soll falsch daran sein, daß Petra Kelly im Osten Berlins ein Spruchband entfaltet, dessen Text der Bibel entstammt und zugleich eine sowjetische Losung ist: Schwerter zu Pflugscharen?

Die »taz«, Tageszeitung für Söhne und Töchter, hat einen Artikel aus »Tygodnik Mazowsze«, einem Organ des Solidarnosz-Untergrunds, nachgedruckt, in dem die Friedensbewegungen des Westens kritisiert und die USA aufgefordert werden, ihre Rüstungsanstrengungen zu vermehren. Das gibt gewiß nicht die Meinung der Friedensgruppen etwa in der DDR wieder, es macht aber auf einen grundsätzlichen Unterschied aufmerksam: Der Kampf der osteuropäischen Opposition, auch der pazifistischen, ist ein innergesellschaftlicher. Er richtet sich gegen bestimmte (militaristische Erscheinungen in der gesellschaftlichen Ordnung dieser Staaten oder gegen diese Ordnung insgesamt. Was der Ausgangspunkt der westlichen Friedenbewegung war: nukleare Rüstung und Atomkriegsplanung, spielt dort so gut wie keine Rolle – in dieser Frage sind den Regierungen Osteuropas keine dort glaubwürdigen Vorwürfe zu machen.

Nun kann man ja der Meinung sein, daß der Kommunismus »das Böse« schlechthin ist und »auf den Schrotthaufen der Geschichte« gehört, wie Ronald Reagan es verlangt; oder, daß die staatliche und gesellschaftliche Ordnung, die dort drüben waltet, demokratisch-sozialistischer Aufmischung bedürfe; oder auch nur, daß jene roten Erziehungsdiktaturen nicht das Endziel kommunistischer Geschichte darstellen können. Für jede dieser Meinungen mag es im Westen Unterstützung geben, und es muß jedem der so, so oder

Denkenden unbenommen bleiben, für seine Ansicht zu kämpfen: in Osteuropa-Komitees, bei Solidarität mit Solidarnosz, auf Menschenrechts-Konferenzen, bei den Grünen, in der SPD.

Die Friedensbewegung dürfte dafür keine Basis bieten. Ihr verabredetes Ziel ist *nicht* die Änderung der gesellschaftlichen Ordnung in der Bundesrepublik oder sonstwo, sondern die Verhinderung eines Atomkriegs. (Stillschweigendes Minderheitenvotum ohne Anspruch auf Konsens: damit es morgen noch eine Gesellschaft zu verändern gibt.) Es wäre auch ein anderes Ziel denkbar: Die kommunistischen Staaten von innen so auszuhebeln, daß Reagan seine Pershings und Cruise missiles gar nicht mehr braucht. Aber darauf haben sich weder die 300 000 auf den Rheinwiesen noch die vier Millionen von Krefeld geeinigt.

Auch wenn die gesamte bundesdeutsche Friedensbewegung alle ihre Kräfte auf den Kampf gegen die »Nach«-rüstung konzentriert, ist ein Erfolg fraglich. Wenn einzelne oder Gruppen ihrer Repräsentanten das Bündnis auseinandertreiben, ist der Mißerfolg gewiß. Werden die Pershings in der Bundesrepublik stationiert, dann werden Petra Kelly und Gert Bastian bestimmt keine Gelegenheit mehr erhalten, irgendwo hinter der Mauer etwas zu entrollen. Und Peter Boenisch kann seine »Bild«-Schlagzeilen aus dem einundsechziger Jahr in die Reden seines Kanzlers weben.

Vor einem Jahrzehnt hat eine sozialliberale Bonner Regierung den Kalten Krieg beendet und die DDR anerkannt – gegen den erbitterten Widerstand der CDU/CSU und ihrer Auftraggeber. Jetzt regiert wieder der Bürgerblock, die »Wende in der Ost- und Deutschlandpolitik« ist angesagt. Wenn die Klientel schon auf den Aufschwung der Wirtschaft wird verzichten müssen, soll ihr doch ein Aufschwung der nationalen Seele beschert werden. Die Unverfrorenheit, mit der nicht nur Springers Zehm, sondern auch Bertelsmanns und Leni Riefenstahls Nannen das hausgemachte Führerbild der DDR unterlogen, und die kriminelle Energie, mit der ein bayerischer Ministerpräsident einen Infarkt zur kommunistischen Mordtat machte, geben einen Vorgeschmack. Einen noch bittern die Dummheit oder die Gier nach Antikommunistischem, die ihnen einige Alternative auf den Leim gehen ließen.

Die Schlagzeilen und Nachrichten der letzten Wochen müßten auch dem schärfsten grünen Kritiker des Kommunismus gezeigt haben, wer die Musik bezahlt und deshalb bestimmt, welches Stück gespielt wird. Das Kräfteverhältnis ist wie dreitausend Mann Fischerchöre gegen sieben Stimmen linksradikales Blasorchester. Wie ehrlich die Absichten westlicher Sozialisten und Pazifisten zur Verschönerung Osteuropas auch immer sein mögen, sie werden eingereiht in die Waffenarsenale des Kalten Krieges – wie einst, in den Fünfzigern, das Ostbüro der SPD.

Die Autoren des »Tygodnik Mazowsze« haben unrecht. Der Druck der »militärischen Interventions- und Einkreisungspolitik ... der imperialistischen Länder« sei die »Wurzel für die Unterwerfung der Sowjetgesellschaft unter eine bürokratische Staatsmaschine«. Die Erkenntnis stammt ('s ist lange her) von Rudolf Bahro. Je weniger Druck, heißt das, desto größere Chancen für eine bessere kommunistische Zukunft.

Man kann natürlich auch in Muttis Schmuckkästchen nach Springers alten Anstecknadeln »Macht das Tor auf« suchen.

Juni 1983

Keine Steine auf die Schweine

Einen voraus an die Friedenstunten: Wenn es denn hülfe, den USA die Lust am Atomkrieg zu nehmen, daß einer ihrem reisenden Vizepräsidenten die Birne verbeult – wer würfe nicht gerne den ersten Stein? Wessen Mitleidensfähigkeit ist durch die von Bushmännern täglich Ermordeten und Gefolterten nicht so verbraucht, daß sie sich bis über einen demolierten Bush ausbreiten könnte? Mein seelisches Gleichgewicht jedenfalls ist eher gestört, wenn ein Schwein wie dieses das Land, in dem ich lebe, unversehrt passieren kann.

Das ist keine Antwort auf die Frage, ob und wann Gewalt ausgeübt werden darf, soll oder muß. Eine unterdrückte Nation oder Klasse, die sich gegen ihre Ausbeuter erhebt, pflegt darüber nicht zu diskutieren. Sie weiß sich in der Legitimität historischer Konsequenz. Das bunte Bündnis, das wir Friedensbewegung nennen, muß sich mit der Frage quälen. Die sogenannten »Krefelder Krawalle«, von denen in acht Zeitungstagen mehr die Rede war als von vier Millionen Unterschriften unter dem Krefelder Appell in zwei Jahren, werden sich im Herbst andernorts wiederholen. Und sie verlangen andere Antworten als die der Oma Jungk, die da sagte: »Wer ›Nie wieder Krieg‹ sagt, muß auch ›Nie wieder Bürgerkrieg‹ sagen.« Als sollten Atomraketen gegen Sozialpartnerschaft getauscht, der Imperialismus totgestreichelt und der Klassenkampf von einer ökopazifistischen Volksgemeinschaft zu Grabe gesungen werden.

Was da in und nach Krefeld zusammengequatscht wurde, zeigt an, daß die Verelendung der politischen Intelligenz mit dem Fall der Profitrate Schritt hält. Einfachste Erkenntnisse über das Wesen der bürgerlichen Gesellschaft und ihres Staates, die zu Zeiten der Hochkonjunktur vor 15 Jahren jedermann geläufig schienen, müssen unter der Schmidt-/Genscher-/Kohl-Kultur verschütt gegangen sein. Die Depression drückt auf die Gehirne. Die Militanten von der »Autonomie« stottern was von »Gleichzeitigkeit des trikontinentalen und des metropolitanen Angriffs« der »Supermächte« (Andreas Baader dreht sich im Grabe um) und Jo Leinen, der muntere Juso vom Bundesverband der Bürgerinitiativen für Umweltschutz, unterstellt dem Innenminister »die durchschaubare Absicht, den Obrigkeitsstaat des 19. Jahrhunderts zu installieren«. Auch die IG Metall schwafelt von »Rechtsvorstellungen des wilhelminischen Obrigkeitsstaates«.

Heillose Verwirrung. Die kapitalistische Welt rüstet zum letzten Gefecht – mit Atomraketen, deren je zehn Sprengköpfe, durch Microprozessoren gesteuert, den globalen Feind enthaupten sollen, und mit dem Ausbau eines schwarzbraunen Staats, der jede Regung des inneren Feinds erkennt, registriert und liquidiert – und die Opfer waffnen sich gegen Kartätschenprinzen und die Säbel wilhelminischer Wachmänner. Fünfzehntausend Kilometer westlich und fünf bis zehn Jahre voraus, in Kalifornien, läßt die Bourgeoisie ihre Häuser rund um die Uhr von schwerbewaffneten Doppelstreifen bewachen. Das ist es, was vor uns liegt, und nicht der preußische Verfassungskonflikt.

So weit hinterm Mond wie seine Kritiker wohnt der Friedrich Zimmermann nicht. Er weiß, daß mit Hühneraugenpflaster kein Krebs zu heilen ist, er hat die sozialdemokratische Illusion, Kapital und Arbeit ließen sich versöhnen, nie geteilt. Man schimpfe es Mangel an Anstand oder ein Zeichen krimineller Energie – die Erkenntnis des Innenministers, daß die Opfer der Kapitalherrschaft nicht *resozialisierbar* und ihr Widerspruch nicht auf Dauer *integrierbar* sind, hat mehr Zukunft als der endlose Versuch, Leuten, die nichts mehr von einem »normalen« Leben zu erwarten haben, das Gegenteil einzureden. Die Konsequenz freilich ist: Abschieben, zusammenschlagen, einsperren, aufhängen. Aber mit Gewalt hat Zimmermann keine Probleme.

Die Friedensbewegung und die Angst vorm heißen Herbst kommen ihm nicht ungelegen. Daran kann er sein Prinzip demonstrieren und seine Instrumente feilen. Die jämmerlichen Liberalen hat er schon im Schwitzkasten. Die jammernden Sozis, die ihm dieses BKA, diesen Staatsschutz und diese zur Bürgerkriegsarmee gerüstete Polizei hinterlassen haben, sind doppelt wehrlos: sie haben nichts zu sagen und sie hätten nichts zu sagen. Was denn auch, bitte: daß die Bourgeoisie nun direkt regiere (statt, wie zuvor, indirekt), daß der Staat nun eindeutig der politische Ausschuß des Kapitals sei (statt, wie zuvor, zweideutig?). Wer von den vormals Regierenden sollte das sagen können, wo doch kaum einer dabei ist, der es lenken kann?

Zimmermann (nicht als Eigentümer eines meineidigen Blutzuckers, sondern als Synonym für die Gewalttätigkeit dieses Regimes) muß die Friedensbewegung kleinkriegen. Den Anfang hat er gemacht. Im Bundestag haben ihm die freidemokratischen Abgeordneten geholfen, in Krefeld die sozialdemokratischen Polizeiführer. Das neue Demonstrationsrecht, das die Festnahme und Bestrafung jeder »Teilmenge« von Demonstranten erlaubt, die sich vom Polizeisprecher nicht nach Hause schicken lassen, gibt freie Bahn dem tüchtigen Staatsschützer. Fünf maskierte Mitarbeiter des Landesamts mit je einem Täschchen voll Steinen über die Kundgebung verstreut und dann: Knüppel aus dem Sack! Ich fresse einen Besen samt dem daran hängenden arbeitslosen Sozialpädagogen, wenn das BKA nicht einen Sonderkurs in Provokation eingerichtet hat, wo die beamteten Veteranen vom Bremer Rekrutengelöbnis und der Startbahn West referieren. Thema: Was ist zu tun, wenn ein Molly einen Jeep der US-Army trifft, und wie stellt man einen Molly her?

Aber, liebe »UZ – Organ der DKP«, die du die Beweise für den Einsatz von beamteten »Chaoten« so verdienst – wie liebevoll sammelst, ist das wirklich die Antwort auf alle Fragen? Wo bleibt die Souveränität eines Friedrich Engels, der »eine reißende Zunahme von Verbrechen, Räubereien und Morden« (»Die Straßen sind bei Abend sehr unsicher, die Bourgeoisie wird geprügelt, mit Messern gestochen und beraubt«) eben nicht denunziert, sondern analysiert: die Täter »protestieren als Individuen und gewaltsam gegen die soziale Ordnung« (Brief an Marx, 1844)?

Die Friedensbewegung ist nicht die Arbeiterklasse, sondern ein Bündnis von bürgerlicher Intelligenz, Kleinbürgern, Arbeitern und Randgruppen aller Art. Sie verbindet mehr das Gefühl als die Erkenntnis, daß die Stationierung der neuen Atomraketen auf einen Krieg abzielt, den kein Europäer überleben wird. Überraschend sind nicht die individuellen und gewaltsamen Ausbrüche von Protest, überraschend ist das große Maß an Besonnenheit und Disziplin. Das wird sich, je näher die Raketen kommen, noch ändern. Nicht nur deshalb, weil Zimmermann auch den gewaltlosen Widerstand zur Gewalttätigkeit erklärt hat und jeden straßenbesetzenden Friedenschristen zum Kriminellen. Wer sich seine Angst, es gehe um Leben und Atomtod, selber glaubt, wird an den Grenzen gewaltlosen Protests, wenn der ohne Wirkung bleibt, nicht haltmachen. Die Friedensbewegung muß jetzt Aktionsformen diskutieren und einüben, die dem dann nötigen Widerstand eine politische Kraft geben und nicht Tausende in den individuellen Terror treiben.

In Stammheim sind noch Zellen frei. Es gibt keinen Anlaß, sie füllen zu helfen. Weder so noch so – weder durch Propaganda für Steinewerfer noch durch eilfertige Distanzierung und Denunziation. Gerade wer Gewalt verabschiedet, dürfte nicht bei den staatlichen Gewalttätern um den Stern eines Hilfssheriffs anstehen.

August 1983